thèmes et textes

collection dirigée par Jacques Demougin

le Baroque

profondeurs de l'apparence

par

CLAUDE-GILBERT DUBOIS

Ancien élève de l'École Normale Supérieure
Docteur de l'Université
de Paris-Sorbonne
Chargé de Conférences à l'Université
de Bordeaux III

Librairie Larousse

17, rue du Montparnasse. Paris VIe

Le présent volume appartient à la dernière édition (revue et corrigée) de cet ouvrage. La date du copyright mentionnée ci-dessous ne concerne que le dépôt à Washington de la *première* édition.

© Librairie Larousse, 1973.

« Toute reproduction de cet ouvrage, même partielle (par exemple, une leçon) est interdite.
Une photocopie ou une duplication par quelque procédé que ce soit, destinées à un usage collectif, constituent une contrefaçon passible des sanctions prévues par les articles 425 et suivants du Code pénal. »

Librairie Larousse (Canada) limitée, propriétaire pour le Canada des droits d'auteur et des marques de commerce Larousse. — Distributeur exclusif au Canada : les Éditions Françaises Inc., licencié quant aux droits d'auteur et usager inscrit des marques pour le Canada.

ISBN 2-03-035016-8.

Table des matières

Une nouvelle métamorphose de Circé   9

1. Archéologie : instruction du dossier « Baroque ».   15
   Archéologie d'un mot, genèse d'une idée, histoire
   des théories   15

   Aperçu général : sens et fonctions du mot « baroque », p. 15 / « Baroque » avant le Baroque : préhistoire
   du mot, p. 19 / Le baroque en négatif, p. 22 / Recherche
   d'une détermination esthétique positive : les catégories
   wölffliennes, p. 25 ; Eugenio d'Ors, la théorie des « éons »
   et le baroque permanent, p. 34 ; les théories évolutives :
   le maniérisme comme mode de génération esthétique,
   p. 38 / Le maniérisme littéraire : sur des vers de Ronsard,
   p. 42 / Le baroque existe-t-il?, p. 56.

   Morphologie d'un concept, anatomie d'une mentalité, physionomie d'une époque   56

   L'art de la Contre-Réforme : caractéristiques esthétiques,
   p. 57 ; correspondances littéraires, p. 59 / Les conditions
   de naissance du baroque : la crise de la conscience européenne au XVIe siècle, p. 63 ; nouveaux horizons, p. 63 ;
   tensions, divisions, mutations, p. 65 ; création d'une mentalité : la sensibilité baroque, p. 68 ; changer, p. 68 ; ne
   pas être, p. 70 ; paraître, p. 72 ; plus être, p. 72 / Développement et diversification du baroque au XVIIe siècle : une
   ère à deux faces, p. 73 ; les métamorphoses du baroque :
   métamorphoses de l'ostentation, p. 75 ; l'esprit d'indépendance et d'opposition : métamorphoses de la satire,
   p. 77 ; les métamorphoses de la sensibilité morale et religieuse, p. 79 ; le baroque, sources et antipodes de l'art
   classique, p. 82.

2. Thématique : traitement et signification du thème
« la Tentation »   83

Autour d'un sonnet de Jean de Sponde : « tout
m'assaut, tout me tente ».   83
Architecture : colonnes et spirales, p. 87 / Dynamique :
élans, tensions, tentations, p. 89 / Thématique : le thème
de la tempête, « l'onde », p. 92; le thème de l'effondrement : l'assaut de la Chair, p. 94; le thème de l'illusion : charmes et enchantements, p. 96.

Sur une gravure de Jacques Callot : « La Tentation
de Saint Antoine »   99
Unité de composition structurelle et prolifération dans
l'invention des détails, p. 99 / La représentation graphique
d'une représentation théâtrale, p. 104 / Gueules ouvertes
et bras tendus : un discours allégorique et un style expressionniste, p. 105 / Bilan, p. 110.

A propos d'un fait d'histoire : la Possession de
Loudun   110
Unité structurelle et proliférations décoratives, p. 111 /
« L'intérieur et l'extérieur » : intimité et théâtralité, p. 112 /
Refoulement et exhibition : le mécanisme de théâtralisation, p. 113 / Le discours allégorique ou le détournement
d'interdits, p. 113 / L'équivalent naturel et magique des
dogmes, p. 115 / Passions de l'âme et actions politiques,
p. 116 / Identité et dualité, p. 118 / Structures et
thèmes baroques, p. 122.

Recherche des permanences structurelles   122
Exclusion et perméabilité des contraires : l'antithèse et la
structure duelle conflictuelle, p. 122 / Le processus d'hyperbolisation et l'esthétique de la « disproportion »,
p. 125 / L'expression allégorique et les figures de la
dissimulation, p. 126.

3. Rhétorique : les Mots et la Tribu, structures verbales, structures mentales, structures sociales .   129
Une figure d'opposition : l'Antithèse. Dualité,
« contrariété », perméabilité des contraires.   129

La réversibilité des contraires; sur une antithèse de l'époque baroque : « être est ne pas être ». . . . 129
Florilège de préciosité métaphysique, p. 130 / L'antithèse comme moyen d'analyse : sur un texte de Montaigne, p. 131 / Essence et néantisation, p. 134 / Identité et altération, p. 136 / Ipséité et aliénation, p. 140 / Bilan, p. 141.

Eschatologie de la dualité; sur une structure de composition : la construction des « Tragiques » ou la dialectique de la géométrie 141
L'Origine et la Fin : l'Un ou l'Histoire de l'Œil, p. 141 / L'être incarné : le Deux ou le fondement tragique de l'existence, p. 146 / L'évolution de l'Histoire : le Sept ou la dialectique de l'accomplissement, p. 153 / Odyssée et théodicée, p. 157.

Une figure de dérivation : « allusion, illusion » . . 158
Une éthique de l'illusion : les métamorphoses de la fête 159
Être et voir, p. 159 / La fête : manifestation de masse et manifestation de classe, p. 163 / La fête des riches : « faire-voir » comme indice social de reconnaissance, p. 164 / L'aristocratie, agent publicitaire de la consommation de luxe, p. 165 / Ne pas avoir et faire voir, p. 167 / Fête populaire et manifestation de masse : récupération politique et religieuse, p. 168 / L'effet d'illusion : « divertissement » et conditionnement, p. 173 / La confusion des « ordres » : l'esthétique, l'éthique, le politique, p. 177.

Une esthétique de l'illusion : les fonctions du miroir. 179
Présence, présentation, représentation, p. 179 / Le théâtre-décor : métamorphoses de l'espace théâtral, p. 182 / Le théâtre-miroir : miroirs, images, mirages, p. 186 / La fonction psychodramatique du théâtre : l'épouvante et l'éblouissement, p. 191 / Le théâtre comme manière d'être, p. 196.

Une figure « énergétique » : l'hyperbole 197
L'hypertrophie du « non-moi » : le « monde » hyperbolisé et le thème de la tempête 198

Hyperbole et paranoïa, p. 198 / Oreste et Médée : récitations hyperboliques, fantasmes paranoïdes, p. 199 / L'hyperbole par convergence : orages et tempêtes, p. 205 / Fluctus, hiatus, saltus, p. 212.

L'hypertrophie du « moi » : la puissance et la gloire.   218
Le sujet et l'objet : fonction de la conscience, p. 218 / Le sujet et l'objet : vouloir, p. 219 / Le dedans et le dehors : une harmonie rétablie, p. 220 / Le dessus et le dessous : vers de nouvelles conquêtes, p. 224 / Le plus et le mieux : comparatifs, superlatif, primauté, p. 226 / Chacun établit son propre superlatif : cela s'appelle la « gloire », p. 228 / Le renoncement, couronnement de la gloire, p. 230.

L'hypertrophie du « surmoi » : ordre, soumission, tragédie 232
La restauration des « statues », p. 232 / Tragédie et schizophrénie, p. 233 / Le moi et son Roi : « Que diras-tu, mon père? », p. 236 / Médiation et transfert : « Reçois ton fils, ô Père », p. 238 / La charogne de Narcisse : l'amour-propre, un moi inhabitable, p. 239 / Conséquence : nécessité de l'arbitraire, p. 241 / Conclusion : une société d'obéissance, p. 242 / Récupération de la paranoïa : comment l'on entre dans la société des pères, p. 244.

Bibliographie 247

Une nouvelle métamorphose de Circé

Faudra-t-il commencer par dire, pour couper court aux avis multipliés de décès : « Baroque pas mort... texte suit » ? Nous ne serions pas sûr de tenir nos promesses.

Il faudra en tout cas s'excuser du retard. Le titre fait vieux jeu et renvoie à des neiges d'antan... Baroque : mot à la mode dans les années 1950-1960, aujourd'hui vieilli et remplacé par d'autres modes, par d'autres mots.

Le baroque est mort entre-temps des abus du langage. Nous proposant de faire l'étude d'une notion que l'on croyait fermement établie, nous nous apercevons qu'il faudrait plutôt nous préparer à une oraison funèbre et nous contenter d'une vue rétrospective.

Il nous faudra, pour être actuel, commencer par parler au passé. Le temps n'est plus où, avec Eugenio d'Ors, présentant *Du Baroque,* on pouvait dire : « Ce livre est un roman, un roman autobiographique : aventure d'un homme qui s'éprend d'une catégorie »[1]. C'est l'heure des bilans : on se contentera de dresser des colonnes pour les résultats positifs et négatifs de l'« aventure » baroque.

Un des pionniers de l'idée de baroque littéraire s'exprime en 1968 au passé :

> Tel fut le rôle utile joué par la notion de Baroque depuis un quart de siècle en France, un peu plus à l'étranger. Elle

---

1. Eugénio d'Ors, *Du Baroque,* traduction française, Paris, Gallimard, 1968, p. 7.

a provoqué ou favorisé la découverte et la réévaluation de toute une littérature du XVIIᵉ siècle. Elle a ressuscité des morts et désembaumé des momies. Elle a incité en même temps à une nouvelle lecture des œuvres anciennement connues. Un monde englouti est sorti de ses eaux, avec qui les hommes du XXᵉ siècle se sont senti, à tort ou à raison, toutes sortes d'affinités [2].

Et l'un de ceux qui ont eu la lucidité de constater que l'heure baroque, qui fut exquise, était évanouie, fait le bilan :

L'importance des découvertes et des résurrections littéraires et artistiques dues à l'utilisation massive du concept de *baroque,* personne ne la conteste plus : personne ne l'a d'ailleurs jamais contesté bien vigoureusement, nous l'observions dès le départ en invoquant « l'explosion » des années 1950-60. Enrichissement irréversible de la culture et du goût français (il était temps!); enrichissement décisif de la France elle-même, à qui l'on restitue presque chaque mois une part de ses biens détournés : la presse parisienne annonçait récemment avec satisfaction la réouverture, après reconstitution du mobilier, de l'une des chapelles de la cathédrale d'Auch, la cathédrale au décor « classique » (ou « baroque » *ad libitum*) longtemps oubliée au fond de son abîme provincial avec son chœur plein de danses de *putti* et son large retable en paravent [3].

C'est unanimement, ou presque, que l'utilité de cette invention conceptuelle et verbale est reconnue. Faut-il donc maintenant purement et simplement l'abandonner, ou la remettre en question pour la remettre en circuit? C'est là où les avis divergent.

Pour Pierre Charpentrat, le terme doit ou bien être définitivement mis au musée des idées mortes, ou voir son contenu conceptuel précisé à chaque instant selon l'usage et les circonstances; son utilisation « sauvage », sous forme de cliché ou de snobisme à retardement, ne peut engendrer qu'un conservatisme stérile et un formalisme creux :

Sur les principes d'une révolution achevée, ne nous hâtons pas de fonder un nouveau conservatisme.

2. Jean Rousset, *L'Intérieur et l'extérieur,* Paris, Corti, 1968, p. 248.
3. Pierre Charpentrat, *Le Mirage baroque,* Paris, Éd. de Minuit, 1967, p. 179.

Si nous ne proscrivons pas radicalement le mot — ce qui relèverait peut-être d'un terrorisme quelque peu emphatique —, ne l'utilisons que pour la commodité, pour plus de rapidité, dans les opérations grossières et approximatives, en le lestant d'une épithète ou d'un déterminant qui lui donne un maximum de contenu [4].

Pour Jean Rousset, la notion peut continuer à servir, si on lui conserve son caractère d'« hypothèse de travail » :

> En cette fonction expérimentale, en cette qualité d'instrument critique d'exploration et de sondage, l'idée de Baroque a prouvé, je crois, sa fécondité en histoire littéraire européenne et française; malgré les confusions et les déchets, le bilan reste positif. L'essentiel, en méthode, est de conserver à la notion son caractère d'hypothèse de travail : un outil pour questionner la réalité [5].

A vrai dire, c'est l'existence même du baroque qui est mise en question. Veut-on préciser le contenu de cette catégorie esthétique? On s'aperçoit que les objets de référence en font éclater les cadres. Et si c'est la forme qu'on en veut déterminer, on se rend vite compte que le corset « géhenne » le corps.

Il faudra donc rejeter le baroque comme antithèse d'un classicisme dont la définition n'éclaire que d'une lumière arbitraire des objets qui se pressent de lui échapper. L'invention du classicisme devait entraîner l'invention tout aussi arbitraire de son inverse : ce fut un temps le romantisme qui joua de ce rôle de négatif, et, après épuisement des sujets de controverses et de dissertations, on songea au baroque. Même processus : même fringale d'idées « nouvelles » se transformant, à l'usure, en dictionnaire des idées reçues. Car c'était rester toujours dans le même cadre de pensée, en procédant par extraction d'idées simples (la « clarté » classique, la règle d'« unité », le mot « juste » et le style « vivant » etc.), par juxtaposition de termes décrétés antithétiques (le classicisme est le « contraire » du romantisme, du baroque, etc.) et dont la relation est définie par le principe d'exclusion

4. Pierre Charpentrat, *op. cit.,* p. 182.
5. Jean Rousset, *op. cit.,* p. 248.

des contraires (contre le classicisme, le baroque sera fondé sur l'« obscurité », la « multiplicité », le mot « hyperbolique », la métaphore « impropre », le style « artificiel »...).

Cette manière de penser par antithèses à termes exclusifs est ce qui fait aujourd'hui problème. On cherche le troisième terme de la dialectique :

> Une chose me paraît possible aujourd'hui, et nécessaire : écarter un certain nombre de qualifications pernicieuses, parce qu'elles sont restrictives ou négatives. Ce sont celles qui ne reconnaissent dans le Baroque qu'excès, outrance, emphase, surcharge d'une part, et d'autre part caprice, irrégularité, confusion, bizarrerie, en un mot toutes les incarnations du désordre [6].

Mais, si l'on refuse cette détermination, que reste-il? C'est la catégorie de pensée elle-même qui fuit la prise, dans la diversité contradictoire des objets auxquels elle renvoie :

> L'idée de Baroque est de celles qui vous fuient entre les doigts; plus on la considère, moins on l'appréhende; qu'on s'approche des œuvres, la diversité frappe plus que les similitudes; qu'on prenne du recul, tout s'évapore dans la généralité. On n'a pas eu tort de dire que la notion était confuse et mal délimitée [7].

A quoi sert dès lors cette catégorie? Autant en revenir à l'appréhension pure et simple des objets :

> Quel serait le mot de la fin, s'il devait y avoir une fin à cette quête apparemment sans terme? A moudre ainsi des « universaux », on a le pénible sentiment de n'y voir plus clair, de perdre de vue la réalité littéraire. Avouons-le : cette réalité est si fuyante et si ouverte, elle présente tant d'imprévus et tant d'accidents qu'il est impossible qu'elle ne varie pas à l'infini, comme l'eau d'un étang, selon le regard du critique, selon le moment et le lieu de l'observation. Revenons en hâte au seul réel, aux œuvres qui s'offrent à nous dans la plénitude d'une présence, à cette réalité qui transparaît à travers l'œuvre

---

6. Jean Rousset, *op. cit.*, p. 249.
7. *Ibid.*, p. 248-249.

et nous englobe, parce qu'elle est une pensée, un être, saisis dans un langage irréductible à nos catégories critiques [8].

Ce n'est pas dans les objets auxquels elle voudrait renvoyer que se trouve la notion de baroque. Nous constaterons que l'usage esthétique qui en a été fait est une invention du xxe siècle : sa création nous semble liée essentiellement aux abus de la notion de « classicisme » pour définir les productions littéraires et esthétiques du xviie siècle français. On s'est aperçu que l'idée de « classicisme » ne permettait pas de définir la totalité de la production du siècle, et, qui plus est, ne rendait pas parfaitement compte des caractéristiques des œuvres qu'elle prétendait éclairer. Il avait fallu ajouter aux déterminations essentielles des nuances catégorielles et comparatives : *Racine est plus classique que Corneille*, « *Le Misanthrope* » *est plus classique que* « *Dom Juan* ». Définition préalable d'une orthodoxie esthétique; établissement d'un tableau hiérarchique; distribution des prix suivant le critère de soumission à des valeurs érigées en absolu. L'invention du baroque allait permettre de classer d'une manière analogue tout ce qui du classicisme échappait à la classicisation. A défaut de pouvoir être classicisés, les « cancres » et les « fortes têtes » du classicisme furent sujets à classification sur leurs propres tableaux : *Corneille est plus baroque que Racine*, « *Dom Juan* » *est plus baroque que* « *Le Misanthrope* ». Cette inversion ramenait au point de départ : promus bons élèves de l'école baroque, tous les déviants du classicisme furent enfermés dans leur univers propre, dont les structures d'identification, de comparaison et de discrimination ressemblaient étrangement à celles de l'école d'en face.

Il conviendrait sans doute aujourd'hui de démythifier le mécanisme tautologique de la qualification, et de dissiper l'illusion de l'exclusion des contraires. Il ne suffit pas d'appliquer des épithètes déterminatives pour obtenir une claire détermination; il ne suffit pas de faire s'opposer les mots pour susciter de réelles oppositions.

---

8. Jean Rousset, *op. cit.*, p. 255-256.

Ce qui importe, c'est la manière dont un texte, ou l'exploitation esthétique et littéraire d'un thème, s'insère dans un ensemble socio-économique dont il est le produit et le reflet; c'est le mécanisme de fonctionnement interne du texte, du thème, du mythe, de l'œuvre d'art, du fait historique. Une structuration adaptée à une fonction, une fonction déterminant une structuration. C'est une analyse de fonctionnement qui nous importe aujourd'hui, plutôt que la façon plus ou moins fidèle avec laquelle l'œuvre artistique répond à l'appel d'un nom qu'on lui a imposé avec trois siècles de retard sur le temps de sa création.

Sur nos listes d'appel, tous sont présents, d'Aubigné avec les jésuites, les jansénistes et les libertins, Corneille avec Racine, le rire avec les larmes, et le « rirelarme » cher à Jacques Grévin, l'Anglais Shakespeare près de l'Espagnol, le diurne et le nocturne, le solaire et le saturnien. Tous participent à un ordre qui est l'évolution d'une culture.

Cette manière de refuser un nom, et, partant, de refuser l'intégration à une catégorie rationnelle, n'est peut-être qu'une nouvelle métamorphose de Circé, celle par laquelle la Muse baroque affirme sa liberté dans le changement, en donnant en spectacle l'illusion de sa mort : le baroque n'a jamais été davantage lui-même qu'en organisant, à grand renfort publicitaire, ses propres funérailles et en se livrant, avec la modestie que confère un triomphe assuré, à la mise en scène de sa mise à mort.

1

Archéologie
instruction du dossier « Baroque »

Archéologie d'un mot, genèse d'une idée, histoire des théories

Le développement étonnant et contradictoire de l'usage du mot *baroque* au cours des dernières décennies est le résultat de la concentration anarchique des sens divers et séparés que l'histoire lui avait donnés. On nous dit que le théâtre de Rotrou est la manifestation la plus claire du baroque sur la scène française du XVIIe siècle. On nous dit aussi que Claudel a réinventé le baroque sur la scène. Où est le lien? Quel est le rapport entre la Place Navone, le *Palais Idéal* du Facteur Cheval à Hauterives et la sculpture d'Ipoustéguy [1]? Entre « l'âge baroque » défini par Jean Rousset et « la période baroque de Detroit » caractérisée par un déséquilibre entre la production et la vente des automobiles [2]? Il existe actuellement un baroque en politique, en morale, en cuisine. Où est le dénominateur commun? Un mot? Vaut-il la peine de chercher, au-delà du mot, des affinités électives?

Aperçu général : sens et fonctions du mot « baroque »
Le terme *baroque,* dont l'usage courant est relativement moderne, correspond en fait à l'exploration nouvelle d'une

---

1. « Ipoustéguy, un sculpteur baroque qui synthétise divers courants », *L'Express,* 26-6-1972, p. 14.
2. *Informations et Documents,* 1-10-1965; cité par P. Charpentrat, *op. cit.,* p. 10.

période et d'un art longtemps méprisés. La période qui relie (ou plutôt qui sépare) la Renaissance et le Classicisme a trouvé en lui son identité : l'âge et l'art baroques répondent désormais dans nos esprits à une période sinon clairement, du moins historiquement définie. Le baroque correspond aussi à l'invention d'un concept d'esthétique dont les promoteurs furent les historiens de l'art, et qui, de l'architecture, de la peinture et de la sculpture a diffusé sur la littérature et la musique : le baroque définit un style, même si un certain décalage chronologique est à constater entre les poèmes de Du Bartas ou du Tasse et les compositions des fils de Bach. Mais le mot *baroque* exprime aussi la projection, dans un terme qui se prête facilement à des usages multiples, de préoccupations propres à notre temps : déferlement verbal et certain usage gratuit du langage, idée que l'art est partout, redondances esthétiques sans autres fins qu'elles-mêmes, association de l'ordre mathématique et des débordements irrationnels, morale de l'ambiguïté, magie et ensanglantement, enflure et inanité, lignes politiques à voies multiples et à virages aigus, tout cela se laisse facilement rassembler dans l'indétermination d'un mot qui revêt pourtant une forme technique et donne une apparence d'unité à la multiplicité des phénomènes qu'il embrasse. Découverte, invention, projection : trois raisons qui ont commandé sa modernité et lui ont permis d'atteindre les plus hautes fréquences d'usage dans le vocabulaire critique et journalistique de ces dernières années.

Ce fut comme une vengeance. Le baroque a ainsi compensé le mépris et l'ignorance auxquels il a longtemps été condamné. « Les styles, comme les sentiments, écrit Claude Roy, existent avant d'être nommés : on les découvre plus qu'on ne les invente » [3]. La découverte d'un « âge baroque » a suivi en effet de trois siècles, ou presque, son existence. Il a fallu attendre le *Cicerone* de J. Burckhardt (1860) pour voir l'adjectif perdre son sens péjoratif et désigner sans mépris un art et un style. En 1888, l'esthéticien H. Wölfflin se penchait sur les problèmes de la Renaissance et du baroque, puis posait en 1915 les « Principes fondamentaux de l'his-

---

3. Claude Roy, *Arts baroques,* Paris, Delpire, 1963.

toire de l'art » qui devaient fortement influencer les recherches ultérieures sur le baroque. Le mouvement était donné : les noms d'Arne Novak en Tchécoslovaquie, Werner Weisbach en Allemagne, Benedetto Croce en Italie, Eugenio d'Ors en Espagne illustrèrent l'intérêt manifesté par l'existence et l'étude d'un baroque européen. La France participa à ce mouvement général : dans l'entre-deux-guerres, pendant et après la Seconde Guerre mondiale, les travaux et les recherches érudites de M. Raymond, R. Lebègue, J. Rousset, A.-M. Schmidt, V.-L. Tapié, entre autres, permirent de cerner le visage, fuyant et mobile, du baroque, cependant que des essayistes et des écrivains, comme D. Aury, M. Arland, Th. Maulnier, mettaient tous leurs efforts à faire connaître du public un pan jusqu'alors ignoré de notre littérature. Personne aujourd'hui ne nie l'existence d'un baroque littéraire français : mais quel en est le contenu, quelles en sont les limites historiques? Sur ces questions, et sur bien d'autres, subsistent des divergences. Il est vrai que la nature fondamentale du baroque est de se diversifier, de se métamorphoser comme Protée, d'être insaisissable comme l'eau et les flammes tant aimées de ses poètes.

Depuis que le classicisme nous a été imposé, non point comme une réussite esthétique particulière, qui n'a jamais été contestée, mais comme une exigence contraignante de la beauté, aux prétentions législatrices et aux ambitions totalitaires, le baroque est resté relégué dans le vocabulaire technique de la joaillerie, ou dans les catégories mal établies du bizarre, quelque part entre le grotesque satisfait et le ridicule redondant : il ne se définissait que négativement, pierre à l'eau non pure, à la rondeur imparfaite, grotesque indéterminé. Depuis le milieu du XIXe siècle, on assiste successivement à l'application du mot à une période historique et à un domaine esthétique restreints (les arts plastiques de la fin du XVIe siècle et du début du XVIIe siècle), puis à l'annexion par lui d'époques très diverses, de l'âge hellénistique aux délires psychédéliques actuels, en passant par le style néronien, le roman tardif, le gothique flamboyant, le romantisme et le surréalisme; on l'a vu déferler dans toutes les productions de l'activité humaine (musique, littérature, et plus récemment philosophie, science, cinéma, politique). Ses frontières géographiques, originellement limitées à l'Europe méridionale et centrale, et à quelques colonies extra-européennes, ont fini par englober le monde — l'art khmer et les temples indiens, le bouddhisme et les sites précolombiens, la Chine et les totems polynésiens. Monstrueusement gonflé de toutes sortes de notions hétéroclites, comme autrefois son aïeul, le mot *romantique,* il semble conduit à la faillite sous l'effet de sa propre inflation et crouler sous le poids de ses contradictions internes. Il a fallu dès lors dénoncer le « mirage baroque ».

Les renaissances et les découvertes ne sont pas des caprices de l'histoire. L'attirance qu'exercent, dans l'investigation et la réévaluation du passé, des périodes apparemment lointaines, révèlent l'esprit du chercheur autant que la nature de l'objet recherché. Retrouver une époque perdue, c'est surtout se retrouver dans cette époque perdue. On ne cherche que soi-même, et il est difficile de concevoir une curiosité littéraire ou artistique qui ne soit motivée consciemment ou inconsciemment par cette joie narcissique. Paul Klee, dans son journal, relevait en 1915 les rapports qu'entretenait son temps avec l'âge baroque. J. Bousquet, dans une étude sur le maniérisme, soulignait récemment le caractère d'étonnante modernité de cet art.

Les excès de la baroquisation de toutes choses incitent toutefois à la prudence. P. Charpentrat constate, avec raison, que le baroque n'a pas existé ailleurs que dans l'imagination et le vocabulaire des hommes du XXᵉ siècle. Cette constatation est la manière la plus extrême de moderniser la notion de baroque. D'autres temps ont connu semblables illusions : le classicisme nous a livré une antiquité uniformément classicisée, le romantisme nous a romanticisé le Moyen Age et la Renaissance, la critique universitaire et dogmatique du XIXᵉ siècle a universitarisé et dogmatifié le classicisme louisquatorzien. Le mot *baroque* devient un vocable facile par lequel nous attribuons à un siècle passé nos propres essais de situation. Certains retiendront de lui les affirmations prétentieuses, les dômes qui bafouent le ciel, l'arrogance des façades, l'excès de l'or et la sublimation insolente des triomphes du mercantilisme; d'autres, les vertiges de décomposition, la confusion des catégories, les riches purulences et les puanteurs délicieusement cruelles, où les spectacles d'agonie ont des fraîcheurs de virginité. Les uns y voient le mouvant, l'instable, l'insaisissable poursuite d'ombres en quête d'elles-mêmes, d'autres les musculatures contractées, le point extrême de tension des énergies avant un point de rupture qui ne vient jamais. Les uns l'angoisse, d'autres l'espoir, chacun sa propre image, qui toutes accumulées donnent l'image de notre temps.

Le baroque n'a existé qu'à partir du moment où il a pu être pensé. Il a fallu que se réalisent des conditions historiques concrètes pour que cette notion pût être forgée, et en particulier le déclin des principes d'universalité et toute cette dogmatique rationnelle attribuée à l'esthétique classique au cours du XIXe siècle : il a bien fallu se rendre à l'évidence que les principes de clôture caractéristiques de l'esthétique classique étaient en fait des principes d'exclusion qui peuplaient de tout un prolétariat esthétique des terres interdites. En ouvrant les cellules de tous ces gueux de l'art, ces grotesques, ces monstres de la littérature, on s'est aperçu que cela constituait un monde. Le mot renvoie à des productions qui ont existé, sous d'autres dénominations, ou sans dénomination, avant de pouvoir être esthétiquement situées. Nous appellerons baroque cette manière moderne de voir certaines productions passées unies entre elles par la résonance qu'elles font naître avec des formes privilégiées d'expression esthétique de notre temps.

« Baroque » avant le Baroque : préhistoire du mot

Baroque appartenait à l'origine au vocabulaire spécialisé de la joaillerie : il désignait (ce sens est encore en usage) la perle de forme irrégulière. Les premiers témoins que nous trouvons de cet emploi sont des traités d'histoire naturelle écrits en langue portugaise, dans lesquels le mot *barroco* désigne une pierre mal taillée, à l'eau impure; le castillan *barrueco* a le même contenu; la variante *berrueco* désigne des rochers aux formes irrégulières qui hérissent les déserts de pierre appelés *berrocal* [4]. C'est dans ce sens étroit que le

---

4. Voir la présentation synthétique des emplois originels du mot faite par V.-L. Tapié : *Le Baroque,* Paris, PUF, 1961, p. 5 sqq.

mot apparaît dans les auteurs dits baroques. Cette origine permet déjà quelques réflexions : la perle baroque associe en elle l'éclat et l'impureté. De même le baroque se crée une identité à partir de défauts transformés en éloquentes affirmations de nature.

A partir du XVIIIᵉ siècle, le mot dérive dans un sens figuré, à coloration nettement péjorative. Saint-Simon, dans ses *Mémoires* (1711), l'utilise pour désigner une entreprise incongrue. Le *Dictionnaire de l'Académie Française,* dans l'édition de 1740, ajoute ce complément à la définition traditionnelle de la perle baroque : « Baroque se dit aussi au figuré pour irrégulier, bizarre, inégal. Un esprit baroque, une expression baroque, une figure baroque ». A partir de ce sens, on donna au mot une origine secondaire en le rattachant à *baroco* qui, dans le vocabulaire de la scolastique, renvoyait à une forme de syllogisme. Le mot, composé d'initiales, avait perdu toute signification visible et était devenu le symbole du formalisme ridicule.

Dans la deuxième moitié du XVIIIᵉ siècle, avec cette acception péjorative, il servit à désigner des constructions architecturales déroutantes. Dans l'*Encyclopédie méthodique* (1788), un article définit ainsi le baroque architectural :

> Le baroque en architecture est une nuance du bizarre. Il en est, si l'on veut, le raffinement ou s'il était possible de le dire, l'abus. Ce que la sévérité est à la sagesse du goût, le baroque l'est au bizarre, c'est-à-dire qu'il en est le superlatif. L'idée de baroque entraîne avec soi celle de ridicule poussée à l'excès.

L'auteur appuie sa définition sur des exemples empruntés à l'œuvre de Borromini et de Guarini. Une telle formulation comporte un jugement de valeur, qui est en fait une condamnation au nom du goût. Mais, abstraction faite des épithètes de valeur, on peut relever deux caractéristiques essentielles : tout d'abord, le baroque est associé à la notion de bizarre, c'est-à-dire à un écart volontaire par rapport à une norme que l'on pourrait définir comme le *naturel.* Le *bizarre* résulte d'une volonté délibérée de s'écarter des lois *naturelles* en en présentant soit des aspects d'exception, soit des déviations monstrueuses. Le baroque se situe donc *à l'écart des règles* générales et des voies naturelles. Cette manière de placer le baroque dans un *à côté de* l'ordre commun est à relever : il suffira de développer, dans ses aspects positifs, cette détermination pour mettre en valeur le caractère d'*indépendance* de l'art baroque, voire le goût du défi lancé au commun. Et c'est bien en effet ce que l'on trouve dans les déclarations intempestives des auteurs baroques, placées au fronton même de leur œuvre, comme le fait d'Aubigné dans la « Préface » du *Printemps* :

> Livre, celui qui te donne
> N'est l'esclave de personne;
> Tu seras donc libre ainsi [5].

ou dans le début des *Tragiques* :

> Mes desirs sont desja volez outre la rive
> Du Rubicon troublé : que mon reste les suive
> Par un chemin tout neuf, car je ne trouve pas
> Qu'autre homme l'ait jamais escorché de ses pas [6].

Le franchissement du Rubicon est l'image même de la transgression; ce qui est clamé ici, c'est le droit, exprimé sous la forme d'une protestation éloquente, de suivre des chemins neufs écartés des voies communes. C'est une revendication d'individualisme culturel face à l'héritage traditionnel, recueilli et agréé par le commun : un homme qui se dit éloquemment seul réclamant le droit à l'expression personnelle face à la masse, et surtout le droit à la différence clamée en public. Sous une forme plus nuancée et plus complexe, c'est aussi l'idée qui s'exprime dans l'Avis « Au lecteur » qui ouvre les *Essais* :

> C'est icy un livre de bonne foy, lecteur. Il t'advertit dès l'entrée, que je ne m'y suis proposé aucune fin, que domestique et privée. Je n'y ay eu nulle considération de ton service, ny de ma gloire.

---

5. *Le Printemps,* v. 31-33.
6. *Les Tragiques,* I, v. 17-20.

Le *service* et la *gloire* renvoient à des qualités et des déterminations sociales, auxquelles s'oppose la fin « domestique et privée ». Il y a donc un refus d'entrer dans le jeu des relations sociales normales de l'auteur et du lecteur, et une volonté de faire sa route à part, tout en la dévoilant ouvertement au public. Un nouveau type de relation entre l'individu et le groupe, par lequel l'un se définit par différenciation, mais aussi par publication de sa propre conduite et de ses propres choix.

La définition de l'*Encyclopédie* fait d'autre part appel, à propos du baroque, aux idées de superlatif et d'excès. Le baroque se définit par sa volonté d'aller *jusqu'au bout* de sa différence. Art hyperbolique par essence, il exploite toutes les ressources de ses trouvailles. Et c'est déjà son caractère ostentatoire qui est mis en valeur.

La formule fut exploitée par la critique italienne. En 1797, le théoricien F. Milizia reprenait presque terme pour terme la définition de son prédécesseur et parlait du baroque comme du « superlatif du bizarre », l'excès dans le ridicule. J.-J. Rousseau, dans le *Supplément* de 1776 à l'*Encyclopédie* appliquait le terme à la musique : « une musique baroque, disait-il, est celle dont l'harmonie est confuse, chargée de modulations et de dissonances, l'intonation difficile et le mouvement contraint ».

Mais ce qui ressort de toutes ces définitions, outre les caractères objectifs que nous avons relevés, c'est l'impossibilité de se passer d'un jugement de valeur (que soulignent les adjectifs péjoratifs) : le baroque est situé par rapport à une norme qui reste le canon de l'art. La dictature du classicisme, sous une forme dogmatique et réglementée, reste le critère et la référence de toute analyse.

Le baroque en négatif

L'allusion à Borromini et à Guarini incluse dans les exemples précédents tend à déterminer historiquement l'art baroque. Il s'agirait des productions postérieures à la Renaissance et antérieures au classicisme français du XVIIᵉ siècle. Pour définir l'art de cette période, les mots en usage avaient été ceux de *bizarre* (lequel, outre l'anormal, évoquait aussi la *bigarrure*, l'impossibilité de trouver une unité d'ensemble dans ces productions), de *grotesque* (le mot sera vulgarisé par l'ouvrage de Th. Gautier en 1844); on parlait aussi de poètes et d'artistes *indépendants*, d'*attardés* ou d'*originaux. Baroque* prévalut bientôt.

Le contenu esthétique de l'idée de baroque ne pouvait se forger qu'à partir de concepts déjà existants; de là la dépendance du baroque à l'égard de la Renaissance et du classicisme. Le baroque était conçu comme une forme décadente de l'art renaissant dans la formule du *Cicerone* de J. Burckhardt (1860) : « le baroque parle la même langue que la Renaissance, mais à la manière d'un dialecte sauvage ». La détermination des auteurs baroques se fit donc à l'aide des termes de *décadents,* d'*attardés,* d'*épigones.* Inversement un autre type de détermination consistait à se référer au classicisme : on parla alors d'*annonciateurs,* de *prophètes,* de *précurseurs.* Ainsi naquit la notion de *préclassicisme.* Cet effort de situation historique ne s'accompagnait pas d'un essai de détermination positive.

La critique littéraire, dont le rôle fut longtemps de maintenir l'ordre établi et de codifier en termes d'école le cheminement vivant de l'art, s'intéressa, dans l'histoire littéraire, aux instants de parfaite lumière, où un manifeste et quelques œuvres typiques éclairaient les principes esthétiques d'une école aux lignes bien définies. C'était là l'heure exquise de chaque siècle, le lieu privilégié qu'éclairait Midi le Juste et sa lumière verticale. Le style Renaissance, le style classique furent ainsi définis, isolés, étudiés. S'interroger sur les raisons de ce choix poserait des problèmes d'ordre sociologique assez complexes : disons schématiquement que ce choix correspondait, chez des penseurs liés, au xixe siècle, à la classe dominante, à une sélection culturelle qui tendait à valoriser les notions d'ordre structuré, d'obéissance aux règles, un certain fétichisme du discours et de l'art fermés, qui ne permettait ni déviation ni déformation. Ce furent des anatomistes du fait culturel, soucieux de démonter et de valoriser l'ordre interne des organismes constitués, beaucoup plus que des généticiens sensibles à la puissance vitale et évolutive des formes, qui remet en question toute fixation de la culture. Mais dans ces conditions, que faire des zones d'ombre? Cette période d'un siècle, qui va de 1560 à

1660, que contenait-elle? Les points d'origine et d'aboutissement, deux classicismes parfaitement déterminés, servaient de points de référence. On voyait dans cet entre-deux-siècles-d'or successivement un crépuscule du soir et un matin hantés par des œuvres et des auteurs de *transition.* L'ombre de Ronsard recouvrait les poètes de la fin du XVIe siècle, l'aube malherbienne illuminait les tentatives inégales de ses successeurs, que l'on situait comme des planètes à des distances différentes par rapport au soleil. Bertaut, Du Perron, Corneille *préparaient* sans le savoir une ère à venir. Et tous ceux qui n'arrivaient à se classer ni comme attardés ni comme précurseurs étaient relégués dans le ghetto des *irréguliers,* des *indépendants* ou des *isolés.*

Il faut reconnaître que les cadres ainsi définis de l'histoire littéraire semblaient correspondre assez fidèlement au mouvement de l'histoire politique. Cette période confuse se situait entre deux moments de parfait équilibre : un absolutisme politique appuyé sur un pouvoir centralisé et une hiérarchie précisée jusque dans le détail, d'un côté la monarchie de François Ier et Henri II, de l'autre celle de Louis XIV. Dès lors, l'époque des guerres de religion devenait l'agonie de l'ordre politique de la Renaissance. Henri IV et Richelieu jouaient le même rôle que Malherbe et Corneille en littérature : ils étaient les précurseurs du classicisme politique louisquatorzien. L'Édit de Nantes (1598) marquait le moment le plus creux entre deux versants historiques, dont le rôle était de joindre deux sommets de l'histoire politique. Ainsi conçue, la période apparaît comme un tragique entre-deux-siècles, où tout, il est vrai, se transforme, mais où rien ne se fixe, où rien ne se crée. Montaigne qui voulait peindre non l'être, mais le passage, définissait par là son époque.

Le mouvement romantique et les courants irrationalistes et contestataires du XIXe et du XXe siècles (symbolisme, décadentisme, surréalisme), qui prétendirent opérer un renversement des valeurs esthétiques et morales, changèrent peut-être les valeurs, dans leur conception de l'histoire littéraire, mais laissèrent subsister les structures. Comme leurs adversaires, ils eurent des idoles et des moments de prédilection : des instants privilégiés, où Midi le Juste fut remplacé par le Soleil Noir. L'heure exquise de l'art et de la littérature était alors celle de la révolte et de la liberté, l'instant paroxystique où toute règle était rompue, où pouvait s'échapper le chant des profondeurs, dans le sommeil de la raison. Le romantisme, qui s'inventait des précurseurs, donna une place de choix, dans cette galerie des ancêtres, à la période des guerres de religion et des résistances à l'absolutisme. On reconnut là un âge héroïque, celui des grandes individualités qui refusaient l'oppression, des génies libres qui défiaient les règles : Théophile, Saint-Amant, d'Aubigné. La période 1560-1660, entre deux dictatures, serait un âge de liberté.

Ce schématisme ne répond pas toujours à la réalité. Cette conception omet de signaler la collusion du baroque et du pouvoir dans nombre de pays européens, les rapports qu'entretient cet art avec un mouvement aussi politique que la Contre-Réforme et un ordre aussi politisé que la Compagnie de Jésus. La monumentalité baroque de l'Escorial est à l'image du roi qui la fit construire, et le couple Richelieu-Mazarin pourrait constituer un pendant politique comparable au couple ostentation-obliquité qui caractérise la morale et l'esthétique baroques. En outre, si l'âge abonde en personnalités, on ne lui voit toujours pas de personnalité définie : il n'y a là qu'un éparpillement d'ardeurs anarchiques, recensées par Th. Gautier dans *Les Grotesques*. L'absence de style et la fermentation purulente sur les restes de la Pléiade ne constituent toujours qu'une agonie, et la lutte contre la codification littéraire reste un combat défensif qui exprime un refus de mourir, mais aussi une incapacité fondamentale à être; un refus de se soumettre, mais aussi une incapacité à prendre les rênes du pouvoir (les épisodes de politique baroque que furent la Ligue et la Fronde le mettent suffisamment en valeur). Le baroque ne serait-il qu'un anti-classicisme qui ne se définit par rien, si ce n'est pas ses refus? Une anarchie velléitaire et polymorphe? L'âge baroque, pour reprendre une image qui lui est chère, n'aurait-il que la couleur irisée et l'inconsistance d'une bulle?

Recherche d'une détermination esthétique positive

● Les catégories wölffliniennes. Jakob Burckhardt, avec nombre d'esthéticiens allemands, tendait à accorder à l'art baroque, débarrassé de toute nuance péjorative, une certaine autonomie, et à le définir comme une notion positive entre deux manifestations bien définies de l'histoire de l'art. Mais un rôle beaucoup plus déterminant fut celui d'Heinrich Wölfflin, dans l'évolution du terme baroque vers un concept d'esthétique générale. Après *Renaissance et Baroque* (1888), Wölfflin publia les *Principes fondamentaux de l'histoire de l'art* (1915). Il procédait par confrontation de contraires définissant chacun un élément de l'esthétique classique ou baroque. En effet, il ne suffit pas de définir un style par ses refus : mais on peut opposer deux styles et les définir l'un par rapport à l'autre. L'histoire de l'art peut être conçue comme un champ magnétique où des forces d'attraction et de répulsion autour de deux pôles créent un éternel balancement de valeurs. Cinq couples d'antithèses structurent l'ensemble de la pensée.

Linéaire et pictural. L'art linéaire insiste sur le dessin, les contours qui isolent les objets et les formes; il s'efforce de dégager l'aspect intellectuel et élaboré de la perception et, à la limite, exprime une manière de penser par fixation et par essences. L'art pictural au contraire procède par *glissando :* le mouvement a la primauté sur la forme. A la limite, il exprime une manière dynamique de voir les choses :

> Voir de façon linéaire, c'est donc chercher le sens et la beauté des choses en premier lieu dans leurs contours — les formes intérieures ayant elles aussi leurs contours — en sorte que l'œil soit guidé vers les limites des objets et soit invité à les appréhender par les bords. Voir par masses, en revanche, c'est détourner son attention des limites, les contours étant devenus plus ou moins indifférents, et les objets apparaissent alors comme des taches qui constituent l'élément premier de l'impression. Peu importe en ce cas que ce soit la couleur qui nous parle ou seulement des espaces clairs ou obscurs [7].

Il est certain que ces manières de voir sont aussi des manières de se faire voir : la vision linéaire insiste sur la *définition*

_____

7. *Principes fondamentaux de l'histoire de l'art,* traduction française, Paris, Gallimard, 1968, p. 25-26.

des objets; elle veut isoler des figures fermées qui délimitent un espace défini associé à un nom; c'est une recherche d'essences par le moyen d'une répartition et d'un découpage de l'espace en unités simples et définissables; la vision picturale met en valeur les *relations* des formes entre elles, et surtout l'énergie et le dynamisme d'une vision globale où tout tient à tout; elle s'efforce de saisir l'espace dans son unité vitale et mouvante. C'est une manière symphonique de voir l'espace alors que la vision linéaire en est une manière analytique. L'opposition entre ces visions esthétiques se manifeste par une décomposition et une reconstruction intellectuelle de l'espace d'un côté, et de l'autre une perception globale, sans détermination du tout et des parties; d'un côté une hiérarchie structurée, de l'autre une unité organique et continue. On voit dès lors facilement les analogies que l'on peut en tirer sur le plan littéraire : d'un côté, on assistera à une utilisation analytique des lois du discours. Chaque mot est une partie dans une phrase dont l'unité est déterminée par une hiérarchie syntaxique; de l'autre on assiste à une éclosion et à un enchaînement de mots unis entre eux par des affinités de profondeur, qui ressortissent à l'inconscient du langage.

Plan et profondeurs. La représentation esthétique d'une surface plane suppose nécessairement un art, intellectuel par excellence, de géomètre. Il s'agit en somme de situer des formes par rapport à ces deux axes de référence physique que sont l'horizontalité et la verticalité. L'introduction d'une troisième dimension peut ne pas perturber cette décomposition analytique de l'espace, si cette dimension est donnée par les lois géométriques de la perception oculaire : l'espace à trois dimensions est alors décomposé en *plans* successifs. Il s'agit en somme d'une extension à la profondeur des lois géométriques de la représentation et de la décomposition analytique de l'espace, par rapport à un troisième axe de référence obtenu par perpendicularité au plan initial : c'est ce qu'on appelle la perspective. Par opposition, on peut concevoir un autre type de représentation dans lequel les lignes de force de l'espace sont conçues essentiellement comme des appels. L'espace devient dès lors un champ de forces magnétiques où les formes s'organisent en fonction d'affinités et de sollicitations particulières. La profondeur ou la verticalité signifient alors aspiration ou appel à l'évasion. Le tableau s'ouvre sur un au-delà et déborde, en somme, de ses limites : un tableau de Greco est essentiellement une invitation ascensionnelle, un tableau de Rembrandt, par la profondeur, est une invitation au symbole, une manière de faire lire dans un au-delà des représentations. C'est une sollicitation insinuante à l'exploration d'un espace continu et vivant comme une mélodie.

Les applications que l'on peut faire de ces oppositions à l'espace littéraire portent sur la composition de l'œuvre textuelle. Une composition classique est l'agencement d'un discours autour de ces axes de références que sont le temps de la parole (axe horizontal) et l'enchaînement, la construction d'un complexe conceptuel, par association harmonique et structurée d'éléments de pensée (axe vertical); succession du temps de la parole et superposition architecturale des éléments du message. Un *Essai* de Montaigne, un *Caprice* de Saint-Amant obéissent à d'autres lois : les mots et les idées s'y organisent selon des lignes de force biologiques ou cosmiques, s'y développent par bourgeonnement ou par épanouissement, en suivant les méandres aquatiques d'un flux d'idées ou les règles centrifuges d'une spirale ou d'un tourbillon. La composition se réfère à un ordre biologique plus qu'à un ordre rationnel. Quant à la profondeur, elle peut être obtenue par la complexité de l'ordre dénotatif (qui est assez analogue à la décomposition en plans), mais aussi par l'ordre connotatif qui constitue en somme un discours parallèle, l'ombre des mots qui dessine une forme cachée derrière les lumières superficielles de la phrase. Ce choix entre la monosémie et la polysémie permettra de distinguer un usage « musical » de concepts, qui agissent par résonance, et un usage « architectural » où la complexité est le résultat d'un ordre délibéré.

Forme fermée et forme ouverte. « Une présentation sera dite *fermée* lorsque [...] l'image y apparaîtra limitée en elle-même, réduite à une signification complexe; inversement il y aura forme *ouverte* quand l'œuvre s'extravasera pour ainsi dire en tout sens, impatiente de toute limitation [8] ».

L'opposition peut être généralisée à toutes les formes de clôture et d'ouverture. On sait que d'une manière générale les classicismes se définissent par la clôture du discours. Chaque construction textuelle constitue en somme un système planétaire, où tout se ramène à un centre et où tous les éléments n'ont de signification que par rapport au noyau central. Cet ordre est également valable sur le plan temporel, où il est inconcevable qu'une action ne soit pas enfermée dans les limites d'une exposition et d'un dénouement : le dénouement apporte la résolution claire et totale d'un conflit ou d'une énigme, et le baisser du rideau ou le dernier vers d'un sonnet interdit la possibilité de tout au-delà de ce qui a été dit. L'importance du *sujet* et des règles contraignantes qui accompagnent l'énonciation du sujet (ne pas *sortir* du sujet, ne pas faire de *digression,* ne pas introduire de développement *secondaire*) sont l'équivalent d'un système de monarchie absolue : c'est le règne de la subordination. L'importance donnée à certaines formes fixes, la décomposition en stances obéissant aux lois de la fermeture (avec parfois le retour du premier vers en position finale), le système de clôture introduit jusque dans l'ordre de succession (la péroraison reprend les prémisses de l'énoncé) : tout cela évoque le même principe de fermeture.

L'œuvre ouverte se présente comme un fragment d'un tout à recomposer, ou comme une invitation à poursuivre une pensée dont seul le branle initial nous est donné. Dans une telle conception, la participation du récepteur est indispensable à la lecture. L'œuvre fermée est un monologue où est requise une attitude de passivité; l'œuvre ouverte est l'invitation à un dialogue ou à une conversation.

Cette opposition esthétique recouvre en fait des choix plus généraux : à travers elle se manifeste l'opposition entre une société fermée, dans laquelle l'individu n'a le choix qu'entre l'appartenance ou l'exclusion, et une société ouverte, dans laquelle il est invité à une collaboration. Nous pensons également que les prises de position concernant la

---

8. H. Wölfflin, *op. cit.,* p. 135-136.

nature du cosmos et de l'histoire (voire du corps humain lorsqu'il s'est agi de la théorie de la circulation sanguine) ne sont pas étrangères à ce type d'opposition; choix entre un univers clos et un monde infini en voie de transformation et d'extension; choix entre un temps fermé, enserré entre une création et une fin, et un temps ouvert, qui est aspiration à un devenir non prédéterminé. Nous aurons à revenir sur ces analogies.

Multiplicité et unité (unité multiple et unité indivisible). Cette opposition est intimement liée à la précédente. « Le principe de la forme fermée présuppose déjà que l'œuvre est conçue comme une unité. Il est indispensable que la totalité des formes soit saisie comme une réalité unique pour qu'on puisse se la représenter en tant qu'elle est ordonnée à une loi commune » [9]. Dans ce cas, les éléments sont liés et harmonisés dans une hiérarchisation volontaire. Dans le second cas, l'unité de l'œuvre est assurée par la convergence dynamique d'éléments épars. Wölfflin oppose ainsi à la *Mort de Marie* de Dürer, une composition faite de contrastes géométriques, la *Mort de Marie* de Rembrandt, où le principe de composition est celui de l'interpénétration :

> Le baroque, lui, aurait évité la rencontre des verticales et des horizontales, ou il l'aurait rendue invisible, afin d'empêcher que pût naître l'impression d'un tout *articulé :* les formes fragmentaires, qu'il s'agît d'un ciel de lit ou des figures des apôtres, eussent été fondues ensemble dans un mouvement dont la prééminence eût été générale. Si on se reporte à la gravure de Rembrandt consacrée à la mort de Marie, on comprendra combien les nuages s'élevant en vapeur ont été un motif bienvenu des peintres baroques. Le jeu des contrastes n'est pas aboli, mais il est plus caché. La juxtaposition explicite, l'opposition claire, sont remplacées par une interpénétration. Les contraires absolus sont supprimés. Tout ce qui est limité, isolé, disparaît. Des chemins, des passerelles permettent au mouvement de se poursuivre d'une forme à l'autre. Mais on voit émerger de-ci de-là, de ce courant unifiant du baroque, un motif chargé d'un accent si intense qu'il

9. H. Wölfflin, *op. cit.*, p. 173.

concentre sur lui les regards comme une lentille condense les rayons lumineux. Ce sont ces moments où la forme se fait, dans le dessin, particulièrement expressive [...] qui distinguent catégoriquement l'art baroque du classique. D'un côté on admire une tonalité également répartie, d'un autre un effet qui domine le reste. Et ces motifs les plus accentués ne sont pas des éléments isolés qui pourraient être arrachés à l'ensemble, ils constituent le point maximum d'un crescendo fourni par le mouvement général [10].

Unité tectonique et unité organique : à tous les niveaux, on rencontre le même type d'opposition; sans doute cela ne recouvre-t-il pas exactement l'opposition entre le baroque et le classique. Mais ce que l'on peut relever, c'est cette opposition entre un ordre unitaire, imposé par le sommet, à un niveau superstructurel, et une unité venue en somme de la base, à un niveau infrastructurel qui rejoint l'ordre de la matière et de la nature.

Clarté et obscurité. « Toute époque a exigé de son art qu'il fût clair. Dire d'une œuvre qu'elle est obscure, ç'a été en tout temps la blâmer. Mais le mot de clarté, au xvie siècle, a eu un sens qui s'est perdu ensuite. Pour l'art classique, il n'y a pas de beauté si la forme ne se dévoile pas en sa totalité. Dans le baroque en revanche, la clarté absolue s'assombrit, même quand l'artiste vise à rendre une réalité matérielle en son entier. L'image ne coïncide plus avec la pleine clarté de l'objet, mais elle s'en écarte » [11].

Il est certain qu'il y a dans le classicisme, au niveau superstructurel, une aspiration au soleil, une sorte de complexe d'Icare. Ce rêve de transparence absolue se manifeste essentiellement par l'importance accordée à la discipline, comme si l'ordre se confondait avec la lumière. Le besoin d'une mise en forme régie par la loi des proportions et des symétries verbales, la recherche d'un sens monosémique du message, une discrimination et une sélection dans le choix des tropes, et surtout l'illusion (non partagée par les créateurs) que la

10. H. Wölfflin, *op. cit.,* p. 178-180.
11. *Ibid.,* p. 210.

dictature du conscient éclairera toutes les franges d'ombre du discours, tout cela illustre cet ordre « monarchique » symbolisé par les pleins pouvoirs de la « raison » :

> Que toujours vos écrits
> Empruntent d'elle seule et leur lustre et leur prix [12].

Toutefois au niveau des réalisations, l'importance de la genèse infrastructurelle ressort constamment; un inconscient du langage se dévoile qui donne le sens de la profondeur à des mots qui apparaissent comme autant de lapsus, de révélations sur un autre monde : c'est ce complexe d'Antée, cette innervation chthonienne, qui, souvent à l'insu des créateurs, donne à leurs œuvres cette richesse de clairobscur par l'association, conflictuelle ou complémentaire, entretenue avec les aspirations icariennes.

Il est vrai aussi que le baroque procède, pour la dénomination des objets de son discours, par approximation plus que par détermination. Il ne s'agit pas tellement de cerner les contours et d'éclairer de la pleine lumière du mot propre l'objet de son choix. Le connaître et le faire connaître prennent l'aspect d'une promenade autour de l'objet, ou plus exactement, du guet mouvant d'un rôdeur — doublé d'un voyeur — en maraude : on a l'impression d'une résistance des choses à livrer leur identité, et le langage s'agace à épeler toutes sortes de mots approximatifs. En un mot Régnier règle son sort à une vieille :

> Ha, vieille, dy-je lors, qu'en mon cœur je maudis
> Est-ce là le chemin pour gaigner Paradis?

L'adjectif *vieille*, substantivé, transforme la qualification en détermination. Tout est dit et l'on sait à qui on a affaire, puisque l'usage personnel recouvre l'usage social du mot; le public et l'auteur coïncident pour l'établissement d'un contenu sémantique du vocable. Au contraire, dans ce poème de Montgaillard (1550-1605), l'adjectif garde sa valeur qualificative, mais les substantifs dansent autour de

---

12. Boileau, *Art Poétique,* I, v. 37-38.

lui, dans une sorte de sabbat effréné, dans un bourdon-
nement qui étourdit plus qu'il ne détermine :

> Vieille ha, ha, vieille hou hou,
> Vieille chouette, vieux hibou,
> Vieille grimace de marotte,
> Vieille gibecière de juif,
> Vieux chandelier noirci de suif,
> Vieille robe pleine de crotte,
>
> Vieille rapière de sergent,
> Vieille pantoufle de régent,
> Vieux rouet mangé de la rouille,
> Vieille arquebuse de forêts,
> Vieux baril de harengs saurets,
> Vieille revendeuse d'andouille...

Ces litanies se poursuivent pendant 66 vers. La répétition du
mot *vieille* joue le rôle d'une ponctuation au milieu d'un amas
de métaphores surréalistes qui donne cent faces au même
visage. Le discours obéit ici à une esthétique de l'obscurité,
dans la mesure où «l'image ne coïncide pas avec la pleine
clarté de l'objet»; or aucune de ces images ne coïncide avec
lui puisque chaque vers nouveau amène un additif ou un
correctif qui rend les contours mouvants. L'unité réside ici
dans la multiplicité et c'est l'accumulation des mots — semblable aux accumulations d'objets hétéroclites qu'on trouve
dans les natures mortes contemporaines — qui est signi-
fiante, plus que le contenu toujours partiel et ouvert de chaque image : une ouverture par laquelle s'engage un déluge
de mots.

Les catégories de Wölfflin ont l'avantage de mettre
en relation deux styles. Mais il convient de rappeler que ces
styles sont surtout des vues de l'esprit; dans la réalité, les
qualités interfèrent sans arrêt : quel classique ne se ressent
du baroque, quel baroque n'est pas plus ou moins classique?
Ce jeu d'ombre et de lumière est plus important que l'opposition intellectuelle établie entre l'une et l'autre : il y a en fait
innutrition réciproque, et une dissection intellectuelle néglige
l'unité organique du tout complexe de l'œuvre qui ne se laisse
pas catégoriser aussi facilement. De fait Wölfflin a parfaitement conscience de la stérilité d'oppositions abstraites, lui
qui associe constamment un terme à l'autre, en tête de cha-

33

cun de ses chapitres, pour la création d'un champ magnétique bipolaire dans lequel chaque situation est tributaire de forces divergentes et se définit par la tension interne résultant de ces forces opposées.

● **Eugenio d'Ors, la théorie des « éons » et le baroque permanent.** Les catégories de Wölfflin, par leur caractère très théorique, orientaient les recherches vers des conceptions philosophiques de l'histoire de l'art. Le rôle d'Eugenio d'Ors, dans son étude *Du Baroque* [13] a été de fournir les bases d'une explication « structurale » avant la lettre de la notion de baroque. A ses yeux, le baroque est un *éon,* une permanence liée à un « système » où la dimension temporelle se défait au profit d'oppositions synchroniques entre baroquisme et classicisme. Par là, Eugenio d'Ors est amené à refuser catégoriquement deux déterminations traditionnelles du baroque : sa détermination historique, liée à une période qui recouvre en gros la fin du XVIe, le XVIIe, et dans certains pays une partie du XVIIIe siècle; sa détermination négative qui fait du baroque un art « pathologique » associé à une « variété du laid » :

> De tradition, le qualificatif « baroque » n'était appliqué qu'à certaine perversion du goût; perversion historiquement — si l'on peut dire — et parfaitement localisée. Récemment encore, un maître aussi érudit que Benedetto Croce niait avec insistance que l'on pût considérer le Baroque autrement que comme « une des variétés du laid ». Sans en arriver à une position aussi négative et exorcisante, la tendance, il y a vingt ans et moins, était de s'en tenir à l'opinion que résument les formules suivantes :
>
> 1) Le Baroque est un phénomène dont la naissance, la décadence et la fin se situent vers les XVIIe et XVIIIe siècles et qui n'a touché que le monde occidental.
>
> 2) Il est propre à l'architecture et à quelques rares aspects de la sculpture et de la peinture.
>
> 3) Il s'agit d'un style pathologique, d'une vague de monstruosité et de mauvais goût.
>
> 4) Et enfin il est le produit d'une sorte de décomposition du style classique de la Renaissance.

13. *Du Baroque,* traduction française, Paris, Gallimard, 1935; nouvelle édition illustrée, Gallimard, collection « Idées/Arts », 1968.

Aujourd'hui cependant aux yeux de la critique, ces formules commencent à sembler désuètes. L'on tend de plus en plus au contraire à croire que :

1) Le Baroque est une constante historique qui se retrouve à des époques aussi réciproquement éloignées que l'Alexandrisme de la Contre-Réforme ou celle-ci de la période « Fin de siècle », c'est-à-dire la fin du xixᵉ, et qu'il s'est manifesté dans les régions les plus diverses, tant en Orient qu'en Occident.

2) Ce phénomène intéresse non seulement l'art, mais toute la civilisation, et même, par extension, la morphologie de la nature [...].

3) Son caractère est normal et, si l'on peut parler ici de maladie, c'est dans le sens où Michelet disait que « la femme est une éternelle malade ».

4) Loin de procéder du style classique, le Baroque y est opposé d'une manière plus fondamentale encore que le romantisme qui, lui, n'est en somme qu'un épisode dans le déroulement de la constante baroque [14].

Le baroque et le classicisme apparaissent donc comme deux constantes d'un complexe culturel permanent. On pourrait songer, pour définir leur association, au couple *animus-anima* qui dans la terminologie jungienne définit par leur opposition naturelle et leur alliance « conjugale » l'orientation de la psyché. Le rappel de Michelet et de l'image féminine pourrait nous mettre sur la voie d'une identification *baroque/anima* et *classicisme/animus.* En fait d'Ors se sert d'une autre métaphore qui est celle du Chaos du Cosmos, du chemin et de la forêt, de l'homme sauvage et de l'homme civilisé. Le classicisme serait un fait de civilisation, fondé sur l'ordre et la discipline, un instant d'équilibre apollinien. Le baroque serait une résurgence ou une protestation; il exprime les grandes nostalgies de vie sauvage et de paradis naturel. D'Ors déclare que « le baroque est secrètement animé par la nostalgie du Paradis Perdu » [15]. En somme le baroque serait la voix de l'inconscient qui proteste contre la dictature rationalisée du conscient. De là son caractère de permanence, car

14. *Du Baroque,* édition de 1968, p. 83-84.
15. *Ibid.,* p. 35.

il est aussi indissociable du classicisme que les infrastructures de la conscience le sont des productions de la pensée élaborée :

> Le Chaos monte toujours la garde, dans la cave de la demeure du Cosmos. Serviteur et maître, si d'un côté il se laisse coloniser — le travail humain ouvre un chemin dans la forêt —, de l'autre, il se venge, à la moindre négligence — la végétation sauvage dévore promptement le chemin abandonné.
>
> Je suis dans une capitale germanique, dans un hôtel à la mode, pourvu de toutes les ingéniosités du confort. Mais cet hôtel a pour nom « *Zur Wildermann* » et pour enseigne un monstre hirsute, couvert de feuilles sauvages, tenant dans son poing une pierre et une grosse massue.
>
> Cet employé de l'hôtel, attentif à la discipline des sonneries, ne sera-t-il pas le génie tutélaire du lieu? Ne cachera-t-il point, derrière son uniforme, la liberté de l'Homme des bois? L'hypothèse me procure plus d'assurance que d'appréhension. Je suis arrivé à deviner que la dualité de l'image en fait tout le prix. Que cette vigueur naturelle me permet, à moi, de dormir tranquille et de trouver, au réveil, un certain nombre de choses à leur place. Que je peux écrire précisément pourquoi cet homme-là peut donner des coups de poing. Que sa barbarie est la garantie de ma civilisation. Ou, pour être exact, que *notre* barbarie profonde est la garantie de *notre* civilisation commune.
>
> De chacune de ces réalités dérive un style. Un style se superpose à l'autre et c'est fort bien ainsi. Le style de la civilisation se nomme classicisme. Au style de la barbarie, persistant, permanent dessous la culture, ne donnerons-nous pas le nom de baroque? On appelle baroque la grosse perle irrégulière. Mais, plus baroque, plus irrégulière encore l'eau de l'océan que l'huître métamorphose en perle — et parfois aussi, dans le cas d'une *réussite* heureuse, en perle parfaite [16].

La richesse métaphorique du texte nous invite à un décryptage des symboles. On retiendra la récurrence de la dimen-

---

16. *Du Baroque*, édition de 1968, p. 17-18.

sion verticale pour situer le baroque par rapport au classique :
image de la cave et de la mer, usage du verbe *superposer*,
de la préposition *sous,* de l'adverbe *dessous;* ce choix introduit l'idée d'un support. Les manifestations esthétiques
supposent une infrastructure qui en est le sous-sol et la
matière nourricière. Jung nous a appris que les images de
la mer, du sommeil, de la forêt, que nous rencontrons ici,
sont autant de symboles de l'inconscient collectif. Il serait
donc facile d'associer le baroque à des résurgences de
l'inconscient collectif, que l'on appellerait l'inspiration, et le
classicisme aux activités conscientes et élaborées d'une pensée qui se nourrit néanmoins aux sources de l'inconscient.

En fait tout cela n'est pas si simple, car nous rencontrons
dans le baroque l'usage d'une rhétorique et d'une technique,
dont l'emploi se situe au niveau de la conscience; il y a en lui
une part de jeu, voire de virtuosité, qui est comme le luxe
d'une civilisation, et non sa préhistoire. D'autre part la relation générative établie par la métaphore de la mer à la perle
vaut aussi bien pour le classicisme que pour le baroque :
dans un cas comme dans l'autre, il y a filiation, même si les
voies d'expression sont différentes à l'arrivée.

La théorie « dorsienne » — suivant l'expression désormais
consacrée — permet de trouver une explication générale au
balancement que l'on constate dans les productions esthétiques de l'humanité : il y aurait, d'une manière permanente,
des tendances à l'obscurité et à la multiplicité, des nostalgies
de l'état sauvage que nous appellerions baroques, et des
tendances à l'unité appelée par un équilibre rationnel, qui
réaliseraient pendant de courts instants historiques des moments
de « civilisation » disciplinée et harmonieuse, que nous appellerons classiques. Ainsi le « classicisme » grec du vᵉ siècle
serait suivi du « baroque » alexandrin, le « classicisme »
augustéen laisserait la place à un « baroque » déjà sensible à
l'époque de Néron; au gothique rayonnant d'essence classique succéderait le gothique flamboyant qui se prolongerait
sous des formes diverses jusqu'au classicisme de la Renaissance, lui-même suivi d'une période baroque qui précéde-
rait le style classique du temps de Louis XIV. Le rococo, le
romantisme, le symbolisme, le surréalisme pourraient bien
être diverses formes de baroque auxquelles s'opposeraient

le rationalisme, le style néo-antique de l'époque napoléonienne, le réalisme et le scientisme du classicisme bourgeois...

Cette conception du baroque permanent n'est pas unanimement acceptée. Son défaut est de fondre dans le même moule des productions dont les conditions concrètes de naissance sont extrêmement différentes. A la limite, elle postule l'universalité de l'esprit humain qui réagirait identiquement malgré la diversité des climats, des siècles et des structures sociales. Cette mise entre parenthèses de l'élément historique et ces recherches d'analogie dans des domaines dissemblables permettent de faire des rapprochements non dépourvus de signification avec les tendances structuralistes actuelles. Mais la critique sociologique ne peut s'accommoder de ce dilettantisme esthétique, et elle maintient l'importance des structures socio-économiques, diversifiées par l'histoire, dans l'explication des superstructures esthétiques, philosophiques et littéraires. Peut-on aussi facilement arracher le baroque (entendons celui du xvie et du xviie siècles) aux conditions historiques de sa naissance? Quand on parle du baroque aujourd'hui, la tendance est plutôt d'y voir un fait culturel associé à une période déterminée de l'histoire : « Aujourd'hui, dit Jean Rousset, la conception dorsienne d'un baroque permanent est de moins en moins retenue. La tendance dominante est celle qui localise, et de plus en plus étroitement, le baroque dans le xviie siècle, entre maniérisme et rococo »[17].

● Les théories évolutives : le maniérisme comme mode de génération esthétique. Henri Focillon a soutenu une thèse selon laquelle les arts passeraient successivement par trois âges : une phase dite archaïque où s'ébauche la plénitude correspondant à l'âge classique, puis une phase d'exubérance, à la fois efflorescence et dégénérescence. Le baroque correspondrait au dernier de ces trois âges de l'art. La notion de temps joue ici un rôle essentiel, dans une perspective biologique, et la filiation du classique au baroque retrouve une place que lui

17. V.-L. Tapié, J. Rousset, O. de Mourgues : *Trois conférences sur le baroque français*, Turin, 1964, p. 51.

38

avaient fait perdre les oppositions et les ruptures établies par Wölfflin et E. d'Ors. L'application analogique d'une loi d'évolution biologique (et plus exactement végétale) à l'évolution des arts pose évidemment quelques problèmes : fera-t-on du baroque Louis XIII la dégénérescence du classicisme de la Pléiade (la Pléiade est bien loin, et Ronsard oublié!) ou l'âge archaïque du classicisme louisquatorzien (on l'a fait, mais au prix d'une curieuse loi d'évolution historique qui consiste à juger du développement des phénomènes par rapport au futur)? D'autre part, le terme *baroque,* comme l'a remarqué V.-L. Tapié, est utilisé aujourd'hui comme un terme général de civilisation, ou en tout cas ne peut être détaché d'un certain contexte socio-économique : la limitation à l'histoire de l'art réduit considérablement la portée d'un fait historique beaucoup plus vaste.

Une conception qui a le mérite d'assurer une synthèse entre l'idée de filiation et celle de rupture (ou tout au moins de variation) s'est récemment fait jour : des théoriciens de l'art ou de la littérature, comme E. R. Curtius, avaient attiré l'attention sur un procédé de génération esthétique qu'ils appelaient le « maniérisme ». La théorie consiste en une extrapolation pour l'histoire générale de l'art du processus de filiation entre les grands maîtres de la Renaissance et leurs imitateurs. Le terme *maniérisme,* dans le vocabulaire esthétique, définit un style. Dans le langage courant, le mot a un sens péjoratif et désigne l'afféterie. Mais cette acception, devenue commune, est relativement tardive. Il fut un temps où l'on classait sous l'étiquette maniériste un groupe de peintres italiens qui imitaient la *manière* de Raphaël ou de Michel-Ange. La légende a longtemps présenté les maniéristes — le Parmesan, Bronzino, le Rosso, le Sodoma — comme des disciples attardés des grands maîtres, écrasés par leur domination dont ils n'arrivent à se dégager que par quelques contorsions sur les motifs magistraux. Cette détermination péjorative semble devoir être rejetée. En fait le mot *maniera* ne doit pas être pris dans le sens d'imitation, mais dans celui de « recherche de style ». Le maniérisme serait une esthétique qui insiste sur la recherche de l'expression personnelle, plus que sur la représentation fidèle des objets, conforme à des normes arbitraires de beauté :

Il suffit d'avoir vu quelques œuvres des peintres italiens de la seconde génération du xvie siècle que l'histoire de l'art classe habituellement parmi les maniéristes — le Parmesan, le Pontormo, le Rosso, Lelio Orsi, Bronzino, Beccafumi — pour se rendre compte qu'on peut les accuser de tout ce qu'on veut sauf d'académisme. Bien loin de répéter leurs prédécesseurs de la haute Renaissance, les maniéristes se caractérisent plutôt par une recherche frénétique de nouveauté. Ils se plaisent aux déformations de lignes, aux groupements insolites, aux couleurs neuves, aux thèmes étranges. Souvent, ils nous font penser aux formes d'art les plus audacieuses de notre temps, au cubisme, à l'expressionnisme, au surréalisme. Il est difficile de comprendre comment on a pu les taxer d'imitation et de conformisme [...] [18].

Le maniérisme n'est donc pas caractérisé par une manière, mais bien plutôt par le goût de la manière, nous dirions aujourd'hui : le goût du style. Le Parmesan, le Pontormo, Bronzino, le Rosso, etc. sont des artistes qui cultivent le style, qui mettent l'accent moins peut-être sur ce qu'ils doivent dire que sur la manière de le dire. Les peintres dits « classiques » de la haute Renaissance — et tout particulièrement Raphaël — partaient du postulat qu'il existe un style parfait, un style qui ne doit rien à l'individualité de l'artiste, à sa technique de travail ou aux modes de son temps, un style éternel, valable aussi bien pour la Grèce de Périclès, la Rome d'Auguste ou l'Italie de Léon X. C'est ce style éternel, ce réalisme idéal, ce style classique en un mot, que Raphaël avait prétendu fixer. La tentative évidemment était vouée à l'échec. Les styles sont des moyens divers d'expression; il n'y a aucun sens à dire qu'un de ces moyens d'expression est plus vrai que les autres. Les moyens d'expression ne sont pas plus ou moins vrais en soi, ils sont différents. Ce fut, précisément, la découverte des maniéristes de comprendre qu'il n'y avait pas un style, mais une infinité de styles. Le maniérisme est la prise de conscience du style et, en cela, il commande tout l'art moderne [19].

La nature du maniérisme fait de lui une esthétique de la multiplicité, puisque chaque auteur a sa *maniera,* l'unité entre les

---

18. J. Bousquet, *La Peinture maniériste,* Neuchâtel, Ides et Calendes, 1964, p. 23.
19. *Ibid.,* p. 26.

créateurs étant assurée par le goût commun de la *maniera*. Il convient d'autre part de ne pas réduire le maniérisme à un mouvement italien, car, l'Italie étant à cette époque la mère des arts européens, des phénomènes semblables se produisent dans d'autres pays. L'Ecole de Fontainebleau en France, le Greco en Espagne, Dürer en Allemagne, comme en Italie le Corrège ou Arcimboldo peuvent être considérés comme les représentants divers d'un maniérisme européen.

Si l'on veut définir les caractères communs à tous ces artistes, on pourra trouver en eux :

— un goût manifeste pour la netteté des lignes et des contours : la peinture en arrive à revêtir parfois un aspect sculptural, par la manière dont est souligné le jeu de la musculature. A la limite, la représentation est à base architecturale ou géométrique, comme c'est le cas pour ce type de recherches que l'on a pu qualifier de « cubistes » : les *Bizarrie di varie figure* présentent la génération de silhouettes humaines à partir d'un emboîtement de chaînons ou de spirales; les recherches sur la perspective (celles de Lorenz Stoer dans *Geometria et Perspectiva* [1567], de Wenzel Jamnitzer dans *Perspectiva corporum regularium* [1563], les gravures de Luca Cambiaso) tendent à installer à la place des objets naturels des figures géométriques.

— la distorsion des formes : ce goût se manifeste par exemple dans l'allongement caractéristique des figures du Greco. On peut accorder une signification symbolique à la prédominance accordée à tel ou tel axe spatial. Mais il y a aussi une manière de jeu qui consiste à exploiter toutes les ressources de la perception visuelle et des lois de la perspective, dont on découvre précisément les multiples applications; c'est ce qui se passe dans le jeu des *anamorphoses* auquel s'adonnèrent nombre de graveurs et de peintres du XVIe siècle, ou dans les constructions arcimboldiennes qui consistent à construire un visage ou un paysage à partir d'éléments extérieurs à eux (*le Printemps* est un buste humain construit avec des fleurs, *l'Été* avec des céréales et des fruits, *le Cheval de Troie* est composé de formes humaines).

— la recherche de la pose et de l'effet : c'est quelque chose d'analogue à la littérature concettiste, dont le but est, selon l'expression de Marino, *far stupir*. Il s'agit de provoquer la surprise soit par le défi d'une pose ostentatoire, soit par la recherche de l'insolite et du paradoxe, soit par de véritables agressions érotiques ou sadiques. Il y a une stimulation du spectateur pour l'arracher à l'indifférence.

     — les jeux de couleurs inattendues et d'atmosphères bizarres (brumes, crépuscules, nocturnes, effets de lumière artificielle) : on relève surtout ici le désir de la nouveauté; il s'agit d'explorer ce qui ne l'a pas été par les prédécesseurs. Mais aussi une volonté d'exploiter tous les effets de la lumière : ainsi les transformations chromatiques apportées par la lumière d'une chandelle, ou le déplacement insolite de la source lumineuse (en particulier les contrejours ou les éclairages par en-dessous).

     La caractéristique essentielle de cet art reste le souci de l'expression personnelle. L'art reflète l'individualisme — peut-être même l'isolement — qui caractérise la fin de la Renaissance. Cet art se complaît dans la représentation des particularités des objets, leur mise en scène insolite, le goût pour les phénomènes morbides et extraordinaires, le tout emporté dans une recherche frénétique de nouveauté qui fait se diversifier les formes, brise le réel et le disloque en splendeur multiple, en éclats de beauté.

Le maniérisme littéraire : sur des vers de Ronsard

Il serait tentant de rechercher dans la littérature du temps l'équivalent du maniérisme pictural : on trouvera des correspondances dans le style de Gongora en Espagne, dans l'euphuisme des Élisabéthains, chez les imitateurs français de Pétrarque ou de Ronsard — tous auteurs pour qui le goût du style, la recherche de la nouveauté poussée jusqu'à l'hermétisme, le sens de la diversité concrète du réel jouent un rôle de choix.

     L'« Élégie à Marie Stuart » de Ronsard, composée sans doute avant 1565 et insérée dans le recueil des *Œuvres* de 1567 nous fournira quelques éléments de comparaison :

> Bien que le trait de vostre belle face
> Peinte en mon cœur par le temps ne s'efface,

Et que tousjours je le porte imprimé
Comme un tableau vivement animé,
J'ay toutefois pour la chose plus rare
Dont mon estude et mes livres je pare,
Vostre semblant qui fait honneur au lieu,
Comme un portrait fait honneur à son Dieu.

On est frappé par l'usage des termes empruntés à la peinture : il s'agit véritablement d'une transposition d'art, où les
mots se font le véhicule d'une forme peinte; successivement
on rencontre les mots *trait, peinte, imprimé, tableau, semblant, portrait.* En fait il y a deux portraits : l'un, matériel, qui
correspond au tableau vivant de la Reine, l'autre, intérieur qui
correspond à l'image d'elle qu'il porte en lui. Un jeu optique
et psychologique s'établit ainsi entre l'intérieur et l'extérieur,
dont le lien commun est un emprunt aux arts de la représentation. La netteté des contours est exprimée ici par la
fermeté d'une image insensible aux variations du temps *(par
le temps ne s'efface, toujours je le porte imprimé) :* il s'agit
d'une victoire de l'espace sur le temps, et de la représentation sur les intermittences de la mémoire. Cette association
du pictural et du poétique est caractéristique du style littéraire du maniérisme, mais aussi du style pictural :

> Tout l'art d'appartenance maniériste et d'appartenance
> baroque semble régi par la formule d'Horace, formule
> évidemment inversable : *Ut pictura poesis.* Il est entendu
> que le peintre raconte des histoires, illustre des fables,
> représente des actions; il donne à penser. La poésie
> décrit des événements vraisemblables, assemble des
> images; elle donne à voir. Pour le théoricien italien
> Lomazzo (1590), peinture et poésie sont *quasi nate ad un
> parto.* Étant certain, dit César Ripa dans son *Iconologia,*
> « que la Poésie est muette en la Peinture, et que la Pein-
> ture parle dans la Poésie ». Le consentement sur ce point
> est si général qu'on a pu parler de « l'identité des théo-
> ries littéraires et des théories artistiques de la Renais-
> sance » [20].

20. M. Raymond, *La Poésie française et le maniérisme,* Genève-Paris, Droz-Minard,
1971, p. 18-19.

Nous avons bien affaire ici à un poème qui donne à voir : tout tend à la représentation picturale, et une représentation qui par la netteté de ses contours et le relief de son «impression» rappelle le choix esthétique des peintres maniéristes. Le choix du portrait serait lui-même à commenter; on sait que ce fut un des objets privilégiés de la peinture du XVIe siècle : la dynastie des Clouet s'est rendue célèbre presque exclusivement par l'art du portrait. Marcel Raymond a pu constater que d'une manière générale l'attention de l'artiste maniériste se détourne de la nature «pour se concentrer sur le corps humain». C'est ce que démontre le départ de cette élégie, où l'intrusion de la nature est celle d'un décor qui joue le rôle d'une parure autour du corps féminin :

> Vous n'estes vive en drap d'or habillée,
> Ny les joyaux de l'Inde despouillée,
> Riches d'esmail et d'ouvrages, ne font
> Luire un beau jour autour de vostre front;
> Et vostre main, des plus belles la belle,
> N'a rien sinon sa blancheur naturelle,
> Et vos longs doigts, cinq rameaux inégaux
> Ne sont pompeux de bagues ny d'anneaux,
> Et la beauté de vostre gorge vive
> N'a pour carquan que sa blancheur naïve.

Tout le développement est à la forme négative : la forme négative, par toutes les absences qu'elle évoque, fait surgir l'image d'une femme à bijoux pour la révoquer, et la remplacer par l'évocation de la nudité du luxe. Deux corps ainsi sont côte à côte, l'un dans l'éclat scintillant des perles et de l'or, et l'autre dans sa «blancheur naturelle» inlassablement répétée (voir la variation *blancheur naïve* quatre vers plus bas). L'association, presque baudelairienne, de la blancheur du corps féminin et des parures d'orfèvrerie, est un thème fondamental de la peinture maniériste : le portrait de *Gabrielle d'Estrées et de la Duchesse de Villars au bain*, *l'Entremetteuse* de l'École de Fontainebleau, ou la *Vénus au repos* de Josef Heintz, constituent autant de variations sur le thème :

> La très chère était nue, et connaissant mon cœur
> Elle n'avait gardé que ses bijoux sonores [21]

Le poème de Ronsard constitue une illustration de ce thème commun, mais avec une double variation : d'abord, l'image des bijoux est dessinée pour être effacée, et la présence dans le texte des joyaux de l'Inde, de l'émail, des bagues et des anneaux, n'habille qu'un double inexistant; d'autre part, la nudité est ici d'ordre métaphorique, puisqu'il s'agit non d'un dépouillement d'habits, mais de parure; la blancheur elle-même dans le contexte évoque tout autre chose que les lys de la chair, mais est en rapport avec l'habit de deuil (Marie Stuart est une jeune veuve, après la mort de son époux François II, et le blanc est au xvie siècle l'habit du deuil). Cet art de la fugue (ou faut-il dire aussi de la fuite) à partir d'un thème magistral est précisément un des ressorts de la création du maniérisme : c'est essentiellement un art de la variation personnelle et paradoxale à partir d'un thème commun (ici celui de la femme aux bijoux).

D'autre part l'évocation du corps procède par morcellement : il s'agit d'une succession de blasons, blason du front, blason de la main, blason de la gorge. Cette manière de détailler, puis d'accumuler les détails (la seule liaison est un *et* ou un *ni* purement additif) dénote une stylistique qui ne peut pas être involontaire. L'unité du portrait, comme dans les figures d'Arcimboldo, est la résultante d'une multiplicité de détails qui tendent à l'autonomie, tandis que l'articulation syntaxique est réduite à la succession énumérative. Dans l'étude que Panofsky a réalisée sur l'iconographie de Fontainebleau, l'auteur note qu'on trouve dans la décoration « une accumulation de parties plutôt que l'organisation complexe d'un vaste ensemble » [22], et Marcel Raymond ajoute que « si les groupes sculptés de l'âge baroque [...] appellent une vision unifiante, il n'en va pas de même à l'âge précédent, où l'on préfère une vision morcelante, l'œuvre ne se découvrant d'aucun point de vue dans sa totalité » [23].

---

21. *Les Fleurs du Mal*, « Les Bijoux ».
22. E. Panofsky, « The Iconography of the Galerie François I at Fontainebleau », in *La Gazette des Beaux-Arts,* Paris, 1958; cité par M. Raymond, *op. cit.,* p. 9.
23. M. Raymond, *op. cit.,* p. 21.

On pourrait poursuivre des analogies révélatrices jusque dans le détail, par exemple à propos de cette admirable étude de main incluse dans le texte :

> Et vostre main, des plus belles la belle
> N'a rien sinon sa blancheur naturelle,
> Et vos longs doigts, cinq rameaux inégaux...

Ce n'est pas à l'art des proportions recherché par Vinci ou Dürer dans leurs études de mains que l'on songe ici, c'est aux longues mains des personnages de l'*Annonciation* de Bronzino, aux longs doigts effilés de l'Amour dans l'*Amour et le temps* du même peintre. Cet allongement des formes de la *Madone au long cou* du Parmesan jusqu'aux corps travaillés par un mouvement ascensionnel du Greco, est une des constantes de la stylistique picturale maniériste. Ajoutons-y l'inégalité associée à la métaphore végétale des « rameaux », et nous retrouverons deux autres caractéristiques du style maniériste : le goût de la dissymétrie et l'ambiguïté qui résulte d'une superposition d'images empruntées à des séries naturelles différentes. Un poème du *Printemps* de d'Aubigné, qui est aussi une étude de main, renchérit sur ces données et y ajoute la courbe et l'entrelac :

> Si tu es fine assez, devine
> Ce que sur nos doigts j'imagine
> Qui sont entrelassez ainsi,
>
> Si tu devines nos pensées
> Qui s'accorderont en ceci
> Comme nos doigts sont enlassez [24].

Or c'est précisément cet usage de la courbe que nous rencontrons dans la suite immédiate du poème de Ronsard :

> Un crespe long, subtil et délié,
> Ply contre ply retors et replié,
> Habit de deuil, vous sert de couverture
> Depuis le chef jusques à la ceinture,
> Qui s'enfle ainsi qu'un voile quand le vent
> Souffle la barque et la single en avant.

---

24. *Hécatombe à Diane*, XXV.

Qu'on regarde les plis du vêtement de la *Lucrèce* de Bronzino, ou ceux des personnages de Dürer et de ses disciples, c'est le même amoncellement et la même répétition (traduite dans le texte de Ronsard par la triple reprise en un seul vert du mot *pli,* associé au jeu répétitif des sonorités en *pl* et en *re*). Laissons la longueur *(un crespe long)* dont il vient d'être question : nous retiendrons surtout ici un usage particulier de la « ligne serpentine » mise à la mode par les imitateurs de Michel-Ange et les variations multiples sur le groupe de *Laocoon* et des serpents. Il peut s'agir d'une mode, que l'on constate par exemple dans la vogue des coiffures frisées :

> Fai luy premier les cheveus ondelés,
> Noués, retors, recrepés, annelés [25].

Mais toutes les formes affectent la même ondulation :

> Fais lui le front en bosse revouté...
> Apres fai lui sa rondelette oreille...
> Pein son menton au meillieu fosselu... [26].

Il s'agit d'une gravure en lignes courbes, analogue aux types de composition en recourbements que l'on rencontre dans la série des *Acrobates* de Juste de Juste. Le vers lui-même adopte une configuration serpentine : l'abondance des rejets et des enjambements oblige l'œil à suivre dans ses méandres les replis d'une phrase retorse et qui s'allonge indéfiniment jusqu'à ce que le vent l'emporte.

Car le tableau se met en mouvement, et l'introduction d'une métaphore éolienne et aquatique renchérit sur le mouvement de la phrase : le mot *en avant* n'est pas là pour clore la période, mais au contraire pour suggérer une ouverture, pour ouvrir un horizon. Nous avons ici le type même d'une représentation ouverte; l'image du blanc qui parcourt le texte se métamorphose et s'enfle : jamais stable, de la peau à l'habit, de l'habit à la voile, il se dépose sur toutes les formes que

---

25. Ronsard, *Mélanges,* « Élégie à Janet », v. 11-12.
26. *Ibid.,* v. 23, 65, 111.

la blancheur attire. Ce sont des réminiscences baudelairiennes qui viennent encore à l'esprit dans la métamorphose
de la femme en navire :

> Quand tu vas balayant l'air de ta jupe large
> Tu fais l'effet d'un beau vaisseau qui prend le large [27].

Le mouvement de houle, le rythme de glissement et d'ondulation marine se répercute sur l'agencement des images, car
la métaphore de la femme-navire appelle aussitôt une nouvelle application : la promenade de Marie dans les allées de
Fontainebleau se métamorphose en croisière marine; l'on
voit la Reine, nouvelle Iseut aux blanches mains, conduire
un navire aux blanches voiles parmi la blancheur des
cygnes :

> Tous les chemins blanchissoient sous vos toiles,
> Ainsi qu'on voit blanchir les rondes voiles,
> Et se courber bouffantes sur la mer,
> Quand les forsats ont cessé de ramer;
> Et la galère, au gré du vent poussée,
> Flot desur flot s'en-va toute eslancée,
> Sillonnant l'eau, et faisant d'un grand bruit
> Pirouetter la vague qui la suit.

Nous constatons une superposition de deux images, une
effet de mouvance par excellence; sur la promeneuse de Fontainebleau se superpose l'image d'un *Beau Navire*, car on ne
peut décidément pas éviter, dans cette alliance de la femme
et de la mer, des évocations baudelairiennes :

> [...] un beau vaisseau qui prend le large
> Chargé de toile, et va roulant
> Suivant un rythme doux, et paresseux, et lent [28].

Seule la musique diffère : Ronsard accentue le bruitage de
la scène, comme il accélère les mouvements de l'eau, hyperbolisant à la fois la longueur (par l'image du chemin, du sil-

27. *Les Fleurs du Mal*, « Le Beau Navire ».
28. *Ibidem*.

lon, par l'introduction d'une traîne de vagues derrière la robe blanche du navire) et les recourbements (non seulement les voiles rondes et bouffantes, mais les vagues qui sont traitées comme les plis d'un vêtement marin, et s'accumulent, multiples, *flot desur flot,* en pirouettes agitées). L'introduction de l'image marine obéit à une logique de l'imaginaire, qui est bourgeonnement de formes imbriquées. L'enchaînement des images, déterminées par leur énergie interne, crée la force imaginatrice, et non une logique qui ne veut d'images que subordonnées à ses propos. L'évocation de l'habit a déjà amené le mot « voile » :

> Qui s'enfle ainsi qu'un voile quand le vent
> Souffle la barque, et la single en avant.

L'image et son modèle sont ensuite rétrogradés dans le passé, mais l'eau s'insinue à nouveau par d'autres biais :

> De tel habit vous estiez accoustrée
> Partant, hélas! de la belle contrée
> Dont aviez eu le Sceptre dans la main,
> Lorsque pensive et baignant vostre sein
> Du beau crystal de vos larmes roulées,
> Triste marchiez par les longues allées
> Du grand jardin de ce royal Chasteau
> Qui prend son nom de la source d'une eau.

Ces adieux de Fontainebleau connotent un voyage marin, celui que la Reine de France va accomplir pour retrouver son pays natal, l'Ecosse. Mais surtout l'eau revient sous une double forme; d'abord, sous la forme des larmes (lesquelles reprennent le motif initial des bijoux, par l'image du *beau crystal* des larmes *roulées* sur le sein) : l'utilisation d'un verbe aussi banal que *baigner* revêt ici une importance particulière, car c'est lui qui réintroduit le motif aquatique, lequel va appeler son double extérieur, par le développement en images du mot Fontainebleau ramené à ses origines (Fontaine Bleue) :

> [...] Ce royal Chasteau
> Qui prend son nom de la source d'une eau.

Double fontaine, celle des larmes et celle d'un lieu (ou plutôt d'un nom de lieu), qui se réfléchissent l'une dans l'autre en miroir. L'exploitation de ces métonymies va permettre une extension de l'image, qui triomphalement, apparaît sous la forme du navire et de la mer. Ce qui est à noter, c'est la manière dont les images s'appellent l'une l'autre, c'est la diversité de leurs origines, c'est ce réseau complexe, cette trame labyrinthique tissée en bleu et en cristallin dans l'étoffe textuelle, et qui court comme un fil d'Ariane, tantôt éclatant dans un premier plan, tantôt enfouie sous d'autres mots, puis résurgente avant de s'évanouir dans un éclaboussement liquide. « Un tableau maniériste, dit Marcel Raymond, se présente le plus souvent comme un ensemble de figures instables ou mobiles. Il va de soi qu'il ne peut s'agir d'une véritable innovation. Mais cette mobilité peut aller jusqu'à l'agitation extrême. D'où la prédominance des symboles du feu, de l'air, de l'eau mouvante, et des thèmes ou des motifs de mouvement : le vol et l'enlèvement, la danse, la fête, la chasse, la bataille » [29]. Ce poème maniériste, offre, dans le choix de ses images, la même texture et la même agitation, agitation qui n'est point un désordre, mais plutôt, si l'on peut accepter cette « correspondance », une polyphonie de l'imaginaire.

Un autre fait est à noter, c'est le crescendo en blanc qui se manifeste sur l'ensemble du poème : blancheur des mains, blancheur de la gorge, habits blancs, voiles blanches; la nature elle-même va s'habiller de blanc avant que n'apparaissent les dieux de la lumière, l'Aube et le Soleil :

> Lors les rochers, bien qu'ils n'eussent point d'ame,
> Voyant marcher une si belle Dame,
> Et les deserts, les sablons et l'estang
> Où vit maint cygne habillé tout de blanc,
> Et des haus pins la cyme de verd peinte,
> Vous contemploient comme une chose sainte,
> Et pensoient voir, pour ne voir rien de tel,
> Une Déesse en habit d'un mortel
> Se promener, quand l'Aube retournée
> Par les jardins poussoit la matinée,

29. M. Raymond, *op. cit.*, p. 19.

> Et vers le soir, quand desjà le Soleil
> A chef baissé s'en-alloit au sommeil.

La récurrence du verbe *voir* (*voyant marcher, vous contemploient, pensoient voir, pour ne voir*) rappelle l'inspiration essentiellement plastique et picturale du tableau. Tout est placé sous le signe de l'œil, et successivement nous assistons à une « contemplation » et à une « vision » (qu'introduit nommément le terme *« pensoient voir »*). C'est une contemplation très étrange où les rôles sont inversés; généralement la contemplation est la réception réfléchie par un sujet humain d'un spectacle extérieur :

> Le contemplateur, triste et meurtri, mais serein
> Mesure le problème aux murailles d'airain [...]
> Suit de l'œil des blancheurs qui passent, alcyons
> Et regarde, pensif [...] [30].

Or dans le poème de Ronsard, les contemplateurs sont les éléments naturels qui regardent, pensifs, cette blancheur qui passe. La femme est ici l'objet d'une contemplation universelle : cette manière de hiératiser l'être humain, et particulièrement l'être féminin, est aussi une constante du maniérisme. Une sorte de système solaire, ou plus exactement de système lunaire, se crée autour de l'astre femelle. Le *Triomphe de Sémélé* d'Antoine Caron constitue l'équivalent pictural de cette disposition : autour du corps luminescent de la femme, placée sous l'astre des nuits, et hiératisée sur un lit nuptial triomphal et funèbre, une assemblée de contemplateurs, ayant tous le visage tourné vers le centre, assiste à l'accouplement nocturne de la fille de Cadmos et de l'aigle foudroyant. La *Délie* de Maurice Scève joue exactement le même rôle; attraction et répulsion de l'âme errante, planète ombreuse autour de la clarté lunaire de la femme :

> Comme Hecaté tu me feras errer
> Et vif, et mort, cent ans parmy les Umbres;
> Et comme Diane au ciel me resserrer
> D'où descendis en ces mortelz encombres [31].

---

30. Hugo, *Les Contemplations*, « A celle qui est restée en France », v. 347-352.
31 *Délie,* XXII.

Dans les *Sonnets pour Hélène,* c'est la même attitude d'amant effrayé devant la lumière féminine :

> Belle comme une Aurore, et toy comme un Soleil.

Ici (Livre I, XVII) la crainte l'emporte sur l'admiration :

> J'euz peur de ton silence, et m'en-allay tout blesme
> Craignant que mon salut n'eust ton œil offensé.

Énigmatique et hiératique, le visage de la belle, sanctifiée et déifiée, attire vers lui les regards et les prosternations. Cet emploi de la contemplation est celui que nous trouvons dans l'« Élégie à Marie Stuart », avec cette différence que les contemplateurs sont les éléments naturels.

Cette contemplation est suivie d'une métamorphose du tableau en vision : l'expression *comme une chose sainte* appelle un vocabulaire religieux, mais la sanctification, suivie d'une déification *(une Déesse)* nous fait suivre un cheminement oblique et c'est la mythologie antique qui se trouve appelée à la rescousse. Il ne s'agit pas d'un placage, mais de la réintégration dans la nature des esprits païens qui en avaient été chassés. On croit entendre un appel, celui qu'un autre poète, quelques siècles plus tard, adresse à « l'antique semence » des dieux vaincus :

> Ils reviendront, ces Dieux que tu pleures toujours !
> Le temps va ramener l'ordre des anciens jours;
> La terre a tressailli d'un souffle prophétique [32].

Ils reviennent dans les jardins de Fontainebleau. Parmi la procession blanche des cygnes, sous le regard des pins contemplateurs, des rochers, des déserts, de l'étang, dépourvus d'âme, mais pourvus d'yeux, c'est une Déesse antique qui s'avance, et le temps ramène l'ordre des anciens jours : l'Aube jardinière et le Soleil au « chef baissé » s'affairent dans leurs fonctions de porte-lumière. Non seulement, tout vit et tout est plein, sinon d'âme, du moins de vitalité, mais tout se met en mouvement, de l'aube qui « pousse » la

---

32. Nerval, *Les Chimères,* « Delfica ».

matinée au soleil qui « s'en va au sommeil », en tournant dans le ciel, satellite de la Déesse blanche qui effectue sa promenade terrestre.

Sur un plan général, on est frappé par le caractère dynamique de cette poésie : un dynamisme qui est aussi fluidité, écoulement, recourbements de mots associés à des fleurs d'écume et à un roulis de vague. L'image est ici maîtresse, ou plutôt les images. Elles deviennent premières et déterminent l'économie du poème. Pas de liaison logique entre elles, ce ne sont pas les lois de la pensée qui décident de leur place et de leur forme; elles naissent au détour d'un mot, obéissant aux appels magiques d'un son, d'une étymologie, d'une analogie : c'est la fonction imaginante, pour reprendre une expression d'O. Nadal, qui est ici imaginatrice. Vision de mouvement : les mots renvoient à la peinture, mais les formes picturales ne se laissent pas envelopper dans la fixité d'une représentation plastique; la peinture devient danse et musique. Les mots ne peuvent plus limiter les choses, ce sont les objets qui appellent à chaque fois des mots toujours renouvelés qui se superposent (la fonction de liaison du *et* est ici significative). D'autre part la construction n'est pas centrée. Il n'y a que des résonances : le blanc qui appelle le blanc, la perle qui évoque la larme et le cristal des flots, les doigts qui appellent les rameaux, et les arbres métamorphosés en contemplateurs, comme ceux de Dürer revus par Hugo, dans *Les Rayons et les Ombres :*

> Là se penchent rêveurs les vieux pins, les grands ormes.

Tout se confond dans une unité qui n'est point ténébreuse, mais qui n'est pas non plus celle de la raison organisatrice. A l'essaim liquide des images répond l'écho liquide des sonorités, la marche processionnelle des décasyllabes, la fermeture phonétique du distique rimé, tout cela enrobé dans un ensemble polyphonique et fluide, où règne l'irrégularité, déterminée par la boucle d'un rejet ou par l'allongement indéfini des coordonnées entassées. C'est cet ensemble de qualités qui signe le maniérisme de Ronsard.

Mais ce qu'il convient surtout de retenir dans le maniérisme, c'est son processus de génération. L'auteur maniériste se place apparemment sous l'égide d'un maître : le pétrarquisme italien du xve et du xvie siècles est un maniérisme du style pétrarquien; chaque poète s'établit disciple du maître, mais en fait ne retient de lui que ce qui intéresse sa propre personnalité, pour les uns (les strambottistes) les jeux précieux sur la forme et le langage, pour les autres (les bembistes) l'idéologie platonisante qui sous-tend la poésie amoureuse. A leur tour, Ronsard dans les *Amours* de 1552, mais avant lui Scève, et en même temps que lui Du Bellay, Pontus de Tyard se réclameront du pétrarquisme italien. L'œuvre de Ronsard suscitera le même type d'imitation infidèle; ainsi fait d'Aubigné au début du *Printemps,* en présentant son œuvre comme une imitation et une réaction :

> Ronsard, si tu as sceu par tout le monde espandre
> L'amitié, la douceur, les graces, la fierté,
> Les faveurs, les ennuys, l'aise et la cruauté,
> Et les chastes amour de toy et ta Cassandre,
>
> Je ne veux à l'envy, pour sa niepce entreprendre
> D'en rechanter autant comme tu as chanté,
> Mais je veux comparer à beauté la beauté,
> Et mes feux à tes feux, et ma cendre à ta cendre [33].

Le texte de d'Aubigné établit entre le poète et son modèle l'équivalent d'une relation filiale : or cette relation est entachée des désirs contradictoires; d'une part un désir d'*identification* fondée sur le mimétisme poétique, mais d'autre part un désir d'*altération* par rapport au modèle, que l'on pourrait assimiler à une peur de la rivalité. Peur et désir de rivaliser avec le modèle « patronal » (ou « paternel »?) définissent, par association de contraires, ce qu'on appelle un complexe. Cette attitude de l'artiste maniériste — agressivité et déférence à l'égard d'un *pattern,* d'un « modèle », avec lequel s'établit une relation d'équivalence paternelle, avec son ambiguïté d'attirance/répulsion — rejoint ce qu'écrit G. Bazin à l'égard de cette esthétique :

> Le maniérisme est apparu comme une conséquence inéluctable du classicisme, auquel d'instinct les artistes

---

33. *Hécatombe à Diane,* V.

s'opposent, tout en voulant consciemment s'y conformer, ce qui au sens psychanalytique produit un « complexe », d'où une véritable névrose, une conscience d'échec, voire de révolte, devant des limites que, faute de pouvoir les franchir, on essaie de tourner par des procédés qui s'éloignent de l'imitation de la nature, l'artiste puisant son inspiration, non plus dans la *mimesis,* mais dans la *phantasia* [...]. Cette vaine tentative de se libérer des contraintes se manifeste par une tendance à considérer l'univers comme un jeu (instinct ludique), et produit des tempéraments de caractère saturnien et mélancolique. Le monde des formes engendré ainsi est, au propre, ce que les psychanalystes appellent un univers de substitution, monde artificiel prenant la place à la fois du monde extérieur rejeté et du formalisme classique hérité et renié [34].

D'Aubigné, à partir des thèmes ronsardiens, développe sa manière à lui que l'on pourrait définir comme un maniérisme noir. Par contre, Desportes, s'appuyant sur l'œuvre du même maître, développera un maniérisme rose et mielleux. Il y a dans les rapports avec l'œuvre magistrale, quelque chose d'apparenté aux relations qui unissent les peintres maniéristes à l'œuvre de Raphaël. On peut en dire autant de Montaigne à l'égard de Socrate, et de Charron, voire de Pascal, à l'égard de Montaigne. Les disciples maniéristes reprennent en somme la technique du maître, mais en y ajoutant des variations hyperboliques où chacun exprime une tendance qui lui est personnelle. Ainsi l'artiste ajoute à la matière qui lui est léguée sa *manière* expressive. Le maniérisme est une imitation créatrice, une recherche de style qui, sous l'apparence d'une reprise des thèmes magistraux, s'efforce d'être un expressionnisme subjectif. Le maniérisme serait une imitation créatrice de l'idéal renaissant. Par un processus semblable de génération, le baroque pourrait bien être un maniérisme du maniérisme, auquel il emprunte quelques thèmes qu'il développe pour son compte personnel. Le classicisme pourrait être un maniérisme du baroque, ce qui explique l'usage de l'adjectif *préclassique* utilisé pour déterminer certaines formes du baroque. Le rococo pourrait être un manié-

---

34. G. Bazin, *Destins du baroque,* Paris, Hachette, 1970, p. 18-19.

risme du baroque, qui exploite précisément les qualités du baroque négligées ou rejetées par le classicisme. La préciosité, le réalisme et le burlesque pourraient aussi être rattachés à ce tronc commun sur lequel ils vont s'épanouir par bourgeonnement. L'imitation et la réaction se combinent donc dans cette conception séduisante de la génération des styles qui a le mérite de concilier la filiation et l'opposition d'une période littéraire à une autre.

Le baroque existe-t-il?

Le baroque existe-t-il? Après tout ce que nous venons de dire, la question revêt un aspect paradoxal. Elle mérite toutefois d'être posée. Benedetto Croce, tout en admettant l'usage du mot *baroque* pour caractériser l'âge qui sépare la Renaissance du siècle des Lumières, ne pouvait définir cette période que négativement : série de singeries et de contorsions où se manifestait surtout l'impuissance d'une époque à se situer par rapport à un idéal. La France a toujours été réticente à la notion de baroque, qui a longtemps été niée. Il a fallu les études de Marcel Raymond, Raymond Lebègue, V.-L. Tapié, Jean Rousset, et de beaucoup d'autres, pour faire admettre ce contrepoids au totalitarisme classique. Récemment P. Charpentrat se demandait si le concept de baroque, après l'étonnante fertilité dont il a fait preuve pour la réévaluation du passé, ne confinait pas à l'épuisement, et ne servait pas désormais à préserver une vision conservatrice et codifiée du XVIIe siècle. En somme n'en arrivons-nous pas à un point où il faut songer, sous peine de voir perdre toute signification au mot, à un au-delà du baroque?

Morphologie d'un concept, anatomie d'une mentalité, physionomie d'une époque

Nous n'appliquerons la qualification de baroque, laissant de côté l'utilisation dorsienne du mot, qu'à la période recouvrant le dernier tiers du XVIe siècle, et les deux premiers du XVIIe. Nous admettrons des interférences, des prolongements et des recoupements : le maniérisme s'étend jusqu'en 1610-

1620, mais il est souvent récupéré par des courants extérieurs; le baroque se poursuit dans le cours du xviiie siècle, particulièrement en Allemagne et en Autriche, mais il s'agit plutôt de résurgences qui se combinent avec le rococo. Sans nier les rapports qui existent avec d'autres périodes, en général dites décadentes, nous préférons, pour des raisons de clarté, limiter le baroque dans le temps, et ne l'utiliser pour d'autres époques qu'à titre analogique ou métaphorique.

L'art de la Contre-Réforme

La Réforme avait été une forme de classicisme théologique et moral : la méthode des Réformateurs procédait par épuration, et par établissement d'idées claires et distinctes, appuyées sur des textes précis. Là où elle put s'implanter, elle se développa suivant des schémas puristes et puritains qui eurent leur répercussion sur le comportement social, sur l'esthétique et sur la manière d'écrire. La Contre-Réforme consista la plupart du temps à valoriser les caractères du catholicisme qui avaient été le plus contestés. Partant de l'Italie romaine, et pénétrant avec éclat dans la plupart des pays catholiques (Espagne, Autriche, Portugal, Allemagne du Sud), on voit se développer une architecture d'un style nouveau qui accentue arrogamment les valeurs dénoncées par le protestantisme.

● Caractéristiques esthétiques. On relève comme caractéristiques :

1. *Le goût du monumental.* Il s'oppose à la sobriété pétrie d'humilité qui caractérise l'individualisme protestant. Face à l'individu écrasé par la puissance divine, mais en même temps éclairé par elle, la Contre-Réforme oppose une éloquente affirmation de l'effort humain, terrestre, pour s'élever vers la divinité, et lui donner des sanctuaires dignes de ce désir. Au dieu caché et intérieur, s'oppose un dieu voyant et constamment extériorisé.

2. *La volonté d'impressionner.* Agir sur les sens, troubler les habitudes, faire appel à l'affectivité et à l'imagination, tout ce qui précisément sera déprécié par le jansénisme, qui sera la réaction puriste à la boursouflure et à l'hyperbole de la Contre-Réforme, tout cela est, au contraire, mis à une place spectaculaire : miracles, extases, visions, troubles des

sens, ambiguïté de la sensualité et de la mysticité serviront de motifs décoratifs à des sanctuaires qui sont autant de défis à la modération et à l'humilité.

3. *Une exhibition de puissance matérielle.* Et particulièrement de richesse. On offre à la contemplation perles et matières précieuses; l'or n'est pas seulement utilisé comme matière décorative : il est moyen de stupéfier et symbole de puissance. Par opposition à l'éthique de sobriété, liée à une économie de production et d'organisation, dans laquelle sont valorisés le travail comme moyen productif et l'enrichissement comme moteur économique, l'art de la Contre-Réforme met en valeur un luxe de consommation inutile et ostentatoire : décorations, tentures et tapisseries, exhibitions d'objets précieux, tableaux et sculptures. En même temps, il s'agit d'un gel de la richesse, car aucun de ces objets à usage religieux ne peut entrer dans les circuits d'échanges commerciaux. C'est là la grande différence entre l'esprit né de la Réforme et celui qui est né de la Contre-Réforme : d'un côté, une idéologie adaptée à la mise en place d'un système économique fondé sur l'activité et le travail, l'échange et le profit de type capitaliste; de l'autre un appareil destiné à opérer des ponctions sur les produits du travail pour des opérations de prestige dont le but est de valoriser politiquement et psychologiquement deux classes (aristocratie et clergé) qui sont extérieures au mécanisme de la production, et cherchent une fonction dans l'étalage d'une puissance factice et d'une richesse dont elles ne sont pas la source : des manières de faire le Paon.

4. *L'importance des superpositions décoratives.* C'est une contre-offensive de la forme et de l'apparence, par opposition au retour aux sources et à la mise à nu des idées tentées précédemment par la Réforme. Il y a une rhétorique de l'architecture qui comporte des figures expressives : les lignes torses agissent sur l'esprit à la manière d'une périphrase ou d'une allégorie, par suggestion plus que par dénomination directe; les lignes brisées sont comme des anacoluthes et l'équivalent du « style abrupt » qui se développe dans la littérature de la fin du XVIe siècle; les façades ont le style pompeux des exordes et les dômes la rondeur oratoire du style périodique.

5. *Le goût du singulier et de l'insolite.* Il prend la suite du goût maniériste pour la variation et la différence, mais se manifeste aussi dans l'exaltation du héros, des fortes individualités, une sorte de « culte de la personnalité » dont le bénéficiaire serait multiple. L'édifice religieux reprend et hyperbolise la glorification du saint patron, cependant que l'architecture profane, dans ses aspects décoratifs, est bien souvent un éloge ou un hymne à la gloire du destinataire.

Ces productions envahissent les pays catholiques de l'Europe méridionale et centrale. Le rôle des Jésuites est essentiel dans leur propagation en Europe et hors d'Europe (Goa, Mexique, Amérique du Sud). Le cas de la France a posé quelques problèmes : on a nié l'existence d'un baroque français, puis on l'a associé à la résistance contre le classicisme, avant de lui trouver une fonction historique définie. En fait, l'histoire du baroque français n'est pas, comme parfois ailleurs, celle d'une explosion agressive et triomphale; c'est celle d'un conflit, ou plutôt de plusieurs conflits souvent sans rapport direct (protestantisme contre catholicisme, mais aussi centralisme contre libéralisme régional, aristocratie contre monarchie et contre bourgeoisie, libertinage contre église officialisée, mais aussi jansénisme contre molinisme, etc.). Les pays protestants ont subi à leur tour la contagion, mais en donnant au baroque le style particulier d'une éloquence sévère. Les arts plastiques, valorisés par la nature même de ces constructions, connurent une étonnante floraison, tandis que la musique recevait la même impulsion.

• **Correspondances littéraires.** La notion de baroque en littérature résulte de l'application en ce domaine des critères retenus pour qualifier les arts de la construction et de la décoration. Les travaux des critiques littéraires ont montré la possibilité et la fertilité de l'hypothèse baroque. Les dénominateurs communs aux productions de l'âge baroque, établis sur un réseau de correspondances entre la littérature et l'art, permettent de cerner la notion de baroque littéraire :

1. *Le goût du monumental.* Il s'exprime par les privilèges accordés à certains genres, à un style et à des figures. A partir de 1560, la poésie s'oriente vers des sujets grandioses et des œuvres massives. C'est l'âge d'or de l'inspi-

ration cosmique, des poèmes cosmogoniques et des épopées métaphysiques. Les auteurs semblent hantés par le récit de la création dans la *Genèse,* par les cosmogonies païennes et les théories platoniciennes sur la nature du monde : il y a chez eux une volonté d'adapter l'écriture à l'ampleur de leurs désirs intellectuels, qui vont dans le sens d'une maîtrise des lois de la nature. La même propension à l'ampleur explique la vogue des *Hymnes,* de la poésie encomiastique et, dans une certaine mesure, du drame pathétique, à la manière de Garnier, ou héroïque. Sur le plan de l'expression, le style périodique et le vocabulaire grandiloquent, les entassements de mots, les procédés accumulatifs et itératifs répondent au même état d'esprit. C'est l'époque où les styles se définissent par une hiérarchie verticale, analogue aux structures sociales : on distingue un style « élevé », un style « moyen » et un style « bas ». Les littérateurs montrent leur préférence pour les extrêmes : soit le style élevé en faveur dans l'épopée, la tragédie, ou l'éloquence religieuse et civile, soit le style bas de la satire. Dans les deux cas, on constate un privilège particulier accordé à l'*hyperbole,* figure de style qui signera l'œuvre baroque. Et partout un plaisir évident à étaler les effets, à exploiter chaque trouvaille stylistique pour un effet maximal.

2. *Une volonté d'impressionner.* Art de l'apparence, le baroque cultive tous les moyens pour forcer les effets. De là l'importance du théâtre qui fait de chaque présence une représentation, avec pour moteurs la volonté de puissance et la recherche de la gloire. La surprise est un autre moyen d'attirer l'attention : mélange des genres, avec les ruptures constantes et les associations les plus inattendues du tragique et du grotesque, du comique et du macabre, de l'élégance et de la grossièreté. L'esthétique de la contradiction interne aboutit à privilégier des figures comme l'antithèse ou l'oxymoron, qui enserrent dans le minimum d'espace verbal le maximum d'effet psychologique. Le paradoxe constitue la variation maniériste extrême sur un lieu communément reçu. Le concetto, cultivé par le marinisme, bloque en une formule adroitement située le dénouement d'un discours qui apparaît comme l'attente de cette révélation.

3. *L'expression des richesses de l'univers.* Il y a dans le

baroque une appréhension littéraire de l'ordre matériel, et sa valorisation sur tous les plans, qui s'oppose à la purification intellectualiste — cartésienne — de la nature, et à l'épuration — malherbienne, précieuse, académicienne — du langage. Le baroque tend à n'opérer dans les mots ni choix ni hiérarchie (du moins certaines tendances simultanéistes, égalisatrices et libertaires du baroque). L'unité de l'œuvre, unité de convergence, tient souvent à cette confusion égalitaire des catégories. La truculence et l'afféterie, l'érotisme et le mysticisme voisinent dans la création d'un univers mêlé, où toute chose n'a de sens que comme composante non privilégiée dans le bouquet bigarré du monde. De là aussi le goût du fatras, du galimatias, où la confusion des mots, agencés pourtant dans une syntaxe très rigide, veut faire croire au chaos des choses. Les néologismes attestent les possibilités d'un langage ouvert où l'innovation compte plus que la codification.

4. *Les superpositions décoratives.* On a défini le baroque comme un art qui préfère les décors aux structures. En fait le baroque est fortement structuré (ce qui le différencie du rococo, dans lequel le souci décoratif fait disparaître la construction). Les structures linguistiques — syntaxe — et stylistiques — genres à règles fixes, parallélismes et symétries — sont visibles, souvent voyantes. La décoration se superpose en fait à la structure plutôt qu'elle ne la remplace. La rhétorique baroque met en œuvre toutes les possibilités décoratives du langage : accumulations, redondances, hyperboles expriment la volonté de donner à chaque élément son maximum de volume; métonymies, métaphores, périphrases jouent le même rôle que les spirales et les volutes dans l'organisation des volumes architecturaux; asyndètes, anacoluthes évoquent à leur manière l'esthétique de la rupture et l'invitation constante à la surprise qui caractérise l'architecture.

5. *Le goût du singulier et de l'insolite.* Il s'exprime sous les formes les plus divergentes et les plus insolites. Ce peut être une affirmation forcenée d'originalité, par laquelle le créateur s'oppose à la culture que prétend lui faire véhiculer la société : il refuse l'héritage (parfois contre l'évidence même) pour affirmer la propriété personnelle de ses incar-

tades et de ses déviations. La même attitude caractérise le héros du théâtre baroque qui s'élève contre les règles sociales dans lesquelles il est enfermé (c'est le cas du Genest de Rotrou, de la Camille d'*Horace,* ou de Polyeucte) : mais dans le cas du théâtre héroïque, cette attitude ne ressortit pas toujours à l'individualisme, c'est une manière d'affirmer un autre ordre (triomphant au dénouement, lorsqu'il s'agit du christianisme) face à l'ordre établi. Une autre manière de cultiver la singularité et l'isolement consiste dans les recherches d'hermétisme : il s'agit d'utiliser un langage codé non accessible aux profanes. De là l'importance de toutes les formes de l'allusion, qui vont de la métaphore culturalisée (en particulier la métaphore mythologique) aux jeux complexes du miroir et du labyrinthe. L'expression allégorique est un moyen de métamorphoser les choses et les idées pour ne les rendre accessibles qu'à une minorité — *happy few* — qui détient les clés du code; l'aristocratie intellectuelle, fidèle émule de l'aristocratie tout court, cultive avec amour ce moyen d'écarter le vulgaire et d'établir des remparts autour d'un territoire d'idées dont elle décrète qu'il est sa propriété et sa spécificité. Là encore il ne s'agit pas tellement d'une marque d'individualisme, mais d'un souci de différenciation socio-culturelle : lieu populaire par excellence, la ville se transforme en cité imaginaire, dans laquelle revivent les mythes d'une société seigneuriale et cultivée :

> Le lieu de la fête, c'est-à-dire « le lieu quotidien de la ville », retentit de musiques violentes, se peuple d'arcs de triomphe, s'orne de tapisseries, se costume à l'antique, se revêt en somme d'un « fabuleux manteau » qui a pour effet de le métamorphoser. Ronsard fait allusion plus d'une fois à ce manteau de fables que doit tisser le poète pour envelopper des vérités cachées qui échappent au vulgaire (quelles vérités? les poètes errent un peu à leur rencontre). Art du double sens, où l'image dit autre chose qu'elle-même, processus ou procédé concerté d'allégorisation ayant pour fin d'héroïser jusqu'à l'outrance la vie seigneuriale par des allusions systématiques à l'histoire ou à la mythologie [35].

---

35. M. Raymond, *op. cit.,* p. 11.

Les conditions de naissance du baroque :
la crise de la conscience européenne au XVIᵉ siècle

Le mouvement de la Contre-Réforme s'inscrit dans un ensemble beaucoup plus vaste qui dépasse le cadre théologique. Il convient également de tenir compte de toutes les réactions qu'a suscitées le mouvement de *reconquista* entrepris par l'église catholique : ici c'est un sursaut de nationalisme en face de la réédification d'un centralisme romain, là c'est un mouvement de pensée laïque et libertine qui s'oppose à l'emprise de la pensée théologique. Le baroque, art de la surface par excellence, est sensible à tous les mouvements — parfois une mode éphémère, un accident historique démesurement enflé — qui affectent la surface de l'histoire. L'histoire du baroque est emplie de caprices et de ruptures : l'évolution se fait souvent par opposition, pétrarquisme et antipétrarquisme, excès et sagesse, truculence et préciosité, héroïsme et burlesque... Ballotté par l'écume des choses et les retombées des événements, ou bien il s'installe avec vigueur dans les passions éphémères de l'instant, ou bien il cultive lui-même un art et une morale du changement et de l'inconstance. C'est qu'il est né sous le signe de la mobilité, dans une période tumultueuse où se décompose le passé tandis que s'ouvrent de nouveaux horizons.

● Nouveaux horizons

Révolution culturelle. Le cercle de la terre s'est fermé depuis les voyages des Espagnols et des Portugais autour du monde, mais ses trésors inattendus sont parvenus à la vieille civilisation européenne, remettant en question les bases de la connaissance et la sérénité que donne le savoir acquis. Les relations des aventuriers et des missionnaires font découvrir des civilisations inconnues et obligent à reconsidérer les idées qui présidaient depuis des siècles à l'explication de l'origine de l'humanité. On parle de polygenèse, on suppose qu'une part de l'histoire des hommes a échappé aux chroniqueurs et aux historiens, et on supplée par l'imagination aux lacunes du savoir. Mais l'imagination n'a pas partout le même visage : vérité ici, blasphème ailleurs. Ainsi se développe un courant sceptique qui a son expression la plus célèbre dans le *« Que sais-je? »* de Montaigne, répandu en tous lieux cultivés. Le fidéisme du XVᵉ siècle réapparaît dans le courant irrationaliste de la fin du XVIᵉ, accompagné de toutes les tendances intellectuelles ou pseudo-intellectuelles qui se développent à son ombre : goût du surnaturel, occultisme, kabbalisme, prophétisme apocalyptique, sorcellerie, même chez des esprits éclairés qui prennent conscience des limites de la lumière et se réfugient dans la nuit pour y trouver un au-delà de la clarté.

L'univers en extension. Ces changements et ces découvertes s'accompagnent de conceptions nouvelles sur l'organisation du cosmos. S'il est vrai que le géocentrisme médiéval domine toujours, l'influence de Copernic se fait sentir dans les milieux d'avant-garde. Les réactions violentes qui accueillent l'héliocentrisme montrent à la fois l'importance des idées nouvelles et l'angoisse qui accompagne la remise en question d'idées acquises. Dans le sillage du naturalisme italien, s'insinue l'idée de l'infini appliquée à l'univers : l'homme n'est plus au centre de la création, la terre n'est plus au centre du monde; dans un univers dont les limites sont reculées à l'infini, il n'y a même plus de centre. Comment l'art ne répercuterait-il pas ces idées? La décentration qui caractérise mainte œuvre maniériste n'est-elle pas le reflet de cette décentration universelle? Les jeux du miroir, les effets de trompe-l'œil, les espaces vides, les déformations et les allongements du dessin réfléchissent sur le tableau les dimensions nouvelles du cosmos. L'homme, immergé dans un infini spatial qui le dépasse en nature et en mesure, ne trouve plus de place où se fixer dans la pluralité des mondes et considère avec horreur quel monstre incompréhensible il est dans cet univers dont il n'a pas trouvé la clé.

L'enrichissement du passé. Cette extension des limites de l'espace s'accompagne d'une extension des limites du temps. S'il est vrai que les six mille ans traditionnellement assignés au monde ne sont pas, ou peu, remis en question, on découvre la pluralité des histoires. Des peuples nouveaux font leur apparition dans les histoires universelles et les chronologies; on insiste sur la diversification des races et des destins depuis le couple originel. Face à la tradition de culture médiévale, fondée sur l'enseignement des docteurs du XIIIᵉ siècle, l'Antiquité, directement importée d'Italie, se déverse sur le monde moderne, apportant une joie et une tristesse de vivre, toutes deux épicuriennes. L'hébreu et l'étude des civilisations orientales se développent en fonction de la curiosité à connaître dans l'original les textes sacrés. L'époque précédente avait été celle de l'absorption massive, l'époque nouvelle est celle de la réflexion et du choix. Mais le choix se fait difficilement : les douceurs horaciennes et virgiliennes se mêlent aux tempêtes apocalyptiques des prophètes hébreux et des Pères de l'Église.

• **Tensions, divisions, mutations.**

Unité et multiplicité. Brisures, fissures, ruptures, ces mots propres à l'esthétique baroque s'appliquent aussi à l'évolution politique. La première rupture fut celle, réalisée par une Réforme dépourvue elle-même d'unité, de l'appareil idéologique et politique qui soutenait le christianisme. Ce fut là un grave traumatisme dans l'esprit d'hommes qui restaient malgré tout conditionnés par l'idée unitaire. Dieu est un, Satan est pluriel. De là les fanatismes et les désarrois. Le pluralisme s'impose sur le plan politique : c'est l'Europe des nationalités. Les tentatives unitaires recouvrent des visées impérialistes ou font surgir à nouveau de vieilles nostalgies (l'idéal des Croisades est artificiellement restauré au moment de l'avance turque), mais restent lettre morte. L'unité est remise en question à l'intérieur même des États : tentatives d'organisation démocratique qui tournèrent vite à la dictature, lutte entre oligarchies aristocratiques (la France depuis les Guises jusqu'à la Fronde) ou bourgeoises (Pays-Bas, révolution anglaise) contre le pouvoir centralisé. Selon les cas, on peut aboutir soit à la reconquête de l'unité, comme en France, soit à un libéralisme qui pose comme postulat l'existence d'un pluralisme, comme en Hollande ou en Suède. Ce qui importe, c'est l'état de tension et de conflit permanent, qui entraîne violence et dissimulation. Manœuvres clandestines, coups de force, labyrinthes diplomatiques, lignes politiques brusquement infléchies, l'histoire elle-même épouse les ruptures et les recourbements d'une construction baroque.

L'atmosphère fin de siècle. L'homme de la fin du XVIe siècle succombe à un excès de culture. Ce n'est plus la conquête joyeuse du temps de Rabelais, tournée vers l'avenir et l'action. Une sorte de lassitude s'empare des esprits; les conditions générales de vie ont changé. La Renaissance du temps de François Ier se poursuit, il est vrai, à la cour de Henri III, mais avec ce parfum d'insécurité et de décadence qui accentue son caractère fragile et précieux. Depuis le début du siècle, la civilisation s'était tournée vers la culture de l'esprit et l'organisation esthétique de la vie : les enfants de Henri II furent élevés au milieu de ces splendeurs, en rejetons d'élite d'une civilisation brillante. Ils en feront profit, et parmi eux le plus fin, le plus intelligent, Henri III. La Cour suit l'élan donné. Or la société ne suit plus : c'est dans le pays un retour au primitivisme élémentaire, un déchaînement de passions, un nouvel âge de fer. C'est pourquoi, à la Cour, on constate une certaine inadaptation à la nouvelle situation, qui entraîne l'impopularité du monarque et de ses mignons. Il eût fallu, sinon la barbarie efficace d'Ivan le Terrible, du moins la vitalité primaire d'Henri IV : on ne trouve que des jeunes gens élevés dans le culte des jeux de l'esprit et des voluptés décadentes. Survivances d'un siècle d'or au milieu des barbares, luxe de Cour, fêtes somptueuses où le plaisir de l'illusion se nourrit d'illusoires plaisirs, entre deux massacres et deux assassinats, font de ce siècle hybride un monument extraordinaire. L'époque abonde en « cas » pittoresques : l'originalité tient lieu de gloire, et les aberrations du comportement définissent les personnalités. On sent quelque chose de pourri dans cette atmosphère fin de siècle, où le spectre de la mort se mêle aux bals de la Cour, où le sentiment amoureux oscille d'une manière ambiguë entre l'érotisme et le mysticisme.

L'état de guerre. C'est bien entendu le fait marquant de l'époque. Ces guerres ne sont pas comme les autres : c'est le fondement même de la vie sociale et politique qui est en jeu. Et tout d'abord l'unité : le monde chrétien avait vécu dans l'idée que l'Unité présidait à toutes les entreprises et à tous les états : « L'Unité gît en Dieu, en Satan le binaire » écrit Du Bartas. Monothéisme, Église unique et universelle, Monarchie. Or l'hérésie remet tout en cause. Un dualisme religieux semble s'installer dans l'histoire cependant que la monarchie centralisatrice, perdant peu à peu son prestige, laisse le pouvoir se diviser entre les mains de factions multiples. Le baroque se complaît dans la multiplicité; il aime les effets d'éparpillement et de multiplication : en ce sens, l'art épouse son temps. Une autre caractéristique de ces guerres est qu'elles sont civiles : la clandestinité et le secret jouent en elles un rôle important. Les conspirations — Amboise, Meaux, Blois, Saint-Cloud — abondent, et les intrigues souterraines, à l'italienne, illustrent dans la vie concrète cette distinction de l'être et du paraître, ces effets de dédoublement qui caractérisent l'art du temps.

Guerres clandestines, guerres cruelles aussi. Les passions, couvertes et justifiées par des choix religieux qui semblent dispenser de toute morale, s'exacerbent. La mort et l'horreur sont quotidiennes. Les représailles s'organisent en spectacle : les relations des témoins abondent en scènes macabres; des écrivains se spécialisent dans ce genre d'écrits noirs, illustrés par des gravures. Les victoires laissent toute licence au sadisme, et même à la Cour ou dans les lieux publics un souffle d'enfer se mêle à la vie. Le théâtre et la littérature du temps, en s'ouvrant aux plaisirs de l'horreur, se font l'écho d'aspirations morbides peut-être, mais abondamment alimentées par la vie quotidienne.

Un autre effet de l'état de guerre est d'entretenir un état de *tension* et d'*instabilité* permanent. Le sens du mouvement, de l'inconstance, que l'on relève dans la sensibilité du temps, n'est-il pas tout simplement lié au mouvement de l'histoire elle-même qui accélère les événements, les précipite, procède par sauts et gambades, refuse la ligne droite et les déterminations logiques, sinueuse et brisée comme une colonne ou un fronton baroques?

Telle est l'époque qui donne naissance à cet art et à cette littérature, que l'on peut considérer soit comme la dernière manifestation du maniérisme au xvie siècle, soit comme la première manifestation de l'âge baroque, peu importent les termes. Plutôt que par un adjectif, peut-être vaudrait-il mieux la définir par un symbole. La période qui s'étend de 1560 à 1598 pourrait être appelée *l'âge des feux*. Le feu, tant aimé des poètes contemporains de

Henri III, a une richesse symbolique qui englobe toutes les vertus de cet âge : feu qui brûle et détruit, feu qui caresse et ondoie, feu qui enflamme et exalte, feu qui illumine et purifie. Des amants-phénix qui se consument à leur flamme aux poètes mystiques dévorés de flammes surnaturelles, des bûchers élevés sur les places publiques à l'haleine d'enfer qui souffle aux poètes visionnaires leurs cauchemars sanglants, l'époque entière n'est qu'une fournaise. Tous les auteurs de ce temps pourraient s'écrier, comme D'Aubigné, mais en des sens divers :

> Vois mon sang écumeux tout noirci par la flamme

ou lancer, dans le décor wagnérien qui convient à l'époque, l'apostrophe célèbre au feu, à épanouir en gerbes ardentes et en brasiers purificateurs tout ce qui n'est pas encore flammes :

> Venez, célestes feux, courez, feux éternels,
> Volez...

● **Création d'une mentalité : la sensibilité baroque.** Les idées et les sentiments naissent de situations concrètes : la mentalité d'une époque est le miroir de son histoire. Nous ne nous placerons pas toutefois dans la perspective d'une explication réductive : les superstructures intellectuelles entretiennent avec les infrastructures politiques et économiques le même rapport que la plante avec la terre qui la nourrit. Si l'on peut poursuivre l'image, nous dirons que la sève est le terme métaphorique qui caractérise le mieux la sensibilité : une sensibilité qui prend sa source à un état de fait concret, mais le transpose et le métamorphose dans le domaine d'une affectivité. Deux symboles, selon Jean Rousset, peuvent définir la mentalité baroque : *Protée,* le dieu de la métamorphose, et *le Paon,* symbole de l'ostentation.

Changer. On a dit que le Moyen Age était placé sous le signe de l'éternité, une éternité conçue sous une forme soit statique, soit cyclique (la droite infinie et le cercle). La Renaissance introduit le temps comme dimension fondamentale de la pensée. Toutefois le classicisme renaissant a vu dans l'écoulement du temps un mouvement linéaire et stable (déplacement d'un point sur la droite infinie de l'éternité). On s'acheminait vers la vieillesse, sur la pente des jours, par un mouvement sans caprice et sans arrêt :

> Le temps s'en va, le temps s'en va, ma Dame,
> Las! le temps non, mais nous nous en allons [36].

Le rectificatif réintroduit l'éternité dans le concept même de temps. A l'époque baroque, le mouvement se fait tumultueux, et le temps est en quelque sorte soumis à ses propres caprices :

> Apprends même du temps, que tu cherches d'étendre,
> Qui coule, qui se perd et ne te peut attendre,
> Tout se hâte, se perd et coule avec le Temps;
> Où trouveras-tu donc quelque longue durée [37]?

Saturne a pris sa faux : il n'est plus le vieillard sereinement mélancolique et rêveur, enfermé dans son éternelle vieillesse. Le temps « glouton dévorateur », suivant une expression de Bonaventure des Périers, annonce l'ogre goyesque. Les poètes métamorphoseront leurs fantasmes sur le temps en images; pour les poètes de « l'inconstance blanche », l'instant se dématérialise, devient nuage, vent, bulle, fumée, et certains ne sont pas sans savourer cette volupté du mobile, ainsi Étienne Durand dans les « Stances à l'Inconstance » :

> Doncques, fille de l'air, de cent plumes couverte,
> Qui, de serf que j'étais, m'a mis en liberté,
> Je te fais un présent des restes de ma perte,
> De mon amour changé, de sa flamme déserte,
> Et du folâtre objet qui m'avait arrêté [38].

Les nostalgiques de l'éternité insisteront au contraire sur le caractère tragique et insupportable de ce changement,

---

36. Ronsard, *Continuation des Amours* (1555), XXXV.
37. Jean de Sponde, « Stances de la Mort », *La Poésie baroque,* Nouveaux classiques Larousse, t. I, p. 136.
38. Étienne Durand, « Stances à l'Inconstance », *La Poésie baroque,* Nouveaux classiques Larousse, t. II, p. 105-106.

pour prôner la retraite hors du monde (ainsi s'expriment les poètes de « l'inconstance noire », suivant la terminologie de Jean Rousset, sensibles surtout aux ravages et au processus de néantisation du mouvement), ou s'installent sous le signe d'un Saturne noir et sanglant, comme d'Aubigné :

> Je veulx,
> Puisque l'acier du temps fuit le mal que j'endure,
> L'acier me laisse horrible et laisse mes cheveulx [39].

Le sens du mouvement se fait également sentir dans l'appréhension de l'espace. Si le cercle et la droite sont signes de stabilité ou de perfection, ils seront abandonnés au profit de formes plus révélatrices. L'architecture baroque refuse ou brise les éléments de stabilité; les cercles s'étirent en ellipses, les droites s'incurvent; les colonnes, support de l'architecture, s'ornent de décorations spiraliformes qui atteignent même la structure. Aux constructions géométriques, le baroque préfère les rocailles, les fontaines où l'eau joue avec des rochers aux formes irrégulières et en équilibre instable. Un sonnet de Ronsard est une construction, mais un sonnet de Desportes est un écoulement de mots. Les vers de du Bartas ou de d'Aubigné s'étirent et se boursouflent, se brisent en arrêts inattendus, avant d'épouser la courbe brutale d'un rejet. Cette forme de la sensibilité baroque explique l'attirance des poètes et des artistes pour certains éléments privilégiés : l'eau qui s'écoule, se meut, bouillonne, la flamme qui vacille, le vent, le nuage.

Ne pas être. L'être se définissait traditionnellement par la stabilité. Le triomphe de l'instabilité amène naturellement à penser que l'univers n'est qu'un jeu de formes inconsistantes. Cette distinction entre l'être et le paraître, alimentée par la philosophie platonicienne, cette difficulté à atteindre l'être accompagnée d'une compensation dans le paraître, est à la base du choix existentiel et esthétique des baroques. Que sont les choses? Que sommes-nous? Des reflets, des masques, des images. Le baroque vit naturellement dans un monde d'illusion et de métamorphoses qu'il cultive; tout se

---

39. Agrippa d'Aubigné, *Le Printemps*, « Stances », I, v. 86-88.

dissout dans une danse — féerique ou fantastique — d'ombres et de mensonges. La mascarade triomphe sous Henri III, et dans le théâtre de la fin du siècle, où abondent les travestis, les méprises dues aux ressemblances, les dédoublements et les ambiguïtés. Le trompe-l'œil est élevé au rang d'un procédé artistique. La métamorphose est l'illusion en acte : Protée, le dieu multiforme, Circé la magicienne, sont les puissances qui président à l'élaboration de l'art baroque.

La mort était présente chez Ronsard, mais elle n'était que repos dans les ombres myrteux, ou, déesse aux menaces lointaines, cachée dans les plis pourprés d'une rose, elle invitait les hommes à jouir de la vie avant de s'évanouir. A l'âge baroque, elle tient le gouvernail du monde, horrible, décharnée, présente en tous lieux, et persécutant surtout la jeunesse et la beauté. Les derniers sonnets de Ronsard évoquent le squelette; la reine Louise fait peindre des têtes de mort pour décorer sa chambre à Chenonceaux; Henri III portait un chapelet fait de grains d'ivoire imitant des têtes de mort. Lorsque d'Aubigné dans *Le Printemps* s'écrie

> Dans le corps de la mort j'ai enfermé ma vie,

c'est plus qu'une pointe, c'est la profession de foi de son époque. Le souci baroque de joindre les contraires en couples inattendus fait souvent apparier la mort et le plaisir, la mort et l'amour, sous une forme métaphorique chez Desportes, plus violente et plus crue chez d'Aubigné, dont *Le Printemps* est une ronde de l'amour et de la mort enlacés :

> Tu ris en me tuant et je meurs pour aimer.

Ajoutons une certaine complaisance des poètes et des artistes à l'égard de la mort. La mort devient un spectacle, et ses tourments n'en finissent plus. Il est vrai que pendant les guerres de religion l'horreur est quotidienne : l'Estoile rapporte que des tableaux d'horreur destinés à entretenir le fanatisme étaient exposés dans des églises de Paris au temps de la Ligue. L'art n'ajoute guère au spectacle macabre qu'une organisation esthétique.

L'homme baroque, un peu semblable au Saint Antoine de la Tentation — thème maniériste par excellence —, est ainsi supplicié dans un monde fantasmagorique de formes changeantes, cruelles. Faut-il en conclure à un pessimisme intégral et au triomphe des forces de destruction de l'humanisme?

Paraître. Cette difficulté à atteindre l'être, qui s'exprime à travers l'obsession du mouvement, de la métamorphose, de l'illusion, de la mort, s'accompagne d'un goût exacerbé du paraître, sorte de compensation à l'angoisse et de lutte contre la désagrégation de l'homme. L'art et la poésie baroques cultivent l'orgueil, l'affirmation de soi, l'ostentation, la démesure, créant ainsi une œuvre qui veut rivaliser en grandeur avec la grandeur de tout ce qui détruit l'homme. Le baroque aime les décorations luxuriantes, abondantes, multipliées. Les façades — la façade est l'apparence même — se développent prodigieusement par rapport au corps des bâtiments. L'habit, la parure, les bijoux sont cultivés avec une délicate tendresse : la mode sous Henri III, complexe, raffinée, surchargée, atteste le même goût. L'habit joue sur l'homme le rôle d'un autre être, lui donne une apparence que le baroque aime à soigner. Fêtes somptueuses, goût pour le geste spectaculaire, le mot qui frappe, la pose, sont à rapprocher de ce désir de tirer de l'apparence son maximum d'attrait : un désir d'éblouir qui n'est peut-être qu'une brillante compensation à un sentiment profond d'angoisse et d'insécurité, mais qui sert à camoufler l'isolement tragique de l'homme face à son inquiétude.

Plus être. La démesure est caractéristique de la psychologie du temps. L'homme baroque est le contraire du sage — en ce sens seulement, Montaigne échappe à l'emprise baroque. La sagesse est un équilibre de vie fondé sur le sens de la relativité. Le baroque est sans cesse à la conquête de l'absolu : chez lui, tout veut être grand, même ses faiblesses. Entre l'affirmation d'un orgueil démesuré et le sentiment d'être le plus misérable des êtres, il n'y a pas de différence. Entre ces extrêmes, le baroque ne sait pas s'arrêter : il vacille ainsi constamment de la démesure frénétique à la mélancolie. Héroïsme ou satanisme, orgueil ou désespoir, toutes les aventures de l'âme sont celles du héros baroque, sauf l'expérience de la sagesse qui vit de modération. Le besoin de démesure trouve son expression favorite dans *l'hyperbole* qui est la figure baroque par excellence. Céladon ou Matamore, dans la passion ou dans l'action, le baroque est toujours à l'extrême limite de lui-même. C'est là ce qui fait de cet âge un âge épique, car l'épopée vit de cette perpétuelle sublimation du réel et des jeux hyperboliques de l'imagination.

Cet âge de démesure est celui des grandes vertus ascétiques et des vocations mystiques. Il n'y a pas là de contradiction : si parfois l'homme rejette les vaines apparences mondaines et se dépouille des masques et des décors, ce dépouillement reste spectaculaire. Le mysticisme est en rapport avec le désir d'absolu. Les transports mystiques et les suicides en Dieu sont la pointe extrême de l'effort désespéré pour être grand, fût-ce par un refus grandiose de la grandeur mondaine. Mais le plus souvent la mystique baroque s'ingénie à souligner les rapports qui peuvent exister entre les transes de la chair et de l'âme : l'extase est un prolongement de la volupté qui permet de donner au moi sa pleine réalisation, au sein d'un Paradis aux délices ambiguës. La sensibilité baroque s'explique par la coexistence en l'homme d'une inquiétude fondamentale et d'une volonté compensatoire de supériorité. Le baroque s'efforce à transmuer en fête et en apparat le sentiment poignant de vivre dans un monde d'apparences, maniant avec l'adresse d'un illusionniste savant son univers d'illusions.

**Développement et diversification
du baroque au XVIIᵉ siècle**

● **Une ère à deux faces.** Les rayons du soleil, dont Louis XIV fit un symbole, rejaillirent sur le XVIIᵉ siècle tout entier, que l'on consacra communément au triomphe d'Apollon. Pourtant la monarchie solaire ne conserva son éclat que le temps d'une génération — trente ans environ. Mais cet éclat fut tel qu'on prit l'habitude de ne penser l'histoire et la littérature du XVIIᵉ siècle qu'en fonction du classicisme et de l'unité monarchique. Les écrivains classiques aidant, on vit dans la période qui sépare l'Édit de Nantes de la prise en charge du pouvoir par Louis XIV une longue préparation au classicisme. Enfin vint Henri le Grand, et avec lui Malherbe; les figures bicéphales de Henri IV et de Sully, de Louis XIII et de Richelieu, de Mazarin et de la Régente prennent le sens d'annonciateurs de la future perfection. Le classicisme, comme tout mouvement littéraire, ne retint du passé immédiat que ses ancêtres évidents et rejeta dans l'oubli et le mépris tout ce qui pouvait faire ombre à son rayonnement.

Ce schématisme excessif aboutit à une véritable trahison. Il est vrai qu'il ne peut y avoir de miracle politique, ou littéraire, et que l'épanouissement du classicisme français et le triomphe de la monarchie absolue ne sont pas des créations spontanées. Une longue préparation, très visible, s'est poursuivie durant les soixante années qui ont précédé le classicisme et la monarchie unitaire. Mais il est vrai aussi que cette préparation n'a rien d'une montée régulière et inéluctable. Elle se heurte à des forces parfois assez puissantes pour créer une mode, des querelles, une Fronde et des assassinats. A l'ombre de Malherbe, il faut mettre tous ses adversaires qu'il n'a pas éliminés; à côté de la Chambre d'Arthénice, les fumées de cabarets qu'évoque Saint-Amant; les fantaisies et les délires de l'imagination, face à la discipline instituée par les législateurs de la langue et l'inventeur de la « Méthode »; à l'ombre de Richelieu, les châteaux qui restent féodaux, les places qui gardent leurs privilèges, les nobles qui transgressent les lois. Il est vrai qu'il fera démanteler les châteaux, décapiter les nobles, obéir les Protestants : mais tous sont là dans son temps et jouent leur rôle dans la page d'histoire qu'il écrit avec eux. De même il faut replacer Retz et la Grande Mademoiselle auprès de Mazarin, le burlesque auprès de la pompe cornélienne, les libertins face aux dévots, eux-mêmes fort divisés. C'est un monde grouillant, multiple, bigarré, remuant, comme à la Galerie du Palais, où se coudoient précieuses et barbons, blondins à rubans et rabats sévères.

Cette période de préparation est en fait une période de tension permanente entre des forces qui tendent à la concentration et d'autres qui prônent la libre dispersion dans la multiplicité du réel. On perçoit des tendances vers l'unité, la clarté et le dépouillement, l'obéissance raisonnée, mais ces tendances ne prennent forme le plus souvent qu'en s'éprouvant sur leurs contraires : imagination, sensualité, cliquetis de mots, richesse d'un vocabulaire mobile et truculent. Le goût de la liberté et du mystère, le besoin de s'affirmer par opposition au milieu ambiant donnent eux aussi à l'époque sa richesse multiple. Le triomphe de la monarchie absolue et du classicisme — après 1660 — a rejeté dans l'ombre toutes les oppositions : c'est cette ombre, avec ses mystères et ses éclairs, qu'il convient de remettre à sa juste place.

L'époque 1600-1660 est une ère à deux faces : au seuil du classicisme uni et discipliné de l'époque de Louis XIV, il faut non point mettre un préclassicisme lui aussi uni et discipliné, mais l'opposition incessante par laquelle se heurtent ce qui deviendra le classicisme et un baroque, qui change non seulement de forme, mais d'identité, se divise et se multiplie sous des noms divers.

● Les métamorphoses du baroque.

Métamorphoses de l'ostentation. Première constatation : l'affirmation de soi prend le pas au XVIIe siècle sur le sentiment d'insécurité que manifestaient les images de mouvement, les spectacles macabres et les vertiges de métamorphose. L'ostentation, dans le baroque contemporain des guerres de Religion, était liée elle-même à une réaction de défense de l'homme aux prises avec l'inhumanité du monde. L'affirmation de soi se situait dans un contexte d'inquiétude : c'était une manière de cultiver arrogamment les apparences dans un monde où il devenait impossible d'être à soi-même tout entier. L'ostentation du héros baroque au XVIIe siècle n'a plus les mêmes raisons d'être : la protestation de l'individu, quand elle existe, est beaucoup plus d'ordre social que métaphysique. C'est une forme de défense du *moi* en face d'une société qui, en s'organisant, tend à égaliser les individus, à les couler dans le même moule impersonnel « d'honnêteté » policée. La société a besoin de serviteurs, non de héros qui n'en font qu'à leur tête; elle a besoin d'énergies, mais d'énergies disciplinées; elle a besoin de grands commis, et non de grands aventuriers. Ainsi le goût baroque pour tout ce qui est particulier, anormal, étrange, et le goût classique pour les idées, les formes, les sentiments généraux, pourraient bien être la projection esthétique de ces oppositions de structures sociologiques. C'est un fait que le goût de l'ostentation est avant tout l'apanage d'une caste, celle qui précisément fait les frais de la politique centralisatrice : la caste aristocratique. Dans ces milieux persévère, sous des formes diverses, l'ostentation baroque : culte du moi, irascibilité et susceptibilité, volonté de puissance, goût du panache et des ornements voyants. Cet idéal aristocratique s'exprime sous la forme idéale de la *gloire*. Mais il est à remarquer que, à mesure que prennent forme cette idéologie et cette morale, on assiste aussi à son dénigrement, tant il est vrai que cette époque a un double visage. Corneille, le splendide illustrateur du héros glorieux, crée aussi, avec Matamore, le glorieux ridicule, et avec Don Gormas, Camille, la tragédie de la gloire mal appliquée. La gloire véritable n'est pas celle qui se met au service de l'individu, mais celle qui efface l'individu derrière des idéaux qui le dépassent — culte de l'idéal aristocratique chez Don Diègue, de l'idéal national chez Horace; mais la gloire la plus élevée est celle qui maintient l'action individuelle sous la dépendance du service de l'État ou du Prince. Le théâtre de Corneille fournit un échantillon de tous les types de gloire qui, de la révolte absolue à la soumission héroïque, manifestent l'apprivoisement de l'ostentation et son passage du culte du moi au culte du Roi. La génération classique mène une campagne acharnée, comme l'a montré P. Bénichou, pour démolir le culte du héros : pour La Rochefoucauld et Pascal, la conquête de la gloire est une manifestation de l'amour-propre; il en est de même pour d'autres manifestations mineures de l'ostentation. A-t-on remarqué combien Pascal s'acharne à démonter les effets de l'apparence, de l'habit, de l'apparat, de la pompe, qui sont les objets de prédilection du baroque? Mais il serait erroné de voir dans l'idéal classique un refus de l'ostentation : en réalité l'ostentation héritée du baroque n'a pas été chassée, elle a changé de domaine. Elle s'est mise au service de l'État. La pompe, le culte de la grandeur caractéristique du siècle de Louis le Grand ressuscitent l'ostentation. Mais le goût du prestige et de l'apparat qui caractérise la Cour, la politique et l'art au temps de Louis XIV est très différent de cette forme de compensation à l'inquiétude qui, à la fin du

XVIe et au début du XVIIe siècle, consistait à cultiver éperdument apparences et hyperboles. L'ostentation louisquatorzienne réussit le miracle d'unir la puissance et la gloire : elle est la splendeur de la force, et non le masque luxueux que l'on impose à sa faiblesse.

L'esprit d'indépendance et d'opposition : métamorphoses de la satire. L'esprit satirique est un trait fondamental de l'esprit humain. En se désolidarisant, par le rire, de ses semblables, de son temps, de lui-même, l'homme manifeste par là qu'il « passe infiniment l'homme ». L'esprit éprouve, par cette distanciation par rapport aux autres et à lui, le fondement de sa liberté. Les grands écrivains satiriques ont été des esprits indépendants. Le baroque, qui préfère aux larges avenues du conformisme les sentiers écartés de l'indépendance, affectionne la satire qui lui permet de mieux préserver sa liberté. La satire est également une arme de combat : elle est manifestation d'agressivité ou de résistance active aux agressions. Le baroque, qui est une esthétique de la violence, s'est complu dans les déchaînements d'une agressivité qui se donne d'autant plus libre cours qu'elle se veut au service d'un idéal.

La satire épique : la satire a joui d'un immense renom au cours des guerres de Religion. Ses deux caractéristiques essentielles sont la violence, manifestée à travers l'outrance verbale et les hyperboles de l'imagination, une violence qui atteint parfois les limites de l'exaspération. C'est aussi la puissance de l'inspiration : elle prend très souvent un ton apocalyptique, soulève tempêtes et déluges, pour exprimer le refus de l'homme révolté de suivre les perversions de l'univers. Les grands poètes satiriques retrouvent le ton des prophètes et mettent en cause l'homme et sa condition, en dénonçant le désordre du monde et la dénaturation d'une nature divinement instituée. Le règne d'Henri IV voit apparaître une littérature encomiastique de commande : elle est la glorification de l'ordre établi. Mais les énergies débridées ne se laissent pas facilement embrigader, et l'on voit par réaction renaître l'esprit satirique, encouragé d'ailleurs par le roi lui-même. Toutefois la satire perd alors son contenu apocalyptique : Sigogne manifeste le même goût pour la violence verbale que d'Aubigné, mais c'est pour se railler d'une vieille ou du nez d'un courtisan. Elle ne garde du baroque que sa forme hyperbolique; elle est vidée de son contenu. Encore cette forme va-t-elle progressivement se civiliser. La satire épique n'est plus de bon ton : on en revient à des thèmes marotiques.

La satire politique : nous sommes là dans le sillage de la *Satire Ménippée*. Les deux Régences verront la réapparition des protestations d'ordre politique : ainsi en est-il des *Satires contre les désordres de la France* (1621) de Sonnet de Courval, des *Satires sérieux contre les Affaires de ce temps* de Jean Auvray, ou des mazarinades. Mais d'une manière générale, à mesure que s'imposent l'ordre et l'unité, les écrivains vont se détourner des sujets devenus dangereux et anachroniques, et réserver leurs flèches contre des ennemis moins féroces et plus dignes de critiques.

La satire réaliste : elle consiste surtout à cultiver un certain style, la vulgarité, l'épaisseur concrète. La satire hante les tripots, se peuple d'ivrognes, de débauchés, de pédants joués et de vieilles aux activités ambiguës. Elle fait défiler un cortège de grotesques comme les estampes de Callot. Elle n'est pas dépourvue non plus d'un certain artifice : souvent elle apparaît comme l'antithèse systématique d'une mode en faveur : ainsi la trivialité se développe face à la préciosité, le réalisme pittoresque face à l'intellectualisme féru d'idées générales, le burlesque face au goût du grand style. Elle apparaît par là comme l'envers du Grand Siècle, et comme un excellent moyen pour mettre en valeur une outrance par l'outrance contraire. Cette opposition de forces extrêmes qui n'arrivent pas à trouver leur équilibre et suscitent immédiatement leur négatif, est peut-être le signe de la déperdition du baroque, qui se diversifie en formes contraires, jusqu'à ce que ces outrances antithétiques suscitent une ultime réaction qui les abolit toutes : ce sera le classicisme, son sens de la relativité et de la mesure qui échappe ainsi à toute négation.

La satire morale et sociale : dans ce domaine, la satire du XVIIe siècle obtiendra ses plus belles réussites. L'engagement politique prend en effet de moins en moins de place : si l'on assiste à des querelles, comme dans l'œuvre de Régnier, ce sont querelles de poètes ou querelles de cabaret.

Ce ne sont plus, comme dans l'œuvre de d'Aubigné, les armées de Satan et le troupeau des élus qui s'affrontent. En outre, la satire va peu à peu se civiliser et devenir de bon ton. Phénomène étrange, ce sont les irréguliers, les inadaptés, les parasites qui vont être la cible des auteurs satiriques, comme si l'agressivité s'était retournée et se dirigeait désormais contre ceux qui ne font pas comme tout le monde. Le classicisme profitera de l'héritage satirique du baroque, mais pour le diriger précisément contre ceux dont il l'a hérité.

Ce que retiendra surtout le classicisme de ce courant d'indépendance et de liberté, c'est le sentiment et la volonté de n'être jamais dupe : qu'il s'agisse de la «pensée de derrière» chère à Pascal, de la bonhomie de La Fontaine, ou de la franchise acide de Boileau. Le classique est un homme qui sait que l'esprit ne saurait être enfermé dans aucune de ses productions, et il l'en libère par un sourire qui établit sa complicité avec son public : mettre les rieurs de son côté, ce n'est pas de l'indépendance, c'est par excellence un acte social.

L'histoire de la satire du xviie siècle est celle d'une constante métamorphose. En rapport au départ avec l'esprit de combat, la satire manifestait la résistance d'un individu ou d'un groupe à l'emprise d'une société que l'on jugeait dénaturée : elle était en rapport avec l'esprit de contestation politique ou exprimait la révolte de la conscience morale contre les désordres du monde; elle recourait à l'imprécation et prêchait le combat, la repentance ou la fuite au désert. Progressivement l'aspect épique, puis la portée politique de la satire vont s'amenuiser. A la fin de cette évolution l'esprit satirique va être la meilleure arme de l'homme socialement intégré pour poursuivre tous ceux qui se situent hors de la norme; dirigée au départ contre une société établie — et que l'on estimait mal établie —, la satire devient un instrument de défense sociale contre l'originalité des individus, qualifiée dès lors d'aberration.

Les métamorphoses de la sensibilité morale et religieuse. L'effort principal de la Contre-Réforme fut d'adapter les valeurs spirituelles traditionnelles du christianisme à la reconquête d'un monde de plus en plus tourné vers l'efficacité matérielle et politique; il consista aussi à utiliser les idéaux redécouverts et cultivés par la Renaissance — épicurisme, esthétisme — en les mettant au service d'une cause spirituelle. Ainsi naissait une sensibilité religieuse qui insistait sur le rôle du sentiment, la découverte de Dieu dans ses œuvres, prônait une élévation continue du matériel au spirituel, des sens aux voluptés de l'âme, de l'imagination à la représentation de l'inimaginable. La religion de la Contre-Réforme s'efforce d'élargir les chemins qui joignent le Monde et le Ciel, en orientant l'énergie dépensée aux plaisirs de vivre en élan pour atteindre les bienfaits du Ciel. Cette religion sentimentale et passionnée, fleurie, complaisante parfois, métamorphosant en ardeur mystique ou en folie de la croix les passions profanes, allait déterminer la sensibilité dominante du siècle de saint François de Sales et de *Polyeucte*. Mais ce mouvement ne va pas sans réticences.

Et tout d'abord dans les ordres religieux eux-mêmes : face au laxisme et au triomphalisme, se développe un courant rigoriste, insistant sur l'importance du péché et de l'humilité, sur la rupture entre les ordres de la chair, de l'esprit et du divin. C'est ce courant qui aboutit au jansénisme. En outre, si la Contre-Réforme avait essayé d'endiguer à son profit le courant rationaliste issu de la Renaissance, des adeptes de la raison n'admettaient pas ce détournement de bien et, faisant usage de leurs lumières naturelles, désiraient faire de la nature, et d'elle seule, le champ d'élection de la connaissance humaine. Le développement des sciences semblait concourir à la rupture entre l'ordre de l'esprit et celui de la foi : les conflits qui opposent à l'Église Giordano Bruno, Vanini, Galilée, révèlent la séparation entre la recherche rationnelle et la connaissance théologique. Certains penseurs furent amenés à réclamer pour l'esprit le droit de se passer d'axiomes théologiques : ainsi se créa le « libertinage » philosophique. Les libertins prônent une certaine forme d'humilité intellectuelle; ils abandonnent les idées d'explication universelle, les grands systèmes, bref tous les vestiges des ambitions encyclopédiques de la Renaissance, pour se soumettre à l'expérience. La Mothe le Vayer écrit des ouvrages à résonance sceptique. Gassendi conclut à la vanité de toute explication totale du cosmos. On sent là l'écho des hypothèses émises au siècle précédent sur l'infinité et la pluralité des mondes, et des ébauches de relativisme. A tous ces philosophes spécialisés dans la spéculation rationnelle, il faut joindre les poètes fortement influencés par le naturalisme du siècle précédent : ceux-ci s'intéressent aux choses de la nature et de la chair, créent une poésie de la réalité, aussi éloignée de la méditation religieuse que du conceptualisme généralisateur des rationalistes. La vie, pour eux, s'appréhende d'abord avec les sens : ce sont eux qui donnent à ce demi-siècle cette allure de joyeuse fête, de kermesse à la Rubens, dans une débauche de couleurs, d'odeurs, dans les fulgurances capiteuses de toutes choses belles et bonnes.

Ce réalisme se fera sentir de la même manière dans le domaine moral et sentimental. La préciosité peut apparaître comme une réaction contre la rudesse des mœurs et la trop verte galanterie des compagnons du Vert Galant; mais c'est aussi une résurgence : elle contient en elle, en le portant à son point de plus difficile réalisation, le maniérisme qui caractérise les poètes de l'amour alangui au siècle précédent. D'un côté, un courant languissant, épris de pureté complexe, qui multiplie les volutes sentimentales, les masques pudiques, les secrets savamment trahis autour d'un amour qu'on s'interdit de réaliser comme d'abandonner; un langage qui cultive les caresses périphrastiques autour des mots, qui enrobe de secrets plus qu'il ne désigne, dans son refus de toucher et de nommer directement les objets, qui joue sur le miroitement et les scintillements du concetto et de l'antithèse inattendue : un des avatars du maniérisme de l'amour pur. De l'autre côté, et par réaction contre les tendances précieuses, le paradis des goinfres, des débauchés, des libertins, où la chair est maîtresse, qui est l'aboutissement d'un autre courant, celui de la frénésie charnelle et de la fureur virile, autre incarnation du baroque. Ainsi le baroque se divise et se contredit, il change non seulement de nom, mais de nature, ne gardant de son caractère originel que le goût de porter au paroxysme des tendances opposées. Préciosité et vulgarité, mysticisme et sensualité, on retrouve son empreinte partout, mais ce n'est que son empreinte. Il ne laisse en chaque lieu qu'une partie de ce qu'il est.

• **Le baroque, sources et antipodes de l'art classique.** Le classicisme recherche l'unité, le milieu, le centre : c'est l'art de savoir rester en ces points médians qu'on appelle « sagesse », « bon goût », « bon sens », « discrétion », « honnêteté ». C'est par excellence un art de la convergence. En ce sens, la période 1600-1660 est aux sources du classicisme; elle prépare, dans l'effort et à travers de périodiques remises en question des résultats acquis, la monarchie unitaire et le culte d'une nature et d'un art où règne l'unité organisatrice d'un esprit lucide.

Le baroque, malgré les apparences, reste un art centrifuge : il recherche l'énorme, l'excès — dans la monstruosité ou l'héroïsme, le sublime ou le grotesque, peu importe. Il tend à pousser l'esprit jusqu'à l'extrême limite de ses recherches et de ses possibilités. Jamais au centre, toujours aux extrêmes, tel est son lieu favori : peu importent les directions, morales ou immorales, libertines ou mystiques, raffinées ou vulgaires; ne retenons de lui que cette horreur du milieu. Il s'éparpille comme l'eau, il se multiplie, s'élance, rebondit, se déverse en cascades, se divise en ruisselets. Il court, ne se laisse pas prendre, sourd à nouveau après avoir disparu. De la chambre d'Arthénice aux cabarets des goinfres, des cercles gassendistes aux tréteaux de Tabarin, canons, rubans, dentelles, coups d'épée, point d'honneur, il est là, comme l'eau tant aimée des poètes du temps parce qu'elle leur ressemble trop. Toutefois, de ces eaux diversifiées le classicisme, après les avoir canalisées, adoucies, apprivoisées, groupées, fera jaillir ses grandes eaux.

Thématique
traitement et signification du thème « la Tentation »

Autour d'un sonnet de Jean de Sponde :
« tout m'assaut, tout me tente »

La vie de Sponde, dans sa fulgurante et tumultueuse briè-
veté (1557-1595), contient en elle deux qualités fondamentales du baroque : la volupté de l'inconstance et le désir
de l'absolu [1]. L'homme lui-même était à l'image du
temps : d'une curiosité constante et constamment mobile,
instable dans ses passions, mais toujours passionné. L'ensemble d'événements connus qui compose sa vie évoque
une psychomachie luxuriante où les tentations mondaines et
les élans mystiques, les réticences et les inconstances, la
fidélité et la palinodie, font périodiquement l'essai de leur
violence contradictoire.

L'enfance de Jean de Sponde et sa jeunesse se sont
déroulées dans divers milieux, tous semblables par l'ardeur
à accepter l'austérité du calvinisme. Le père, Inigo de
Sponde, converti à la Réforme en 1550, la mère, Salvata,
manifestent le même zèle pour la religion réformée. La cour
de Jeanne d'Albret, reine de Navarre, dont Sponde est le
protégé, le collège de Lescar, sur les registres duquel il se

---

1. Pour la biographie de Sponde, on pourra consulter : F. Ruchon, « Essai sur la vie de
Jean de Sponde », *in* F. Ruchon et A. Boase : *La vie et l'œuvre de Jean de Sponde*,
Genève, 1949. Voir également A. Boase : Introduction aux *Méditations*, Paris, Corti,
1954.

trouve inscrit en 1569, l'Université de Bâle (1581-1584),
où il se trouve pour un temps placé sous la vigilante protec-
tion de Théodore de Bèze, constituent autant d'étapes dans
une éducation strictement calviniste. Or, lorsque Sponde
meurt en 1595, à Bordeaux, plus rien ne reste de son appartenance originelle à la Réforme : converti au catholicisme en
1593, il a suivi les leçons de Du Perron, le grand missionnaire
français de la Contre-Réforme; il est l'ami de Florimond de
Raemond, le violent pamphlétaire catholique bordelais, auteur d'une *Histoire de la naissance, progrez et decadence de
l'hérésie de ce siècle* (1605). Le nom de Sponde déclenchera
chez d'Aubigné des colères apocalyptiques et deviendra chez
les Protestants le symbole de la trahison. Henri IV, il est vrai,
avait suivi une voie semblable : mais Sponde n'a recueilli
aucun avantage de sa conversion, au contraire; le roi lui retira
son amitié, tandis que, un an après son adhésion à l'église
catholique, son père, toujours fidèle au calvinisme, était
assassiné par des troupes catholiques. Pour Sponde, l'illo-
gisme du monde et les démarches chaotiques de la vie ne
sont ni une abstraction esthétique ni une rêverie de théologien.

Les *Stances de la Mort*, les *Sonnets sur le mesme sub-
ject* cristallisent en formules denses et dures les hantises
de l'inconstance, les tensions qui se résolvent en brusque
renversement, les métamorphoses de sentiments en leurs
contraires, cet univers de vents et de nuages où vivent les
poètes baroques :

> C'est le champ de l'orage : hé! Commence d'apprendre
> Que la vie est de Plume, et le monde de Vent [2].

La première leçon de Sponde sur la vie s'exprime par une
alliance caractéristique de mots contraires

> C'est mourir que de vivre en ceste peine extreme [3].

Mais cette métamorphose de vie en mort n'est qu'un commencement. L'univers spirituel des baroques, comme les

---

2. Sonnet VIII, v. 13-14.
3. Sonnet VII, v. 11.

tableaux du Greco, suppose deux niveaux de compréhension : la nature y est l'avatar du surnaturel, et le temps y déroule ses caprices sous la garde vigilante de l'éternité. Ainsi, dans l'univers de Sponde, les sollicitations mondaines, les assauts de la Chair et les tentations diaboliques, tous ces éléments épars de « la vie à l'abandon » [4], groupés en gerbes de souffrance et en faisceaux douloureux, deviennent signes et « fanaux » [5], appuis pour une élévation spirituelle, ascétique souvent, qui oriente, par une âpre distorsion ou un brutal renversement, vers le Ciel toute l'énergie sollicitée naturellement par le Monde : une dimension « verticale » s'ajoute ainsi au déroulement « horizontal » des violences terrestres.

Cette direction dominante n'est point une abstraction théologique : on la trouve aussi dans sa vie. Après s'être longtemps éparpillé à des quêtes diverses — travaux d'humanisme, recherches alchimiques, dissipations mondaines, si l'on en croit les cinglantes remontrances de Bèze et l'inspiration profane de ses premiers sonnets —, il semble que Sponde ait concentré toute son énergie sur la quête de la sainteté. C'est certain, après 1593, c'est possible dès 1582. Cette quête n'est pas une fuite : loin de chercher et de louer d'inaccessibles retraites, la poésie de Sponde inclut en elle les orages du monde; enchantements, volutes, fumées baroques, tout cet appareil de l'inconstance et de l'inconsistance y est présent, pour mieux être vaincu en une ultime métamorphose, celle de la mort en source de nouvelle vie :

Pour vivre au Ciel il faut mourir plutost icy [6].

La date de composition des *Sonnets de la mort* est indéterminée. Dès 1582, une lecture des *Psaumes* oriente la pensée de Sponde vers les problèmes spirituels. Ainsi naîtront les *Méditations* publiées en 1588 et dédiées au Roi. Ces *Méditations* sont accompagnées de l'*Essay de quelques poemes chrestiens*, véritable première édition des *Stances* et *Son-*

---

4. Sonnet VII, v. 12.
5. Sonnet IX, v. 14.
6. Sonnet XI, v. 12.

nets de la mort. Sponde s'était auparavant signalé par une édition des œuvres d'Homère et des sonnets d'amour profane écrits en 1581 et 1583. On peut donc penser, avec A. Boase, que les *Stances* et *Sonnets* constituent l'expression poétique et quintessenciée des méditations qu'il poursuit entre 1583 et 1588. Sponde, à cette époque, est fidèle au calvinisme : l'*Advertissement au Roy*, qui paraîtra en 1589, exhorte Henri de Navarre à ne pas changer de religion. Les *Sonnets* toutefois sont avant tout des poèmes chrétiens, sans parti pris dogmatique, ce qui expliquera leur réédition dans des recueils collectifs, au voisinage des œuvres de Bertaut et Du Perron, poètes catholiques.

Les *Sonnets de la mort* constituent une série de douze poèmes, écrits en des vers d'une densité qu'on ne retrouvera que dans *les Chimères :* le raccourci de la pensée et de l'expression donne aux cordes de la lyre la limite de leur tension. Une destinée spirituelle est écrite là, dépouillée de l'écume des jours, réduite à ses lignes essentielles. L'ensemble fait penser aux monuments funéraires de l'époque : dans un langage qui a la pureté et la dureté d'un marbre noir, sont gravés douze médaillons, comme un défi à la mort même, sur le tombeau de ce qui est la vie. Cristallisés dans les formes denses du sonnet, masques, illusions, mensonges et enchantements paraissent, puis disparaissent, après une dernière danse bruyante, pour laisser la place à l'éternité retrouvée.

Le sonnet XII offre « la parfaite conclusion qui résume les onze sonnets qui précèdent » [7]. Nous trouvons là en effet, à travers les volutes des tentations mondaines, charnelles et diaboliques, qui enserrent l'âme dans un cercle magique, une forêt enchevêtrée d'arbres vénéneux, l'élan d'un esprit martyrisé qui réserve toute son énergie pour l'imploration de la paix future :

> Tout s'enfle contre moy, tout m'assaut, tout me tente,
> Et le Monde, et la Chair, et l'Ange revolté,
> Dont l'onde, dont l'effort, dont le charme inventé
> Et m'abisme, Seigneur, et m'esbranle, et m'enchante.

---

7. A. Boase, *Sponde : Poésies, op. cit.,* p. 311.

Quelle nef, quel appuy, quelle oreille dormante,
Sans peril, sans tomber, et sans estre enchanté,
Me donras-tu? Ton Temple où vit ta Saincteté,
Ton invincible main, et ta voix si constante?

Et quoy? mon Dieu, je sens combattre maintesfois
Encor avec ton Temple, et ta main, et ta voix,
Cest Ange revolté, ceste Chair, et ce Monde.

Mais ton Temple pourtant, ta main, ta voix sera
La nef, l'appuy, l'oreille où ce charme perdra,
Où mourra cest effort, où se rompra ceste onde [8].

Tel est ce poème qui se présente comme une « arabesque brodée autour de la triple tentation du Monde, de la Chair, de l'Ange révolté » et offre l'aspect complexe et révélateur d'un « paraphe de signature [9] ».

C'est une signature, si l'on veut, qui révèle une personnalité. Mais cette personnalité à son tour révèle un art et un état d'esprit qui appartiennent à toute l'époque.

Architecture : colonnes et spirales

Le poème se présente sous la forme d'un sonnet régulier en *vers rapportés.* « On entend par vers rapportés des vers composés de parties semblables, dans chacune desquelles entrent des mots (trois ou quatre selon les cas) qui se rapportent non pas aux mots voisins, mais à ceux qui sont semblablement placés dans les autres parties de la phrase : *paria paribus reddita* [10] ». Selon Tabourot des Accords [11], cette forme ingénieuse fut introduite d'Italie par du Bellay qui l'utilisa plusieurs fois. En fait la forme n'est pas nouvelle; E. R. Curtius en a relevé des traces dans des poèmes grecs et latins, et au cours du Moyen Age [12] : ce

---

8. Nous suivons le texte établi par A. Boase d'après l'édition de 1599 *(Sponde : Poésies, op. cit.,* p. 244J.* Nous avons toutefois, pour le vers 14, suivi le texte de 1588, en substituant *rompra* à *perdra,* pour éviter une répétition qui nous semble fâcheuse.
9. A. Boase, Introduction aux *Méditations,* p. CLVII.
10. H. Chamard, *Histoires de la Pléiade,* Paris, 1939-1941, tome IV, p. 101-102.
11. *Les Bigarrures et Touches du seigneur des Accords* (1603), ouvrage signalé par H. Chamard, *op. cit.*
12. *E. R. Curtius : La Littérature et le Moyen Age latin,* trad. J. Brejoux, Paris, 1956, p. 347 et sq.

procédé, qui semble une constante du maniérisme formel, est une sorte de surcharge qui s'ajoute au procédé accumulatif. C'est un fait qu'après 1560, on voit se développer dans la poésie française le goût de cette forme géométrique et compliquée : on note cinq pièces de Desportes en vers rapportés, treize de du Bartas, vingt-sept de d'Aubigné, trente et une de Jodelle.

Dans le poème de Sponde, les mots qui évoquent les dangers de l'âme en proie aux tentations déferlent en vagues organisées, dans un assaut méthodique : ce ne sont pas les hordes anarchiques de mots qui encombrent les énumérations de du Bartas ni l'éloquence torrentielle des *Tragiques;* il y a là un ordre géométrique, volontairement voyant, un désir de faire saillir les angles et les structures, à cent lieues de la discrétion classique, qui font penser aux constructions graphiques de Bracelli ou au «cubisme» géométrique de Luca Cambiaso [13]. S'il est vrai que le baroque est un maniérisme du style renaissant, il faut voir dans ce désir de mettre en avant des structures régulières, de dépasser les maîtres du sonnet régulier sur le terrain même de la régularité, une ambition qui n'a plus rien de classique : ce *trop,* détruit l'équilibre précieux réalisé par le classicisme renaissant. La régularité est un signe classique de discrétion; l'excès de régularité est un signe baroque d'ostentation.

Le sonnet rapporté peut ainsi se lire dans le sens vertical et dans le sens horizontal. Une lecture verticale donne l'impression de voir s'élever progressivement et parallèlement trois colonnes de mots cimentés par le sens : sont décalés vers la gauche les mots déplacés par un enjambement ou un rejet, et vers la droite les mots qui, par leur sens, n'appartiennent pas à la colonne dans laquelle ils se trouvent placés; ainsi peut être suggérée graphiquement l'idée de spirale :

---

13. Cambiaso (1527-1585) a exécuté des dessins (Cabinets des dessins, Musée des Offices, Florence) qui font songer à des études cubistes. Les *Bizarrie di varie figure* de Giambattista Bracelli sont des recherches de silhouettes humaines à base d'éléments géométriques. Sur le problème, on pourra consulter : J. Bousquet, *La peinture maniériste, op. cit.,* p. 87-106.

1	Enfle	Assaut	Tente
2	Monde	Chair	Ange
3	Onde	Effort	Charme
4	Abisme	Esbranle	Enchante
5	Nef	Appuy	Oreille
6	Péril	Tomber	Enchanté
7-8	Temple	Main	Voix
10	Temple	Main	Voix
11	Ange	Chair	Monde
12	Temple	Main	Voix
13	Nef	Appuy	Oreille
13-14	Charme	Effort	Onde
		Charme	Onde

Mais ce ne sont pas là des colonnes classiques, droites et sévères. L'ordre de succession des termes n'est pas rigoureusement respecté : le renversement dans l'ordre des tentations, aux vers II, 13 et 14, incurve les colonnes et introduit des courbes au milieu de ces lignes trop visibles; la dernière inversion permet même d'enserrer tout le sonnet dans l'élément liquide, en mettant autour de lui, dans le temps qui sépare l'enflure et la rupture d'une vague, une frange d'écume labile. Les enjambements des vers 7-8 et 13-14 perturbent l'ordre de succession des termes par rapport au rythme du vers. Les vers ne sont plus les nappes d'eau calme des sonnets rapportés de Du Bellay ou de Ronsard; les inversions, les échanges d'attributs, les décalages dans l'ordre du mètre et dans l'ordre des mots, donnent une impression d'enroulement, de spirales qui apparentent ces colonnes, bien plus qu'aux colonnes classiques de Pierre Lescot, aux spirales de marbre sculpté que dressera le Bernin pour le baldaquin de Saint-Pierre.

Dynamique : élans, tensions, tentations

Ce poème n'est pas fait de formes inertes, agencées en figures géométriques : toute matière s'y transmue en énergie, créant par action réciproque un véritable champ de forces. Le vers 4 indique trois forces naturelles dominantes, trois directions de mort en somme : l'onde et ses profondeurs abyssales — *abisme* —, l'ébranlement et ses ruptures d'assises, les *charmes* et leurs hauteurs illusoires. Autant de forces qui écartèlent en sens divers leur victime, sauf lorsqu'elles font converger leurs efforts dans une même direction pour accentuer encore leur pression : ainsi dans l'assaut généralisé du vers 1, où tous les mouvements sont montants. A cette puissance de mort, répond le mouvement lui aussi montant de la prière. Il n'est point de mot qui ne manifeste une énergie, et l'on songe, *mutatis mutandis*, à ces musculatures tendues qui, de Michel-Ange à Rubens, font du baroque une esthétique de la force en mouvement.

Le poème a la fureur d'une bataille : ce sont les verbes qui donnent ici le ton. Le verbe est l'élément dynamique de la phrase, le véhicule de l'action. Les verbes utilisés expriment des mouvements violents. Pris entre les menaces d'engloutissement, d'effondrement et d'évanouissement, l'homme combat des monstres intérieurs et extérieurs : c'est un déferlement de géants comme en peindra l'époque baroque — Titans de Jules Romain, monstres déchaînés autour de l'ermite Antoine, et qui reprennent inlassablement la même bataille infernale depuis le retable d'Issenheim jusqu'à *la Tentation* de Jacques Callot, en passant par Brueghel et ses imitateurs.

D'une bataille le poème observe aussi le déroulement. Dès le départ les deux adversaires sont en présence : *Tout, moi.* D'un côté le monde entier, une Trinité de puissances malignes — le Monde, la Chair, l'Ange révolté —, leurs troupes, leurs armes. De l'autre un *moi* qui ne se définit par rien. Face aux assauts répétés des puissances monstrueuses (cette répétition est elle-même soulignée par la reprise des *et* accumulatifs et du relatif *dont* au vers 3), un *moi* qui ne peut dire ni ce qu'il est, ni ce qu'il fait, égaré dans cette bataille dont il est la victime sans savoir pourquoi. Cet effet de disproportion est caractéristique de l'humanisme du temps, devenu inquiet devant l'inhumanité de la condition humaine. On songe à cette peinture de Patinir où l'on voit un tout petit homme tomber dans le vide du ciel : c'est la *Chute d'Icare;* on songe surtout au Saint Antoine de la tradition maniériste, qui incarne au mieux cette disproportion entre l'homme et l'inhumanité du monde.

90

Ce *moi,* n'ayant d'autre moyen de définir son être qu'en formulant son néant, va se livrer au seul recours que lui laisse sa faiblesse : la prière. Par deux fois, les interrogations du deuxième quatrain expriment cet élan inquiet de l'âme vers son Dieu. Le rejet du verbe à la fin de l'interrogation — *me donras-tu?* — prolonge l'ascension de la prière, en projetant en son sommet les deux personnes qu'elle unit : le pronom *me* à peine prononcé et comme étouffé entre les biens rêvés et la charité divine, le *tu* appuyé de la fin et qui concentre sur lui touts les biens énumérés. Puis, après un temps d'arrêt, l'image de la puissance divine se multiplie et se développe en ses attributs, le *moi* n'existe plus —, le verbe, grâce auquel il pouvait se manifester, n'est pas répété. Il ne reste que Dieu, sa puissance et sa gloire, que soulignent les adjectifs du vers 8 — *invincible, si constante* — déployés comme autant d'étendards flamboyants. Dans ce quatrain où l'âme, dans sa détresse, se projette vers Dieu, le *moi* ébloui s'évanouit dans la vision de la Divinité : il ne reste que Dieu et les attributs de sa puissance. C'est par un mouvement semblable que d'Aubigné fait s'achever *Les Tragiques* (VII, v. 1217-1218) :

> Tout meurt; l'âme s'enfuit et reprenant son lieu
> Extatique, se pâme au giron de son Dieu.

Mais dans le poème de Sponde, il ne s'agit que d'un rêve d'anticipation qui confond, avant l'avènement de l'éternité, le présent et le futur dans le même instant. Dans un retour à la conscience, le présent se détache du futur : *Et quoy? je sens...* du vers 9 exprime le retour décevant à soi-même et à l'instant présent. Conscience de soi qui est à nouveau conscience de son néant : le *moi* ne peut éprouver sa nature que comme le lieu piétiné où se combattent des forces surnaturelles — Dieu et sa puissance, l'Ange révolté et ses valets. C'est ainsi que les peintres religieux du temps représentent les martyrs; victime écartelée entre les mains des bourreaux qui le tenaillent et celles des anges qui tiennent la palme, le martyr ne peut qu'offrir son corps aux tortures et tourner ses regards vers le ciel : il ne lui reste que l'espérance.

Mais elle lui reste. C'est un nouvel élan vers le futur — le temps du deuxième quatrain — qu'exprime le dernier tercet. Toutefois l'interrogation a disparu [14] : il s'agit désormais d'une assurance soulignée par l'adversatif renforcé; *mais*. [...] *pourtant* qui oppose une invincible résistance aux tentations. Le charme, l'effort, l'onde sont évoqués une dernière fois, mais c'est pour nous faire assister au spectacle de leur disparition. Le poème s'achève ainsi en mineur, nous conduisant au silence suprême, celui de la paix retrouvée, et l'on songe à ce verset du Psaume LXII, sur lequel a médité Jean de Sponde : « *Toutesfois, mon âme, tay-toy en Dieu : car mon attente vient de luy* » [15].

Le poème évoque une bataille intérieure entre les tentations et l'espérance : des forces tumultueuses, anarchiques, s'y déploient comme les Géants peints par Michel-Ange. On sent toutefois une force dominante, en direction du Ciel, d'une âme qui n'est rien, mais puise dans la conscience de ce néant la force de résister à l'anéantissement : comme les personnages du Greco aux regards ardemment fixés sur un ciel invisible. La matière des mots et des images est faite d'énergie — destructrice ou salvatrice —; l'art du poème ne consiste pas tant à diviser l'espace inerte en plans et en lignes, qu'à agencer entre elles des forces dans le champ d'une conscience tourmentée.

Thématique

● Le thème de la tempête : « l'onde ». Le sonnet débute sur une image de houle, s'achève dans l'éclatement d'une vague brisée. Entre le premier et le dernier vers, le Monde-Océan meut une tempête.

L'eau exerce une fascination extrême sur la sensibilité baroque. Légère et fluide, elle prend toutes les formes : reflet de l'inconstance, tempête de passions, miroir de la mélancolie, image du temps qui coule. La génération à

---

14. L'interrogation a disparu dès le deuxième quatrain, si l'on suit le texte de l'édition de 1588; mais son redoublement qui prolonge l'élan initial jusqu'à la disparition de l'âme en Dieu, nous paraît plus riche de sens.
15. Jean de Sponde : *Méditations, op. cit.,* p. 152. Sponde commente en ces termes : « Ainsi, mon Ame, n'estrive point, ne conteste point en vain, mais tay-toy, et te repose en ton Dieu, de qui vient ton attente ».

laquelle appartient Sponde, et qui vit naturellement dans une démesure cosmique, aime mettre en scène de grandes masses d'eau. Ce ne sont plus les miroirs d'eau calme de la Renaissance, ce n'est pas non plus l'eau morte que Patinir et les peintres d'Enfers étalent dans leurs paysages de désolation, c'est l'eau bouillonnante des tempêtes de Shakespeare et de Tintoret, du Déluge de Michel-Ange et de d'Aubigné.

L'association de l'eau à une menace de mort remonte très haut : dans la *Genèse* (I, 6) les eaux constituent l'élément qui entoure le firmament, en même temps que l'assise instable sur laquelle est posée la terre. Sponde se souvient de ces conceptions lorsqu'il écrit :

> Si c'est dessus les eaux que la terre est pressée
> Comment se soutient-elle encor si fermement [16].

Dans les *Psaumes,* l'eau est associée à l'image de l'extrême détresse [17]. Mais c'est surtout l'épisode du Déluge qui prend valeur d'archétype et qui nourrit les images de fin du monde par immersion sous les eaux et retour au Chaos d'avant la séparation de la terre et des eaux.

Le thème de la navigation dangereuse est un lieu commun de la poésie amoureuse : c'est aussi un lieu commun de la poésie religieuse, et particulièrement de la poésie protestante. Dans *L'Inconstance et la Vanité de ce monde* (1587), La Roche-Chandieu compare l'homme dans le monde au

> sapin téméraire
> Qui saute sur le dos de la furieuse onde,
> Eslancé par les coups des tourbillons contraires.

Même image dans un poème de Duplessis-Mornay, le théologien et controversiste protestant, qui évoque la

> Barque qui va flottant sur les écueils du monde [...]
> Le gouffre entrebaillé, les flots demesurés,
> Sans ancre, sans abry, sans amarre, et sans sonde.

---

16. *Sponde : Poésies,* édition A. Boase, *op. cit.,* p. 173, v. 1-2.
17. *Cf. Psaume* LXIX, 2 : « Sauve-moi, ô Dieu, car les eaux m'envahissent jusqu'à l'âme ».

Sponde a lui-même, suivant le goût du temps, utilisé à plusieurs reprises l'image de l'eau destructrice; c'est le cas des *Stances de la Mort* où le débat entre l'Esprit et la Chair se métamorphose en une image de pluie sur le feu :

> L'esprit, qui n'est que feu, de ses désirs m'enflamme,
> Et la chair, qui n'est qu'eau, pleut des eaux sur ma flamme [18].

Dans le cas présent, l'utilisation de l'eau comme métaphore pour désigner le Monde — entendons par là le cours de la vie profane, par opposition au Ciel — n'est pas destinée à éblouir par un somptueux et tumultueux tableau de naufrage. L'image n'intervient que pour exprimer l'angoisse d'un engloutissement, et lui opposer le refuge d'une arche ou d'un « Temple ». Ce désir de ne retenir de l'image que son aspect conceptuel, dépouillé de toute contingence et de toute décoration superflue, est la marque même du baroquisme de Sponde. Si l'on compare le texte à cette sorte d'épopée de bateau ivre que compose d'Aubigné, sur le thème de l'histoire de Jonas [19], on trouvera ici une sorte de nudité intellectuelle, qui a permis de supposer chez lui, à l'instar du style de Juste Lipse, une « aspiration d'être plutôt penseur que beau parleur ». La concision cristallise, dans une ellipse qui est comme l'embryon des futures recherches malherbiennes, l'image en concept. On sent peut-être là l'influence de la dialectique ramiste [20]. Il s'agit donc là d'une « imagination intellectuelle » qui va dans le sens contraire du bel éparpillement baroque de l'eau en images colorées et fluides. L'évocation de « l'onde », réduite à deux vertiges, celui d'un renflement et d'un abîme, fait songer à la tournure d'esprit d'un autre contemplateur intellectuel de la mer, celui pour qui, « le Songe est savoir [21] ».

● Le thème de l'effondrement : l'assaut de la Chair. Pour exprimer les tentations charnelles, Sponde s'est servi d'une

---

18. *Sponde : Poésies, op. cit.,* p. 229.
19. *Tragiques,* VI, v. 105-132.
20. Sur l'influence de P. Ramus, sur l'imagination des poètes baroques, on pourra consulter : Rosamund Tuve, *Elizabethan and Metaphysical poetry,* New York and London, 1947. *Cf.* A. Boase : Introduction aux *Méditations* de Sponde, *op. cit.,* p. CXLI.
21. Valéry : *Le Cimetière Marin,* vers 12.

série de noms et de verbes — *assaut, effort, esbranle, tomber, appui, main* — qui évoquent un autre vertige, celui de la chute : en un combat à peine imagé, on voit aux prises les lois de l'équilibre et celles de la pesanteur. Ce qui caractérise au premier abord cette évocation de la chair, c'est précisément qu'elle n'a rien de charnel. Tout se réduit à un jeu violent de forces essentielles et presque désincarnées : la chair perd son épaisseur charnelle et devient pure énergie destructrice. Même dans le symbole de la main de Dieu, repris du langage sacré, l'image ne prévaut pas sur l'idée.

Les mots concentrent ainsi en eux davantage de violence. A ces assauts, à ces ébranlements, à la crainte de tomber, il faut mettre pour toile de fond les violences de l'histoire : le château qui s'écroule, la ville mise à sac, la chute du guerrier constituent des thèmes essentiels de la peinture contemporaine *(la Mort de Laocoon, l'Incendie de Troie* (Bloemaert, Callot), *la Chute d'Icare, la Tour de Babel, La Destruction de Sodome.* La poésie l'a repris à son compte : le baroque adore déséquilibrer les êtres et les objets, et les représenter dans l'instant où luttent en eux, en un combat incertain, la pesanteur et l'équilibre. C'est précisément ce « doubteux combat » [22] que chantent plusieurs poèmes profanes de d'Aubigné. D'Aubigné accumule les verbes, provoque des batailles, répand le meurtre, l'horreur et le changement pour exprimer les ébranlements de son âme, ainsi dans l'*Hécatombe à Diane* (VIII, v. 5-6) :

> Je suis le champ sanglant où la fureur hostile
> Vomit le meurtre rouge et la scytique horreur.

Dans le poème de Sponde, moins d'images, plus de suggestions. L'intellectualisation du combat concentre la force dans des mots qui parlent moins au sens, et plus à l'entendement.

Toutefois les violences et les catastrophes du siècle crient toujours à travers ces mots : mais à la différence de d'Aubigné, dont les poèmes ont l'odeur toute fraîche de *la poudre, la mesche* et du *souffre* (*Hécatombe*, IV, 14), le poème de Sponde ne recueille qu'une quintessence élaborée de la violence.

---

22. L'expression est de d'Aubigné : *Hécatombe*, VIII, v. 3 et X, v. 2.

• Le thème de l'illusion : charmes et enchantements. La démarche métaphysique du baroque apparaît comme une oscillation intellectuelle entre l'être et le paraître : l'esprit baroque, qui n'arrive pas à distinguer ou qui confond adroitement les deux, fait de l'illusion un des plus grands dangers et un des plus grands plaisirs de l'intellect. Songes, masques, mensonges traduisent la toute-puissance d'une imagination maîtresse d'erreur et de volupté. De ce domaine d'enchantements le Diable est le maître : la dernière tentation évoquée dans le sonnet de Sponde met en action cette puissance du Malin d'agir sur la connaissance, en établissant par ses charmes une confusion entre l'essence et l'apparence.

L'allusion au Diable ne donne lieu à aucun développement pittoresque. D'Aubigné met en scène l'Ange révolté en lui donnant un corps de démon gothique et même flamboyant. C'est un prince de l'Enfer maniériste comme en gravent les illustrateurs des traités contemporains de démonologie. Ici nous n'avons pas affaire au Diable évoqué dans *Les Tragiques*. Les détails physiques :

> Ses cheveux hérissés
> Ses yeux flambants dessous les sourcils refroncés.

nous sont épargnés. Ce n'est pas le monstre de feu et d'airain que peint Florimond de Raemond, l'ami de Sponde, dans son *Antichrist*.

Sponde nous offre du Diable une représentation calviniste, dépouillée, presque intérieure, intellectuelle en tout cas comme le malin génie de la connaissance de Descartes. Ce n'est pas son extérieur pittoresque, mais sa puissance de destruction morale et intellectuelle qui est ici évoquée, comme dans *l'Institution Chrétienne,* dans la plus pure lignée paulinienne [23].

Aux séductions illusoires de l'Ange révolté, Sponde oppose la voix de Dieu : *Ta voix sera [...] l'oreille où ce charme perdra ».* On peut se laisser prendre au caractère anthropomorphique de la représentation divine, en même

23. *Cf.* R. Griffin : « The presence of S. Paul in the religious Works of Jean de Sponde », *Bibl. d'Hum. et Renaissance,* 1965, p. 644 sqq.

temps qu'on est surpris par la densité quelque peu obscure de l'expression. En fait l'utilisation de termes anatomiques pour désigner les attributs de la divinité n'est qu'une reprise du style biblique. L'allusion à l'oreille, dans son raccourci surprenant, s'explique aisément si l'on se rapporte à « l'oreille dormante » du vers 5, expression qui elle-même, par une sorte de métathèse sémantique, désigne le sommeil de l'entendement, la résistance qu'oppose l'esprit aux chansons des Sirènes. Ainsi le poème de Sponde manifeste la puissance de l'illusion, mais aussi le refus d'y succomber. En effet, ce sonnet qui part d'une évocation tourmentée de la condition humaine, tend vers la victoire de Dieu : les deux apostrophes à Dieu (vers 4 et 9) établissent un trait d'union entre le Temple céleste et le monde en proie à l'inconstance et aux tromperies du Malin. Le dialogue — car l'âme ne s'enferme jamais en un monologue désespéré — souligné par l'utilisation de la deuxième personne, exprime une ouverture vers les zones supérieures : quelque chose de semblable aux regards des martyrs ou à la position des mains jointes, comme dans les tableaux de saints à l'époque baroque.

Mais il est vrai aussi qu'il n'y a pas de continuité entre la nature et le surnaturel : la foi de Sponde n'a rien de cette foi tranquille, triomphale, que l'on voit apparaître dans les époques de paix, s'appuyant sur l'ordre du monde, les merveilles de la nature, ou la puissance de l'Église. Il s'agit là d'un mysticisme pour temps troublés, conquis sur l'inquiétude, et plaçant hors de ce monde le Royaume de la paix et de la constance. Le mysticisme de Sponde, bien loin de procéder par un accord ou un réaccordement du monde et de Dieu, procède par rupture et dépassement : s'il atteint la béatitude, c'est par la négation et le refus du Monde. Par là, le sens religieux que manifeste ce texte s'oppose à la religion du plein-baroque [24], plus héroïque que tragique, triomphale et exhibant ses triomphes, procédant par sublimation du réel plus que par rupture avec le monde. On sent ici l'influence du calvinisme, son sens de l'absolue transcendance

24. L'expression est de Jean Rousset, qui désigne par là le baroque postérieur à 1625 : *La Littérature de l'âge baroque en France*, Paris, 1954, p. 235.

divine, et des divergences qui séparent les voies de Dieu et celles de la création. Aux arcs triomphaux que construiront Du Perron, Desportes, Corneille, Sponde préfère la porte étroite : s'opposant par là au baroque glorieux, comme Greco s'oppose à Rubens, Jansenius aux Jésuites, le sens tragique à la grandeur héroïque.

On pourrait donner à ce poème le titre d'une pièce de Shakespeare : *la Tempête.* La matière dont est faite l'inspiration n'est pas celle qui « demeure »; la matière ne se distingue plus de la forme, ni de la force — vitale ou meurtrière — contenue en elle. Ondes, vertiges d'anéantissement, d'engloutissement, ébranlements, enchantements se succèdent sur les spirales irrégulières des vers rapportés. Par là ce texte est fondamentalement baroque.

Mais s'il est vrai que les images du naufrage, de l'ébranlement, des maléfices apparaissent sur un rythme obsédant, le poème traduit aussi l'effort d'une âme pour s'arracher aux tourments séducteurs d'un monde d'incohérence et d'inconsistance. Sponde fait une grande place à l'univers en mouvement, mais c'est pour mieux se dégager de son emprise : « Il n'est pas le poète de l'eau et du vent; cette poésie dure, serrée, abstraite, ne leur fait une place que pour s'en débarrasser; elle n'y trouve que l'occasion d'une sourde impatience, qui éclate parfois à la fin d'un sonnet; elle regarde ailleurs; elle est toute tendue vers l'immuable. Son mouvement propre est fait de cette tension entre ce qui se meut et ce qui ne se meut pas [25]. »

N'est-ce pas la négation du baroque?... N'en est-ce pas plutôt le couronnement? Le baroque qui est par nature mouvement, métamorphose, renversement, ne suppose-t-il pas ce suprême effort de dépassement par une négation de soi-même. L'ultime métamorphose de Phénix, son suicide, est aussi son apothéose.

---

25. J. Rousset, *op. cit.,* p. 119.

Sur une gravure de Jacques Callot :
« La Tentation de Saint-Antoine »

La Tentation de Saint Antoine est un thème obsédant dans les arts de représentation à l'époque de la Renaissance. Grünewald, Jérôme Bosch, Albert Dürer, Pierre Bruegel, Patinir ont, entre autres, participé à son illustration. Il peut s'agir là d'une transformation maniériste de l'épisode évangélique de la Tentation de Jésus, qui permet toutes sortes d'inventions dans le domaine formel, en raison de la plasticité des représentations fantasmatiques. Nous ne voulons pas nous appesantir sur la signification profonde du thème, qui pourrait exprimer un conflit entre l'ordre de la raison et l'ordre de la connaissance expérimentale. L'expansion des modes de connaissance scientifique créerait une inadaptation entre la forme nouvelle de l'univers et les capacités d'adaptation de l'esprit accoutumé à d'autres images. La « morocosmie » ou le fantasme du « monde en folie » serait une des manifestations des contractions et des distorsions que crée dans l'esprit l'expansion du savoir. Sur un plan plus nettement intérieur, la tentation pourrait représenter la vengeance de l'inconscient en face des forces de pression exercées par la nouvelle science : le « refoulé » se vengerait en suscitant toutes sortes de représentations déroutantes pour contrecarrer l'embrigadement de la raison scientifique dans de nouveaux schémas de connaissance.

Nous voudrions étudier une gravure au burin de Jacques Callot, fruit d'une pensée longuement mûrie puisqu'en existent diverses versions. Il s'agit ici de la dernière version connue, qui associe des figures anciennes (on reconnaîtra au passage des éléments de création empruntés à Bosch ou à Bruegel) ou contemporaines (on trouve des formes et des groupes semblables dans une peinture de Jakob Swanenburgh).

Unité de composition structurelle
et prolifération dans l'invention des détails

Le schéma général d'organisation est fondé sur une antithèse : assaut et résistance. L'ermite Antoine se défend

contre un déferlement de formes qui, venues des quatre éléments et des quatre coins de l'univers, l'assiègent.

Première remarque : une disproportion quantitative évidente dans l'utilisation de l'espace entre les deux éléments de l'antithèse. Le corps de l'ermite n'occupe qu'une place réduite à l'entrée de sa grotte alors que les armées de monstres occupent la plus grande partie de l'espace graphique. Même disproportion sur un plan plus strictement arithmétique : face à une unique victime, une foule composée d'une myriade de créatures organisées en véritables armées.

Il est vrai qu'à l'ermite il conviendrait de joindre quelques alliés : en particulier les éléments architecturaux, qui attestent une présence de l'homme face aux hordes de monstres inhumains, et les éléments naturels, qui attestent la permanence d'un « ordre de la nature » face au déferlement des êtres surnaturels et dénaturés. Mais les uns et les autres sont occultés par la présence des monstres.

Toutefois une recherche d'ordre formel dans la composition fait apparaître l'importance qualitative d'un centre de convergence, qui n'est autre que l'ermite. Son rôle fonctionnel compense largement son peu d'importance matérielle. On constatera d'abord que tous les regards des créatures fantastiques convergent vers un seul point, qui n'est autre que le visage du moine, et lorsqu'il ne s'agit pas des regards, ce sont les gestes qui désignent le même objectif. Le tableau comporte donc un centre de convergence : les lieux n'ont pas dans l'espace graphique le même poids qualitatif, et le centre de gravité est un de ces « lieux denses » dont l'importance structurelle ne saurait être fondée sur de simples calculs quantitatifs d'étendue.

Nous partirons donc de ce lieu privilégié qu'est la tête de l'ermite, ou plus exactement son auréole, laquelle est représentée par une ellipse blanche, en raison des lois de la perspective. L'ermite est entouré par une ronde de créatures infernales dont tous les mouvements convergent vers le centre : jambe et bras d'un démon à gauche, bras levé et mouvement du corps d'une autre créature, à gauche, en arrière, direction de la lance ou du bâton tenu par un diable à droite, mouvement d'un démon tirant à droite un pan de vêtement. L'ensemble de la figure détermine la forme d'une ellipse dont la limite supérieure serait l'arc d'ombre dessiné par la voûte et la base des pieds des divers acteurs. On constate aussitôt que cette ellipse est intérieure à une autre dont les limites seraient constituées par les personnages installés sur les escaliers et les formes grotesques du premier plan à droite. Cette ellipse est elle-même inscrite dans une figure semblable, qui contiendrait l'ensemble de l'élément architectural situé sur la partie droite de la gravure (voir schéma p. 106-107). Ainsi pressentons-nous, derrière la multiplicité des personnages, la diversité des actions, une tendance à l'organisation, un mouvement profond qui anime, innerve la « scène ».

A ces constatations nous pouvons joindre le fait que le monstre qui occupe la quasi-totalité du ciel se trouve inscrit dans une demi-ellipse, et que les armées qui déferlent depuis la gauche épousent la forme d'une double parabole. Force nous est de constater l'importance accordée à un type particulier de courbe, elliptique ou parabolique. Nous savons l'attrait que suscitait la forme elliptique dans les constructions architecturales contemporaines : plan elliptique de l'esplanade du Vatican, arc incurvé des façades. Kepler découvre à peu près à la même époque l'orbite elliptique des planètes dans le système solaire. En définitive, le schéma de composition de cette gravure est constitué par une sorte de gravitation des monstres en courbes elliptiques autour d'un centre de gravité, dont l'importance est soulignée par l'organisation radiante des armées; aux mouvements convergents des monstres à l'intérieur de la première ellipse il faudrait ajouter une figure semblable dans l'ensemble du tableau. Nous avons pu relever ainsi au moins six lignes de convergence qui désignent toutes le même objet (voir schéma).

Nous constaterons donc en définitive l'existence d'un centre qui crée des systèmes de lignes convergentes, sorte de radiations centripètes; et, d'autre part, l'importance du phénomène de décentration : le centre thématique de la représentation n'est pas le centre spatial; prédominance des ovales et des paraboles qui constituent une forme de décentration du cercle. C'est le mot de « système solaire » qui nous semble convenir pour caractériser la composition de cette gravure : le thème solaire constitue d'ailleurs une autre obsession de l'époque (voir la *Cité du Soleil* de Campanella); ce déferlement des démons de la nuit s'inscrira dans un ordre cosmique, au sens très précis du terme, comme cosmos s'oppose à chaos. Par l'opposition entre Chaos et Cosmos, nous voici ramenés à la signification profonde du thème de la « Tentation », à cette lutte de l'homme avec un monde qui échappe à ses connaissances et qui s'inscrit néanmoins dans des structures organisées, quoique non visibles.

La représentation graphique
d'une représentation théâtrale

Les rochers latéraux suggèrent l'image d'une caverne : ainsi le spectacle serait vu de l'entrée d'une cavité (ou serait enfermé à l'intérieur); à celle-ci répondrait le renfoncement de l'arche qui sert de grotte à l'ermite, et qui lui fait face. Nous avons là un procédé d'emboîtement, ou de reflet de forme, qui semble répondre sur un plan formel à l'emboîtement d'ovales déjà relevé sur un plan architectural.

Or l'image de la caverne est un élément caractéristique du décor théâtral. « L'île. Devant la grotte de Prospéro » : c'est le décor de la scène 2 de l'acte I de *La Tempête;* et dans l'*Illusion Comique,* Corneille place la scène dans « une campagne proche de la grotte du magicien ». Ajoutons-y les grottes de Circé et autres magiciennes qui constituent le décor des ballets de cour, et nous nous apercevons que le paysage est en fait un décor de théâtre.

Les rochers latéraux s'ouvrent comme des rideaux, dont les courbes et les chutes évoquent les plis et les nœuds de l'étoffe. D'autres éléments du décor renvoient au lieu théâtral : tout d'abord les vestiges architecturaux qui évoquent quelque ville antique en ruine, dans un paysage qui s'ouvre sur un fond marin. La représentation de « l'île de la magicienne Alcine » de Parigi contient des éléments semblables : une avenue bordée de monuments et de bosquets qui s'ouvre sur la mer. Le décor de *Circé,* dessiné par Callot pour la représentation de 1616, reproduit comme décor de l'Enfer une ville aux ruines antiques sur un fond marin. Dans *La Tentation de Saint Antoine,* il reprend un élément traditionnel du décor théâtral.

La représentation graphique renvoie donc à un autre type de représentation : la représentation théâtrale. Il y a une sorte de superposition de techniques : la représentation figurative est la figuration d'une représentation dramatique.

Gueules ouvertes et bras tendus : un discours allégorique et un style expressionniste

Nous avons défini la structure générale de la représentation comme une antithèse composée de deux éléments contradictoires : *résistance* et *déferlement.* En fait les deux éléments du conflit sont unis dans un ensemble qui les conjoint. Le conflit est la détermination interne des structures d'une personnalité. La gravure est l'allégorie d'une personnalité, ou plus exactement la représentation d'un état psychologique, désigné par le vocable religieux de « tentation », et que dans un registre lexical plus moderne, nous appellerions un conflit. Tout est intérieur. Or tout est visuel. Nous aurons donc affaire à un double mouvement : dans la création, un processus d'extraversion et de matérialisation de l'intériorité; dans la lecture, un effort pour retrouver le sens intérieur que recouvre chacune de ces extériorisations. Extériorisation par le graphisme d'un monde intérieur, réinscription de l'intériorité par une lecture symbolique. Chacune des pensées qui auraient pu être, qui ont été, se concrétisent sous la forme d'un monstre, d'un hybride, d'un démon, d'un animal. Cette formalisation des fantasmes, cette matérialisation des pensées retenues, ce défoulement de visions enfermées et brusquement débloquées constituent, si l'on veut, une manière « expressionniste » de parler de la vie intérieure.

Chacun des gestes est saisi au sommet de son développement. Gueules ouvertes, crachant des flammes ou des armes, bras levés, muscles tendus. Chaque musculature est arrêtée à l'instant de sa plus forte tension. Comme les figures de Michel Ange ou de Tintoret sont saisies dans leur effort extrême, nous rencontrons ici un goût du point maximal, qui répond, *mutatis mutandis,* à ce que nous avons appelé une esthétique expressionniste : ainsi les yeux exorbités ou les mains tendues du style expressionniste cultivent ce point maximal.

Une lecture allégorique permet de mettre en valeur de

105

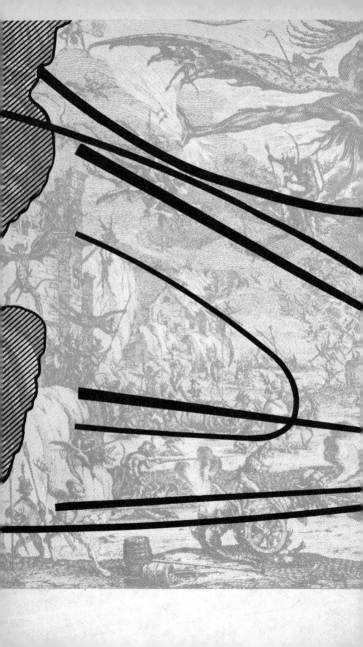

manière assez claire le symbolisme sexuel de ce type de représentation : l'ouverture de la bouche et les crachats, particulièrement les crachats de flammes et de lances, le motif analogue de la défécation, sont une allégorie de l'éjaculation; le bras levé, la lance en arrêt sont autant de représentations de la phase érective de l'acte sexuel; le coït est représenté par divers symboles, en particulier l'intromission anale d'objets divers à symbolisme masculin (bec, lance, flèche, flûte), formes diverses de perforation et de chevauchée. On est frappé par le caractère cryptique de la représentation, comme si une force de censure empêchait ici l'expression directe de l'orgie sexuelle. Le sabbat exprime un rêve archaïque et symbolique d'excitation et de confusion charnelle, dont toutes les images contiennent en filigrane une signification sexuelle, mais couverte. C'est l'image du masque qui vient à l'esprit : mais un masque est clairement allusif en même temps qu'occultant. Le sabbat confirme le caractère libidineux des fantasmes, l'attitude défensive de l'ermite répondrait au mécanisme de censure provoqué par les forces du surmoi. Il s'agit donc bien de l'allégorie d'une personnalité dont la structure duelle et les rapports conflictuels des deux éléments structurants sont nettement mis en valeur. La gravure découvre une représentation de la bidimensionalité psychologique de l'homme des temps modernes, que l'on pourrait opposer à la tridimensionalité de la civilisation « théologique » du Moyen Age (la matière, la forme, l'âme) aussi bien qu'à l'unidimensionalité de l'homme des civilisations industrielles. L'âge dit classique, dans son sens le plus large, procédera ainsi par couples antithétiques : la substance/l'étendue cartésienne, le cœur/la raison classique ou romantique; la tragédie vivra de la dramatisation des deux éléments conflictuels, la comédie sera fondée sur le principe de la disproportion de ces mêmes deux éléments.

Le caractère conflictuel de la représentation psychologique est confirmé par l'importance que revêt une métaphore qui recouvre l'ensemble de la représentation : il s'agit de la métaphore guerrière. L'armurerie et l'artillerie (haches, lances, arquebuses, carapaces métalliques), les travestis militaires (le singe de gauche déguisé en lansquenet, le chien-cavalier qui chevauche un dragon-bombarde, les cavaliers à la lance qui traversent les airs). C'est l'assaut d'une citadelle qui est ici représenté, et l'on songe à l'utilisation que feront des images guerrières les poètes contemporains de l'intériorité :

> Mes regrets impuissants, mes désirs violents
> Qui font de ma raison une guerre civile[26]...

Les métaphores animales sont très importantes dans la représentation des démons : on constatera la prédominance des éléments anatomiques qui renvoient aux reptiles (serpents, lézards, crapauds, queues écailleuses, langues fourchues) ou aux oiseaux. Mais il ne s'agit pas dans le deuxième cas d'un symbole aérien ou céleste : l'aile est celle, membraneuse, de la chauve-souris, la serre est celle du rapace et de l'oiseau de nuit. Nous avons affaire à une animalité à symbolisme chthonien (les reptiles) ou nocturne (les oiseaux). Le sabbat animal est placé sous le signe de la terre et de la nuit : nouveaux éléments symboliques qui renvoient au *ça*, ou à l'inconscient collectif. Nous pourrons opposer à cette inspiration le caractère « solaire » de la composition, autour d'un centre lumineux qui est l'auréole du saint. Ces métaphores esquissent une nouvelle opposition, d'ordre cosmique, entre la terre/la nuit et le soleil/la lumière, qui constituent une nouvelle série métaphorique répondant à l'expression de la dualité et du conflit.

Par quelque biais que l'on envisage les séries de métaphores, on s'aperçoit qu'elles concourent à illustrer une même structure, que nous avons défini par dualité et conflictualité interne. Il s'agit de la représentation de l'homme des temps modernes, l'homme « partagé » et traînant comme un drame avec soi les sources mêmes de sa contradiction interne; on sait combien les siècles à venir insisteront sur ces effets oppositionnels : disproportions pascaliennes, aliénation marxiste, structures conflictuelles de la *psyché* dans les perspectives freudiennes.

26. D'Aubigné, *Le Printemps*, « Hécatombe » IX, cité dans *La Poésie baroque*, Nouveaux classiques Larousse, t. I, p. 75.

Bilan

Il serait évidemment très facile de procéder à une dichotomie baroque/classicisme et de grouper en deux pôles antithétiques les éléments d'identification de la gravure. Du côté baroque, nous placerions la théâtralisation, la dynamisation, les schémas conflictuels, l'occultation par les masques divers de l'allégorie; du côté classique, la forte densité d'un centre thématique, une certaine rhétorique du geste, l'ordre formel qui se superpose à un désordre qui est effet de l'art, l'ordre convergent qui structure le chaos de l'invention dans les détails. Ce classement accentuerait le caractère conflictuel de la représentation, mais détruirait un fait fondamental : c'est que la gravure tient son unité précisément de la collusion des contraires. Les discordances sont harmonisées dans une mélodie symphonique dont l'antithèse est la figure fondamentale.

A propos d'un fait d'histoire : la Possession de Loudun

Le fait historique dont nous proposons l'analyse a pris place dans l'histoire sous le nom de « La Possession de Loudun »[27]. En voici la relation schématique :

> Loudun, petite ville située aux confins de la Touraine et du Poitou, avait été un carrefour et un centre d'influences diverses. Reconnue comme « place de sûreté » pour les Protestants depuis l'Édit de Nantes, elle avait gardé son château et son enceinte fortifiée, ainsi que des privilèges de gouvernement.
>
> En 1631, Richelieu ordonne la destruction de l'enceinte et du château.
>
> A l'automne 1632, après une épidémie de peste qui, en quelques mois, avait fait disparaître près du quart de la population, des religieuses appartenant au couvent des Ursulines se disent assaillies et visitées par des fantômes nocturnes. En quelques semaines l'agitation prend une ampleur considérable : scènes d'hystérie, cris et convulsions. Des théologiens, spécialistes de

---

27. *La Possession de Loudun*, présentée par Michel de Certeau, Paris, Julliard, collection « Archives » n° 37, 1970.

démonologie, sont appelés. Des séances publiques d'exorcisme sont organisées. Des foules accourent au spectacle. Des rumeurs amplifient les exploits des possédées.

Dans les aveux extorqués par les exorcistes, les « diables » déclarent qu'ils ont pu s'installer dans le corps des filles grâce à la complicité d'un prêtre de la ville, le curé Urbain Grandier. Celui-ci n'était jusqu'alors connu que par son goût de la bonne vie, ses succès mondains et quelques aventures galantes dans la cité. Inculpation, arrestation, instruction du procès. L'accusé est déclaré coupable de sorcellerie et, après avoir subi la question ordinaire et extraordinaire, brûlé vif en place publique (18 août 1634).

Les possessions ne s'apaisent pas encore. Un Jésuite, le Père Surin, à partir de décembre 1634, substitue aux séances d'exorcisme collectif et spectaculaire une technique de contact privé avec les âmes. La Mère Jeanne des Anges, principale victime des « diables », sera, après sa « guérison », promenée comme une merveille à travers la France, et l'on exposera à l'admiration des foules les traces du passage des démons sur son corps.

Entre-temps les murailles et le château de Loudun avaient été rasés.

● **Unité structurelle et proliférations décoratives.** La transformation discursive du fait en ce condensé narratif laisse apparaître sa signification fondamentale : l'histoire très difficile d'une « mutation » s'y lit clairement dans les grands traits, surchargés, il est vrai, de toutes sortes d'arabesques, de trilles et de variations, mais la bizarrerie n'occulte pas la signification générale du fait. Au point de départ, nous avons une ville possédant ses propres moyens de défense, et dans une certaine mesure, de gouvernement ; au point d'arrivée, nous avons une ville intégrée et annexée à l'ensemble national et soumise au gouvernement central. Ce qui se passe au couvent des Ursulines constitue une mimique, à un niveau groupusculaire, de ce phénomène de démantèlement et d'absorption : au point de départ, nous avons une communauté soumise à un certain nombre de nostalgies et de désirs, un clergé aspiré par des tentations mondaines ; au point d'arrivée, l'exploitation pour le plus grand triomphe de l'ordre existant des désordres antérieurs de la communauté. Le « diable » a été circonscrit, identifié, et par les rites de l'exorcisme et les flammes du bûcher, expulsé et « enfermé » dans sa sphère propre d'action. Après les fêtes de la confusion, qui correspondent aux démonstrations publiques du désordre, le dénouement exprime le triomphe de la raison individuelle sur l'inconscient, de la raison d'État sur les revendications d'autonomie, de la loi de « Dieu » sur les malignités du « diable ». Le résultat objectif de ces contractions et gesticulations violentes est la mise en place d'un nouveau système de centralisation très fort, l'enrégimentement austère dans un ordre politique et religieux fortement administré et hiérarchisé. Autonomie partielle, privilèges locaux sont en régression; bientôt (dans cinquante ans, avec la Révocation de l'Édit de Nantes), le système unitaire et autoritaire mettra fin à la coexistence de fractions idéologiques multiples; sur le plan de l'éthique individuelle, ce qui restait de velléités autogestionnaires des consciences est repris en main par des confesseurs et des directeurs de conscience qui sont des fonctionnaires de la police des âmes. Les « révoltes » et les contorsions n'expriment que les coquetteries d'une soumission bien menée. Les « victimes » du Démon — sorcier et possédées — sont objectivement utilisées, peut-être à leur insu, comme agents dans le triomphe d'un ordre nouveau. Le fait est l'histoire de l'adaptation d'une communauté locale à un nouvel ordre national : les tumultes et les résistances constituent des épisodes hauts en couleurs de cette constante progression.

• « L'intérieur et l'extérieur » : intimité et théâtralité. Poursuivons la métaphore littéraire : quel « genre » conviendrait au mieux à la transcription du récit? On hésite entre deux extrêmes : le style des profondeurs de l'intimité ou celui de la parade publique; l'écriture comme dépôt d'une expérience mentale et affective individuelle, la scène comme psychodrame cathartique, expérience de publication et de socialisation du fait intime. D'un côté la mise en scène, avec ce que cela comporte d'artifice et de publication — pour ne pas dire publicité — : le style des « miracles », où ne manquent même pas les acrobaties et les plaisanteries des diables sur la scène pour emplir les intermèdes farcesques. Confidence et théâtre, intimité et publicité. Les deux schémas formels principaux de la littérature baroque sont présents pour recueillir au mieux les métamorphoses littéraires du fait.

• **Refoulement et exhibition : le mécanisme de théâtralisation.** Des éléments d'information biographique concernant Mère Jeanne des Anges apportent quelques lumières sur le mécanisme de métamorphose incessamment réactionnelle entre l'intériorité et l'extériorité.

Au départ chez cette jeune fille bien née, une disgrâce d'ordre physique : une déformation de l'épaule ou de la colonne vertébrale. Sa mère résolut de cacher cette disgrâce sous un voile; plusieurs partis intéressants lui échappent; il reste le couvent. Processus classique de frustration. Processus tout aussi classique de compensation. Cette jeune fille qu'on veut mettre « à l'ombre » agira constamment pour se mettre « en lumière ». Le *paraître* trouve ici son plein emploi comme compensation à un défaut d'être. On voit Sœur Jeanne se dépenser au couvent, « se produire », attirer à tout prix l'attention sur elle. A la fatalité de l'échec qu'on veut lui imposer, elle réagit par un « arrivisme » tout instinctif, mais amplifié par le calcul, et l'on songe déjà à l'attitude de Madame de Merteuil [28] au couvent : « Je savais dissimuler, j'usai d'hypocrisie, pour que ma supérieure conservât les bons sentiments qu'elle avait de moi, et qu'elle fût favorable à mes inclinations et volontés [29] ». Il y a là un discours « cartésien » qui préfigure l'éloge de la volonté que l'on trouvera bientôt dans la *Méthode* et les *Méditations :* les diableries ne s'attaquent pas aux buts clairement déterminés par l'esprit. En même temps s'amorce le thème du masque, introduit par les mots *dissimuler* et *hypocrisie*. Il y a chez elle un désir de superposer à son personnage tous ceux qu'elle aurait pu être, voulu être, qu'elle n'a pas été.

• **Le discours allégorique ou le détournement d'interdits.** Les fantasmes de la communauté recouvrent presque toujours des images de frustration sexuelle : le diable ou le saint apparaît sous une

---

28. Laclos, *Les Liaisons Dangereuses,* lettre LXXXI.
29. Jeanne des Anges, *Autobiographie;* cité par M. de Certeau, *op. cit.,* p. 323.

forme mâle dont la masculinité est symbolisée par des attributs divers, mais toujours très clairs. Peu à peu le personnage prendra l'identité du curé de Saint-Pierre. Lorsque les visiteurs des rêves auront changé de royaume, et descendront du ciel au lieu de venir des marais infernaux, les attributs de la masculinité demeureront aussi patents, même lorsqu'ils changent de nature, ainsi dans la confession autobiographique de Jeanne des Anges :

> Lors j'eus la vue d'une grande nuée qui environnait le lit où j'étais couchée. Je vis au côté droit mon bon ange qui était d'une rare beauté, ayant la forme d'un jeune homme de l'âge de dix-huit ans ou environ. Il avait une longue chevelure blonde et brillante, laquelle couvrait le côté droit de l'épaule de mon confesseur [...]
> Je vis aussi saint Joseph en forme et figure d'homme, ayant le visage plus resplendissant que le soleil, avec une grande chevelure. Sa barbe était à poil de châtain. Il me parut avec une majesté bien plus qu'humaine, lequel appliqua sa main sur mon côté droit où avait toujours été ma grande douleur. Il me semble qu'il me fit une onction sur cette partie, après quoi je sentis revenir mes sens extérieurs et me trouvai entièrement guérie. Je dis au père et aux religieuses qui étaient dans ma chambre : « Je n'ai plus mal. Je suis guérie par la grâce de Dieu ». Je demandai mes habits et me levai à l'instant... [30].

Il n'est pas nécessaire d'être d'une grande clairvoyance, ni d'avoir des notions étendues de psychanalyse, pour s'apercevoir du symbolisme sexuel évident que recèle un tel récit. On pourra noter l'attention apportée à la description du système pileux dans l'un et l'autre cas (des détails historiques permettent d'établir un rapprochement entre la chevelure de l'Ange et celle d'un illustre et jeune visiteur de Loudun, réputé pour ses succès auprès des femmes). Quant à l'application de la main sur le flanc, elle exprime symboliquement un fantasme de copulation, ce qui est confirmé par le caractère tout aussi symbolique et tout aussi clair des quelques

---

30. M. de Certeau, *op. cit.*, p. 309-310.

gouttes de « baume » laissées par la main de saint Joseph sur la chemise de la femme « visitée » :

> Deux jours après, je me souvins que je n'avais essuyé l'onction qui m'avait guérie qu'avec ma chemise. J'appellais la mère sous-prieure et la priai de venir en ma chambre pour visiter l'endroit où l'onction avait été faite. L'ayant fait, nous sentîmes l'une et l'autre une admirable odeur. Je quittai cette chemise. On la coupa à la ceinture. Nous trouvâmes cinq gouttes assez grosses de ce baume divin qui jetait une excellente odeur [31].

Les visiteurs des rêves ont changé d'habit, mais la finalité du rêve reste identique et toujours aussi claire. Le vocabulaire religieux permet de faire passer, par la voie de l'allégorie, des interdits sexuels dans le langage; la métaphore joue le rôle du masque et du miroir : elle désigne, mais obliquement; elle occulte, mais laisse passer le sens. Cette dimension multipliée du langage (avec la multiplication de lectures qu'elle entraîne), fondée sur un jeu de poursuite entre l'interdiction dénominative et la transgression métaphorique nous semble caractéristique de l'époque : les salons précieux se font inventeurs de métaphores pour suppléer à l'exil des mots « bas ».

• L'équivalent naturel et magique des dogmes. Pour une personnalité comme Jeanne des Anges, le théâtre d'une conscience ne saurait suffire pour la représentation de ses fantasmes. Le jeu de l'intériorisation et de la compensation à l'échec débouche sur des tréteaux : il faut une mise en scène à grand spectacle, la présence d'un public, des processions, un holocauste, des bûchers. Le théâtre est dans la rue. Le langage approprié sera dès lors le langage gestuel, plus simple, plus communicatif, plus spectaculaire. L'extériorisation des rêves se fera directement par le corps. La représentation de la possession est une de nos plus belles pièces du XVIIe siècle, à langage exclusivement gestuel. Le théâtre devient l'expression d'une « impulsion psychique secrète qui est la Parole d'avant les mots » [32].

---

31. M. de Certeau, op. cit., p. 310.
32. A. Artaud, Œuvres Complètes, Paris, Gallimard, 1964, tome IV, p. 72.

La « discrétion » classique consistera en particulier dans le maintien des représentation intérieures sur le seul théâtre de la conscience : pas question dans le baroque de ce soliloque pour une âme exilée; il faut des tréteaux et un porte-voix adapté. Ce qui est représenté, c'est le contenu d'une âme, dont les frustrations et les désirs se traduisent en langage musculaire, dont les tentations s'expriment concrètement. La possédée devient elle-même un théâtre à plusieurs personnages et à plusieurs voix, puisque chacun des diables qui l'habitent se met à parler pour son propre compte. Le corps n'est plus seulement objet ou habitacle, il est tout entier devenu langage à la fois formalisant et signifiant.

Mais le dévoilement utilise toujours des voies allégoriques : le langage du corps est un langage métaphorique. Il faut des interprètes, des exégètes, des commentateurs, des traducteurs pour élucider ce langage archaïque venu d'un autre temps et utilisant un autre code; la possédée reprend en somme le rôle de l'antique pythonisse; le chœur des prêtres écoute à son chevet les voix d'un autre monde.

Nous retiendrons de ce théâtre le jeu de réflexion sur la double face du miroir et les superpositions de masques, jeux de transfert et de dérivation qui procèdent par signes symboliques. Le langage baroque va ici jusqu'à l'extrême pointe de lui-même, celle où se brisent concepts et représentations rationnelles en éclats aigus, pour faire jaillir, plus bas que la racine des lèvres, le sang de la vie en actes sur l'autel théâtral. Ce pourrait être là ce théâtre rêvé par Artaud, « qui nous rendra à tous l'équivalent naturel et magique des dogmes auxquels nous ne croyons plus » [33].

● **Passions de l'âme et actions politiques.** Le théâtre ne tarde pas à rencontrer la politique. Mimer en public sous forme psychodramatique la réalisation de ses fantasmes, c'est proposer une autre voie de développement à l'individu, et par là remettre en cause la réglementation sociale de la vie individuelle. Ici interviennent toutes les forces de censure de la science officielle : médecine, droit, psychologie. Nous

33. A. Artaud, *op. cit.,* p. 39.

assistons un temps à ce face-à-face : on laisse venir, on laisse voir, on laisse admirer l'impact du surnaturel sur la nature. C'est que cela sert bien les desseins gouvernementaux : surtout lorsque le sorcier sera nommément désigné. Or Urbain Grandier, prêtre réformateur (il a écrit un traité sur le mariage des prêtres), peut-être pamphlétaire, en tout cas joyeux vivant, incarne une des résistances possibles à la politique de restauration de l'ordre politique et religieux souhaitée par le Cardinal.

Il faut reconnaître, sur le plan politique, un caractère extrêmement ambigu aux démonstrations publiques de possession : cette manifestation libertaire des diables qui se livrent à leurs facéties au nez même de l'Église constitue aussi une provocation à mettre en marche l'appareil répressif. L'anarchie baroque est tout entière provocatrice : elle est grimace, si elle n'est clin d'œil complice aux nouveaux maîtres; appel tacite pour qu'ils exercent avec plus de soin leur maîtrise.

Loudun en 1632 est une ville en état d'agression : agressée par la peste dans son corps charnel, agressée par l'ordre royal de démantèlement dans son corps architectural. Le rôle des possédées sera de manifester sur un plan théâtral la résistance de la ville à l'évolution qui s'amorce; mais de maintenir la résistance sur ce seul plan de la revendication symbolique, car les désordres publics suscités par la représentation constitueront une dérivation de la résistance hors de son propos, en même temps qu'elles provoqueront un appel au rétablissement de l'ordre. On pourra constater que les derniers morts de la peste coïncident avec les premières manifestations de la possession. L'ennemi a changé de visage : après la possession des corps, il s'attaque à la possession des esprits. Le théâtre de l'aliénation se poursuit sur les mêmes tréteaux.

Le rôle de l'ordre public sera de chasser le nouvel intrus. On le chassera après l'avoir affublé d'un nom qui méritât l'exil et l'enfermement. On est frappé d'ailleurs par la résistance du diable à dire son nom :

> Interrogé : *Quis es tu, mendax, pater mendacii? Quod est nomen tuum?* [Le démon] a dit, après un long silence : « J'ai oublié mon nom. Je ne le puis trouver. »

Et commandé de dire son nom, a dit : « J'ai perdu mon nom dans la lessive » [34].

C'est que le nom est trop clair. Le « diable », c'est l'ensemble des tendances et des pulsions qui représentent l'attrait d'un état archaïque et impossible — la belle vie de la Renaissance, couvents hospitaliers, jouissance et réjouissance, occasions perdues, délices des sens : voilà ce qu'est le diable. Le théâtre des dérèglements est aussi appel à la discipline. La prétendue anarchie baroque nous paraît surtout une invitation pressante à un meilleur ordonnancement, par l'affectation de ses manques.

• **Identité et dualité.** L'intervention de la force politique entraîne une nouvelle phase de développement, où passe à nouveau au premier plan l'intériorité suivant le schéma :

FRUSTRATION
(intériorité,
individualité)
▼
EXHIBITION
(théâtralisation,
publication)
▼
RÉPRESSION
(socialisation,
action politique)
▼
PURIFICATION
(catharsis,
individualité)

On en revient aux ambiguïtés de la confession et aux subtilités de la chasse au « diable » entre confesseur et confessée. Le Père Surin, changeant la méthode d'intimidation utilisée jusqu'alors, songe à s'accommoder à l'humeur de l'hystérique et à pénétrer par imitation dans son monde.

_____
34. Exorcisme du 10 mai 1634, BN, Fds fr. 7618, f. 9; cité par M. de Certeau, *op. cit.*, p. 68.

Technique difficile, car le directeur de conscience n'éprouve que trop bien les effets psychologiques de la confession, comme en témoigne la lettre du 3 mai 1635, à un ami :

Depuis trois mois et demi, je ne suis jamais sans avoir un diable auprès de moi en exercice. Les choses en sont venues si avant que Dieu a permis, je pense pour mes péchés, ce qu'on n'a peut-être jamais vu en l'Église, que dans l'exercice de mon ministère le diable passe du corps de la personne possédée et, venant dans le mien, m'assault, me renverse et m'agite et travaille visiblement, me possédant plusieurs heures comme un énergumène.

Je ne saurais vous expliquer ce qui se passe en moi durant ce temps et comme cet esprit s'unit avec le mien sans m'ôter la connaissance, ni la liberté de mon âme, et se faisant néanmoins comme un autre moi-même, et comme si j'avais deux âmes dont l'une est dépossédée de son corps et de l'usage de ses organes, et se tient à quartier, regardant faire celle qui s'y est introduite. Ces deux esprits se combattent en un même champ qui est le corps; et l'âme même est comme partagée et, selon une partie de soi, est le sujet des impressions diaboliques et, selon l'autre, des mouvements qui lui sont propres ou que Dieu lui donne. En même temps je sens une grande paix sous le bon plaisir de Dieu et, sans connaître comment, une rage extrême et aversion de lui qui se produit comme des impétuosités pour s'en séparer qui étonnent ceux qui me voient; en même temps une grande joie et douceur et, d'autre part, une tristesse qui se produit par des lamentations et cris pareils à ceux des damnés. Je sens l'état de damnation et l'appréhende, et me sens comme percé des pointes de désespoir en cette âme étrangère qui me semble mienne, et l'autre âme, qui se trouve en pleine confiance, se moque de tels sentiments et maudit en toute liberté celui qui les cause. Voire, je sens que les mêmes cris qui sortent de la bouche viennent également de ces deux âmes, et suis en peine de discerner si c'est l'allégresse qui les produit ou la fureur extrême qui me remplit...

Lorsque les autres possédées me voient en cet état, c'est un plaisir de voir comme elles triomphent et comme les diables se moquent de moi : « Médecin, guéris-toi toi-même! Va-t-en en cette heure monter en chaire.

Qu'il fera beau voir prêcher *cela,* après avoir roulé
par la place !... » [35].

Le texte met en relief l'ambivalence de l'intimité et de la
théâtralité que nous avons relevée à mainte occasion :
d'une part, récurrence du verbe *voir* (1 fois dans le premier
paragraphe, 3 fois dans le dernier), sans compter les allusions
aux gesticulations et à la mimique; et, d'autre part, importance du verbe *sentir,* marque propre de l'intériorité.

L'élément psychologique le plus important nous semble
la description du phénomène de dédoublement : ces êtres
doubles que nous proposent le ballet de cour et le théâtre
du début du XVIIᵉ siècle, nous les voyons réalisés ici psychologiquement. Mais le sentiment d'étrangeté et de dissociation est accentué par l'ambiguïté : on ne sait plus laquelle
des deux âmes possède le corps, laquelle est dépossédée;
l'utilisation des mots d'identité (le *même,* en *même* temps)
accroît l'incertitude, et l'on songe à ces rêveries baroques
sur le double à la manière d'un Saint-Amant :

On dirait, à me voir, que je suis ma statue [36].

Ce qui ressort de cet état, c'est l'expression d'un état de
conflit, où chaque élément de l'« âme » se trouve autonomisé
et tend à recréer pour son propre compte la totalité de la
personnalité : on reconnaîtra aisément un phénomène de
dissociation entre pulsions libidineuses et forces contraignantes venues du *surmoi.* Mais en fait la personnalité
véritable se situe au niveau de l'écriture : c'est la main de
l'écrivain qui assure au drame son unité et suggère déjà le
dénouement. Or cet esprit, cette « troisième » âme, se caractérise par son extrême lucidité (elle veut *expliquer, connaître,
discerner*), et par l'utilisation du vocabulaire militaire. C'est
une bataille qui se livre, et on sent que le *cela* (un mot qui
annonce étonnamment le *ça* freudien) ne sortira pas de sa
fonction propre, pulsionnelle et non directive.

---

35. J.-J. Surin, *Correspondance*, p. 267-268; cité par M. de Certeau, *op. cit.,* p. 299-
300.
36. Saint-Amant, *Œuvres,* 1629; cité dans *La Poésie Baroque,* Nouveaux classiques
Larousse, tome II, p. 164.

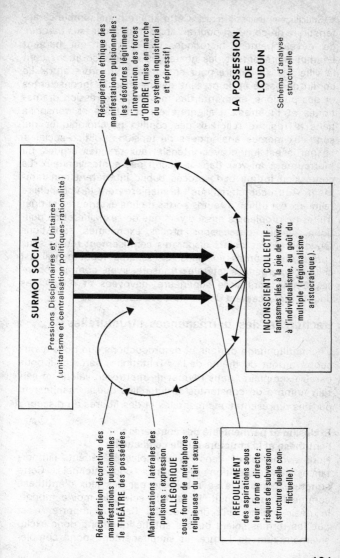

LA POSSESSION DE LOUDUN

Schéma d'analyse structurelle

SURMOI SOCIAL

Pressions Disciplinaires et Unitaires
(unitarisme et centralisation politiques-rationalité)

INCONSCIENT COLLECTIF : fantasmes liés à la joie de vivre, à l'individualisme, au goût du multiple (régionalisme aristocratique).

Récupération éthique des manifestations pulsionnelles : les désordres légitiment l'intervention des forces d'ORDRE (mise en marche du système inquisitorial et répressif)

Récupération décorative des manifestations pulsionnelles : le THÉÂTRE des possédées

Manifestations latérales des pulsions : expression ALLÉGORIQUE sous forme de métaphores religieuses du fait sexuel.

REFOULEMENT des aspirations sous leur forme directe ; risques de subversion (structure duelle conflictuelle).

121

• **Structures et thèmes baroques.** Cette affaire nous semble caractéristique de ce qu'on pourrait appeler un processus baroque de développement historique. Les démons qui hantent Loudun représentent des nostalgies et des tentations dont la ville a à se défaire pour entrer dans un ordre autre. Le conflit du passé et du présent, des résistances inconscientes et des pulsions, emprunte des moyens d'expression dramatiques et théâtraux. L'allégorie est constante et transpose dans le registre religieux des conflits psychologiques qui sont eux-mêmes analogiques de tensions politico-sociales. La partie est jouée avec intensité aux grandes orgues, ou murmurée à mi-voix dans le secret des confessionnaux. La confession intime et le procès public interfèrent constamment. Autre caractéristique : la manière dont le vocabulaire religieux est utilisé à toutes sortes de fins extérieures et pour traiter de problèmes aussi divers que de sexualité et de politique. Visions, processions, procès, exorcismes, adorations renvoient à des objets disparates confusément réunis sous l'unité des mêmes vocables. Le schéma fondamental est celui d'émergences latérales transgressives, comme réponses à une contrainte supérieure, dévoyées et récupérées pour le renforcement de la puissance dominante.

Recherche des permanences structurelles

L'échantillonnage de faits et de productions que nous avons centré autour du thème de la « Tentation », parce qu'il nous paraît exemplaire, nous permet de mettre en valeur un certain nombre de constantes structurelles qui se manifestent par des représentations mentales et des figures du discours.

Exclusion et perméabilité des contraires : l'antithèse et la structure duelle conflictuelle

Nous avons relevé dans les exemples précédents l'importance de l'apposition de termes oppositionnels. Cette structure copulative se manifeste par des jeux d'antithèse comme le jour/la nuit, la terre/le soleil, le moi/le monde, le désir individuel/l'ordre social... Ce qui importe, c'est que les termes soient pensés antithétiquement, donc exclusivement l'un de l'autre, et simultanément, donc complémentairement l'un de l'autre. Il y a là, nous semble-t-il, une forme de raisonnement que nous pourrions définir par les termes d'exclusion et de clôture. L'ordre classique qui régnera jusqu'à la fin du XVIIIe siècle exprime la même volonté de définir et d'exclure. C'est projeter sur l'individu, la société et l'univers des cadres de pensée qui vont en déterminer la forme. Au départ, il y a l'individualisme : l'individualisme dont la première prise de conscience est une séparation entre le moi et les autres, d'où la double opposition : le moi/le monde, l'individu/la société. Partout seront établis des fermetures et des cloisonnements. Le monde intérieur de l'homme sera un univers clos : les idées d'infini, d'immense, d'innombrable seront rejetées parmi les qualifications du monde extérieur. La manière pascalienne de dramatiser la condition humaine consiste dans l'exploitation de ce mode de pensée : il s'agit de confronter les incompatibles, le fini et l'infini, la grandeur et la misère, le mortel et l'éternel, chacun des deux éléments étant fermement catégorisé, exclusif de l'autre, et mis brutalement face à son contraire par rapport auquel il se détermine de fait.

La même dichotomie se manifeste sur le plan de l'intériorité : on distinguera un univers de la pulsion ou du désir, et un univers de la contrainte et de la discipline, embryon de ce que seront le *ça* et le *surmoi*, la *libido* et la *censure*. On distinguera en l'homme des manifestations de la divinité (la grâce) et du démon (la tentation, la possession), la substance contre l'étendue, la chair contre l'esprit, la lumière contre les ténèbres, la raison contre l'imagination, la foi contre la raison.

Cette manière de penser par distinctions antithétiques nous semble caractériser l'ensemble de ce que l'on appelle « l'âge classique », qui comprend le classicisme monarchique du Roi-Soleil, le classicisme philosophique du siècle des Lumières, le classicisme réaliste de l'ère bourgeoise. Nous pourrions opposer cette pensée à structure duelle, fondée sur l'exclusion et la clôture, à la pensée de la Renaissance fondée essentiellement sur le principe analogique, et procédant par correspondances et similitudes. Nous pourrions l'opposer, à l'autre bout de la chaîne chronologique, à la recherche unitaire du romantisme ou du surréalisme, qui consiste précisément en un effort pour briser le carcan de la dualité, à partir du moment où il a été senti non comme une forme « naturelle » à l'homme, mais comme une force arbitraire, engendrant toutes sortes de phénomènes pathologiques de « dissociation », depuis la schizophrénie jusqu'à l'aliénation socio-économique.

Quoi qu'il en soit, cette manière de penser se répercute dans le style du discours; la rhétorique cornélienne exprime une exploitation complaisante de l'opposition et de l'accolement des termes antithétiques :

> Que je sens de rudes combats!
> Contre mon propre honneur mon amour s'intéresse
> Il faut venger un père, et perdre une maîtresse :
> L'un m'anime le cœur, l'autre retient mon bras [37]...
>
> Mon esprit, embrassant tout ce qu'il s'imagine,
> Voit tantôt mon bonheur, et tantôt ma ruine,
> Et suit leur vaine idée avec si peu d'effet
> Qu'il ne peut espérer ni craindre tout à fait [38]...

Plus complexe, mais de même nature oppositionnelle est le conflit racinien entre le désir possessif et la résistance de l'autre : les pulsions dominatrices de l'individu et la discipline d'un ordre social, pensé en termes métaphysiques de destin, jouent le jeu que nous avons rencontré dans les exemples précédemment cités. C'est évidemment la rhétorique pascalienne qui portera au plus haut point le jeu des « contrariétés » qu'il croit déceler en « l'homme », et qui en fait résultent d'une manière de penser par catégories oppositionnelles et schémas conflictuels.

A ce point de vue, la distinction opérée entre baroque et classicisme nous paraît très arbitraire, car on retrouve cette exploitation rhétorique, avec ses prolongements effectifs et métaphysiques, aussi bien chez des auteurs classés parmi les baroques que chez des auteurs reconnus pour classiques. On ne voit pas la différence entre les conflits des *Stances de la Mort,* et ceux de l'*Apologie du christianisme.* Opposer la complaisance des baroques pour les schémas conflictuels

---

37. Corneille, *Le Cid,* I, 6.
38. Corneille, *Polyeucte,* III, 1.

à l'opposition strictement tactique qui en est faite par les classiques n'est pas juste non plus : le déchirement intérieur est beaucoup mieux senti et développé dans ses conséquences dramatiques chez Racine que chez Corneille, par Pascal que par Descartes. Il faut établir une sélection arbitraire d'auteurs pour dire que l'âge baroque serait celui de la prise de conscience et de la mise en forme discursive des conflits — avec les images de l'homme partagé, assailli, tenté —, alors que l'âge classique serait celui de la hiérarchisation et du choix entre les deux termes du conflit. La contradiction serait intériorisée et assimilée, puis dépassée par une opération dialectique : dialectique de la *catharsis* racinienne ou « embarquement » et « pari » pascalien. Dès lors le comportement de révolte et d'insoumission ferait place au conformisme et à la soumission « raisonnée » qui assurerait le triomphe de l'ordre socio-politique. Le baroque serait une manière de mettre en scène le conflit, le classicisme une manière de le mettre en cage : dans les deux cas, nous avons la même structuration de la pensée à défaut de la même représentation. Il convient, nous semble-t-il, de ne pas nous laisser prendre nous-mêmes au piège de la pensée par exclusion et clôture : penser de manière antithétique et complémentaire les termes de baroque et de classicisme consiste précisément à cultiver l'illusion mentale que nous relevons dans les productions et les faits précédemment envisagés.

Le processus d'hyperbolisation et l'esthétique de la « disproportion »

Revenons sur la figure de l'antithèse : au point de départ, nous avons une opposition entre le *moi* et le *non-moi,* désigné généralement sous le vocable de « monde ». Le monde extérieur, rejeté hors de cet enclos qu'est le moi, est dès lors perçu comme hostile par définition, puisqu'il est le centre et le dépôt de tous les éléments inassimilables. Le deuxième fait frappant est la disproportion établie entre les forces du moi et celles du non-moi : l'ennemi détient des pouvoirs occultes considérables et des forces disproportionnées avec celles du moi. Dans cette disproportion réside l'angoisse d'être, le sentiment d'infériorité et de persécution d'une conscience qui ne se sent pas à l'abri derrière ses clôtures et résiste avec difficulté aux assauts conjugués de la chair, de l'esprit, de l'Ange révolté et de ses émissaires. Nous avons donc un premier stade de l'hyperbolisation qui s'appuie sur des fantasmes de persécution qui développent l'importance et l'hostilité de tout ce qui a été exclu du territoire privé du moi. Nous appellerons cette première forme d'hyperbolisation l'hyperbole d'infériorité, dans la mesure où elle est fondée sur un déséquilibre dans lequel le *moi* se trouve diminué.

Une deuxième phase de l'hyperbolisation nous semble compensatoire par rapport à la première; il s'agit tout simplement d'un renversement des deux termes de la disproportion : réactions mégalomaniaques pour compenser l'angoisse d'infériorité. La « gloire » cornélienne, et les types du « glorieux » et du « matamore » trouvent ici leur point d'application. Les visions angéliques et béatifiques de Jeanne des Anges nous semblent de la même veine et exprimer des fantasmes paranoïdes·dans un contexte de sécurité, qui ont les mêmes éléments de détermination que les fantasmes paranoïdes de persécution qui les avaient précédés.

Il nous semble qu'il faut ajouter une troisième phase que nous pourrions qualifier d'hyperbolisation de l'ordre. La dialectique du jugement à l'égard de soi-même fait ressortir une contradiction entre l'attitude d'infériorisation du *moi* (hyperbolisation de l'anxiété) et son attitude d'exaltation (hyperbolisation du glorieux) : de là, à nouveau, les jugements pessimistes à l'égard d'un *moi* incapable de stabilité : Apparition d'un troisième élément d'hyperbolisation : l'idéalisation de toutes les formes et symboles du *sur-moi* (Dieu, le Roi, l'Ordre Social) devant lesquelles s'infériorise et se « soumet » le moi à nouveau infériorisé. Dans le sonnet de Sponde, c'est « Dieu » qui détient ce rôle, dont la puissance va être développée dans plusieurs vers rapportés, et l'histoire de Loudun, exploitée pour le triomphe de l'ordre établi, se terminera par des visites au Cardinal et à la Reine.

L'expression allégorique et les figures de la dissimulation

Nous avons été frappés, dans la narration de ces faits et la description de ces documents, par l'importance de l'expression métaphorique et de la pensée par images. Pourquoi ce privilège accordé à l'expression symbolique?

Le discours par images nous semble lié essentiellement à une manière de glissement ou de transfert visant à détourner les interdits. L'expression symbolique est le résultat d'une répression d'ordre psychologique.

Nous retrouvons donc les deux termes de l'antithèse : pulsions/répression. Les pulsions choisissent une voie psychodramatique pour s'exprimer sous une forme camouflée. Voilà pourquoi la mise en scène et les jeux du théâtre ont un si grand rôle. Le théâtre permet de jouer ses problèmes sans les exposer sous leur forme directe. Dans la gravure de Callot et l'affaire des possédées de Loudun, nous avons été frappés par l'importance de l'élément sexuel : or le vocabulaire de la sexualité n'est nulle part employé. Par contre, nous avons une utilisation considérable de métaphores d'ordre religieux ou de représentations graphiques à substrat théologique, qui sont porteuses de messages codés de signification sexuelle. Les désirs pulsionnels utilisent ainsi pour s'exprimer des séries lexicales parallèles, main, arme, flèche, substituées au sexe masculin, baume substitué au sperme, enchaînement de formes substitué à l'image du coït. Le point de départ de ce type de langage est la structure duelle conflictuelle qui détermine une forme de réaction par pulsions latérales destinées à contourner l'interdit.

L'utilisation de ce langage métaphorique, symbolique, allégorique pourrait bien être en rapport avec ce que l'on a appelé « l'illusion » de l'univers baroque ou le thème de « la vie est un songe ». Le procédé allégorique est un procédé de camouflage : un masque. Un masque déroutant car le symbolisme est par nature caractérisé par sa polyvalence sémantique. Nous avons un langage où les mots ne renvoient pas à leur signifié par voie directe, mais utilisent toutes sortes de détours pour désigner des choses multiples qui se superposent. Il y a analogie entre ces figures du langage et l'importance revêtue par des procédés dramatiques ou éthiques comme le dédoublement, le masque, le discours ou la conduite ambigus. En effet ce qui est inscrit dans ce discours plurivoque, c'est une morale de l'ambiguïté. C'est dire que

127

nous retrouvons une structure duelle, non point sous forme d'un conflit, mais d'une duplicité. L'importance des êtres doubles (Dom Juan « grand seigneur méchant homme », Tartuffe ou « l'imposteur ») et de la morale de l'ambiguïté (voir les textes les plus célèbres des *Provinciales*) sera une caractéristique de l'âge baroque : c'est l'*homo duplex* qui retrouve une de ses incarnations.

Là encore il nous semble arbitraire d'opposer le baroque au classicisme, car si Boileau appelle « un chat un chat » et si Chrysale préfère la bonne soupe au beau langage, il n'en reste pas moins que la dualité immanente à l'homme et ses conflits internes réapparaissent sous une autre forme. Le réalisme classique et bourgeois a pu briser les miroirs baroques et faire des périphrases précieuses un divertissement de comédie, la structure duelle est demeurée. La véritable révolution sera apportée par les recherches unitaires spiritualistes du romantisme ou par les recherches du matérialisme pour briser le creuset où se forgent toutes les formes du masque, du jeu, de l'ambiguïté, de l'illusion, du mirage, qui font de la quête de l'être un perpétuel jeu de renvois d'images comme dans un labyrinthe à miroirs.

Ce sont ces figures du discours — structure duelle antithétique, processus d'hyperbolisation, expression allégorique — que nous voudrions désormais étudier avec plus de précision, en élargissant notre champ d'investigation en dehors des trois documents dont nous avons proposé l'étude.

Rhétorique
les Mots et la Tribu : structures verbales, structures mentales, structures sociales

Une figure d'opposition : l'Antithèse.
Dualité, « contrariété », perméabilité des contraires

Antithèse :

> L'Antithèse oppose deux objets l'un à l'autre, en les
> considérant sous un rapport commun, ou un objet à lui-
> même en le considérant sous deux rapports contraires.
> P. Fontanier, *Les Figures du discours*

« Contrariétés » :

> Bref, dans cette guerre
> La terre était au ciel et le ciel en la terre
> Du Bartas, *La Semaine*

> Le débat de mes sens, mon courage inutile
> Qui font de ma raison une guerre civile
> D'Aubigné, *Le Printemps*

> La misère, se concluant de la grandeur, et la grandeur
> de la misère...
> Pascal, *Pensées*

La réversibilité des contraires; sur une antithèse de l'époque baroque : « être est ne pas être »
La fameuse question shakespearienne : *to be or not to be*,
n'est qu'un fragment d'une interrogation plus intense et plus

complexe que s'est posée l'époque tout entière. Être ou ne pas être? La question est trop simple pour être claire. Qu'est-ce qu'être? L'essence ne peut être séparée de la vie, de l'existence, et la vie ne peut l'être de la mort : être est ne pas être. Ou alors il faudra décréter que l'essence se distingue de l'existence, et l'on aboutit à des formulations encore plus bizarres. Nous voudrions mettre en valeur ce jeu de dissociation et de superposition des deux éléments antithétiques qui définissent le problème.

● **Florilège de préciosité métaphysique.** Nous pourrions dès maintenant constituer un florilège de préciosité métaphysique sur ces jeux d'opposition et d'assimilation de contraires. Ici (chez Jean Oger Gombauld) la réflexion sur l'être aboutit à une constatation de non-être :

> Non, *je ne suis plus rien* quand je veux m'éprouver
>
> le Monarque céleste
> M'a laissé *pour tout être un bruit d'avoir été.*

Pour Martial de Brives, c'est la vie qui apparaît comme un empêchement de vivre :

> Je vis, mais c'est hors de moi-même
> *Je vis, mais c'est sans vivre* en moi

Ou encore (Timothée de Chillac) :

> *Le vivre est un mourir, le mourir est un vivre,*
> La mort est une vie, et la vie une mort :
> Tout se change en changeant de destin et de sort,
> La vie pour mourir, et la mort pour revivre.
>
> Ce qui est, d'un rien prend son être,
> Ils sont compris dans un lien,
> Ce qui est ne peut être rien
> Comme *ce rien ne saurait être.*
>
> *Le monde est, et si n'est pas*
> Ou s'il est, c'est par fantaisie,
> Saurait-on appeler la vie,
> Ce qui fait naître le trépas.

En fait derrière cette préciosité, qui est l'exploitation stylistique de l'ambiguïté et de la dégénérescence sémiologique, se cache quelque chose de beaucoup plus sérieux : c'est la mise en question d'un langage qui recouvre des manières de penser archaïques et inefficaces. La notion d'*être* appartient au vocabulaire scolastique médiéval. La réflexion sur le mot *être* qui est à la base du dogmatisme abstrait met en valeur sa stérilité dans l'appréhension du réel et renvoie à un hors-réel qui est pure création de l'esprit, mais qui, par sa dissociation radicale du réel, permet de neutraliser les effets pernicieux de l'application au réel de vocables inadaptés. La réalité ne répond pas à la question *« qu'est-ce? »*, mais à la question *« que se produit-il? »*. L'idée de production ou d'événement remplace celle d'essence, comme la notion de loi remplace celle de cause, comme le déterminisme remplace l'eschatologie. Ces jeux nous font assister au démontage d'un système d'expression.

• **L'antithèse comme moyen d'analyse** : sur un texte de Montaigne. Dans cette mise hors d'usage du vocabulaire ancien, la figure de la dissociation joue un rôle de premier plan. L'antithèse n'est pas seulement une figure, c'est une méthode d'analyse.

Nous partirons d'un texte de Montaigne (*Essais,* II, XII) qui est une réflexion sur le mot *être.* Ce texte en fait s'inscrit dans une séquence discursive qui aboutit à vider l'*essence* de son contenu concret pour la renvoyer au seul domaine auquel elle puisse s'appliquer proprement, une méta-réalité qui précisément ne sera pas le point d'application de la pensée positive qui est en train de naître. Ainsi neutralisé, l'*être* pourra continuer sa carrière dans le domaine de la transcendance où il n'y a ni concept ni discours signifiants :

> Et puis nous autres sottement craignons une espece de mort, là où nous en avons desjà passé et en passons tant d'autres. Car non seulement, comme disoit Heraclitus, la mort du feu est generation de l'air, et la mort de l'air generation de l'eau, mais encor plus manifestement le pouvons nous voir en nous mesmes. La fleur d'aage se meurt et passe quand la vieillesse survient, et la jeunesse se termine en fleur d'aage d'homme faict, l'enfance en la jeunesse, et le premier aage meurt en l'enfance, et le jour d'hier meurt en celuy du jourd'huy, et le jourd'huy mourra en celuy de demain; et n'y a rien qui demeure ne qui soit tousjours un. Car, qu'il soit ainsi, si nous demeu-

rons tousjours mesmes et uns, comment est-ce que nous nous esjouyssons maintenant d'une chose, et maintenant d'une autre? Comment est-ce que nous aymons choses contraires ou les haïssons, nous les louons ou nous les blasmons? Comment avons nous differentes affections, ne retenant plus le mesme sentiment en la mesme pensée? Car il n'est pas vraysemblable que sans muta-tion nous prenions autres passions; et, ce qui souffre mutation ne demeure pas un mesme, et, s'il n'est pas un mesme, il n'est donc pas aussi. Ains, quant et l'estre tout un, change aussi l'estre simplement, devenant tousjours autre d'un autre. Et par consequent se trom-pent et mentent les sens de nature, prenans ce qui appa-roit pour ce qui est, à faute de bien sçavoir que c'est qui est. Mais qu'est-ce donc qui est véritablement? Ce qui est éternel, c'est-à-dire qui n'a jamais eu de naissance, ny n'aura jamais fin; à qui le temps n'apporte jamais aucune mutation. Car c'est chose mobile que le temps, et qui apparoit comme en ombre, avec la matière coulante et fluante tousjours, sans jamais demeurer stable ny perma-nente; à qui appartiennent ces mots : devant et après, et a esté ou sera, lesquels tout de prime face montrent evidemment que ce n'est pas chose qui soit; car ce seroit grande sottise et fauceté toute apparente de dire que cela soit qui n'est pas encore en estre, ou qui desjà a cessé d'estre. Et quant à ces mots : present, instant, maintenant, par lesquels il semble que principalement nous soustenons et fondons l'intelligence du temps, la raison le descouvrant le destruit tout sur le champ : car elle le fend incontinent et le part en futur et en passé, comme le voulant voir necessairement desparty en deux. Autant en advient-il à la nature qui est mesurée, comme au temps qui la mesure. Car il n'y a non plus en elle rien qui demeure, qui ne soit subsistant; ainsi y sont toutes choses ou nées, ou naissantes, ou mourantes. Au moyen dequoy ce seroit peché de dire de Dieu, qui est le seul qui est, qu'il fut ou il sera. Car ces termes là sont decli-naisons, passages ou vicissitudes de ce qui ne peut durer, ny demeurer en estre. Parquoy il faut conclurre que Dieu seul est, non poinct selon aucune mesure du temps, mais selon une eternité immuable et immobile, non mesurée par temps, ny subjecte à aucune declinaison; devant lequel rien n'est, ny ne sera après, ny plus nou-veau ou plus recent, ains un realement estant, qui, par

un seul maintenant emplit le tousjours, et n'y a rien qui
véritablement soit que luy seul, sans qu'on puisse dire :
Il a esté, ou : il sera; sans commencement et sans fin.

Montaigne se livre ici à une étude sémiologique du verbe
être. Le *« Que Sais-je? »* longuement développé dans
l'*Apologie de Raimond Sebond* se poursuit par un *« Que
Suis-je? »* ou plus exactement, sous sa formulation la plus
abstraite, *« Qu'est-ce qu'être? »*. L'ambiguïté des mots
alimente une curiosité interrogative à laquelle ne répond
qu'un jeu de facettes où l'*être* et le *non-être* se renvoient
leurs attributs morphologiques et métaphysiques. Ce qui
en ressort, c'est l'impossibilité de penser une expérience
concrète en termes d'*être*, si l'on entend par là une qualification abstraite qui définirait une substance hors du temps
et des vicissitudes matérielles. Il n'y a pas de substance
dénommable par le langage. Il y a des faits, des passions,
des mots, auxquels renvoient d'autres mots, dont la succession définit le *vécu,* non l'*être*. Quant à l'*être,* il se trouve
renvoyé hors du réel accessible aux sens et aux mots, dans
un *ailleurs* qui ne peut être défini que par des mots négatifs,
relativement au réel, mais hors de lui. L'absurdité naît, entre
autres, du jeu permanent établi entre le mot *être* et la substance qu'il désigne. Montaigne parle d'un mot, analyse un
mot dans l'univers du discours : or le signifié auquel renvoie
ce mot se situe en dehors de toute détermination discursive.
L'être n'est ni réductible au dire, ni définissable par discours :
le mot être nous reste entre les mains comme une coquille
vide, où l'on n'entend que des bruits du large.

La démarche du raisonnement est fondée sur la dissociation du mot en deux éléments contradictoires, dont
chacun ne contient que le négatif du tout. « La raison, dit
Montaigne, détruit tout sur le champ, car elle le fend incont-
nent et le part [...] comme le voulant voir nécessairement
desparty en deux ». Ce processus de bipartition en deux
éléments, qui nient le tout dont ils sont la partie, semble
caractéristique d'une manière de critiquer le langage, non
point nouvelle, puisque Rabelais l'utilisait dans le *Tiers Livre*,
mais exploitée jusque dans ses plus infimes détails. Ce raisonnement finit par ruiner la raison : entendons par là un

certain type de raison, celle qui prétend penser par catégories abstraites et découvrir les lois des choses dans la syntaxe des mots. Le discours de Montaigne s'avère une manière de nouer des chaînes de raison pour en faire de belles figures auxquelles on s'aperçoit que plus rien n'est attaché.

● **Essence et néantisation.** La première approche de l'*être* se manifeste par une confrontation avec son antonyme. L'un ne peut être pensé sans l'autre, et tous les deux bien séparés finissent par se confondre. L'*être* apparaît comme un signe relatif faisant lui-même partie d'un couple *être/non-être* dont les deux termes sont inséparables et pensés relativement l'un à l'autre. Le verbe être ne peut être pensé ici qu'en fonction de son antonyme qui prend dans le texte la forme de mourir : « nous autres sottement craignons une espece de mort, là où nous en avons desjà passé et en passons tant d'autres ». Mais cette séparation en contraires apparaît comme arbitraire, car Montaigne s'efforce de faire ressortir sous l'antonymie la synonymie des termes, puisque la vie est définie comme une succession de morts passées. Les contraires se confondent avec les semblables, et l'inverse des mots s'identifie à leur reflet : « la mort du feu est génération de l'air, et la mort de l'air génération de l'eau, mais encor plus manifestement le pouvons nous voir en nous mesmes ».

Le terme *vivre,* développé et étendu dans ses éléments analytiques, se manifeste en fait comme une succession de morts et de naissances, et apparaît triplement comme une négation de l'être : par la succession, par la mort qui est fin d'être, par la naissance qui est commencement. La vie humaine n'échappe pas à cette dialectique : « La fleur d'âge se meurt et passe quand la vieillesse survient, et la jeunesse se termine en fleur d'âge d'homme faict ». La vie s'est multipliée en formes diverses : elle a pris visage de jeunesse, de fleur d'âge, de vieillesse, et chacun de ces masques devient à son tour une vie à lui seul : la jeunesse est devenue vieille lorsque la vieillesse arrive à la naissance. Les jeux d'images font ressortir le caractère d'étrangeté de cette vie décomposée en ses éléments et qui n'en finit plus de mourir sous la forme de personnages qui sont des négatifs d'elle-même.

134

Nous sommes là aux origines d'un système d'échange d'attributs entre termes contraires, un système d'équations faites avec des antonymes, dont les poètes postérieurs feront leurs délices : la vie est une mort, la mort est une vie, la lumière est ténèbres, etc...

> L'enfance n'est sinon qu'une sterile fleur
> ....
> Nos jeux que desplaisirs, nos bon-heurs que mal-heur,
> Nos thresors et nos biens, que tourment, et que geine,
> Nos libertez que laqs, que prisons et que chaine,
> Notre aise que mal-aise et nostre ris que pleur.

A cette variation classique de Chassignet (*Le Mépris de la vie,* LIII) sur le thème « la vie est une mort », on peut adjoindre le thème inverse qui fait partie du même système de combinaisons syntagmatiques : « la mort ne peut mourir », ainsi dans des variations symphoniques de d'Aubigné (*Les Tragiques,* VI, 197-204, 209-210) :

> Sa mort ne peut avoir de mort pour recompense
> L'enfer n'eut point de morts à punir cette offense,
> Mais autant que de jours il sentit de trespas :
> Vif il ne vescut point, mort il ne mourut pas.
> Il fuit d'effroi transi, troublé, tremblant et blesme,
> Il fuit de tout le monde, il s'enfuit de soy-mesme.
> Les lieux plus asseurez luy estoient des hazards,
> Les fueilles, les rameaux et les fleurs des poignards.
> ....
> Tout image de mort, et le pis de sa rage
> C'est qu'il cerche la mort et n'en voit que l'image.

Il manque encore la combinaison : *la mort est une vie, la vie est une mort,* qui constitue une triple antithèse à deux niveaux différents. Nous la trouvons par exemple dans ces vers de Sponde :

> Mortels, qui des mortels avez prins vostre vie,
> Vie qui meurt encor dans le tombeau du Corps [1]...

---

1. *Sonnets de la mort*, I.

> O la plaisante mort qui nous pousse à la vie,
> Vie qui ne craint plus d'estre encore ravie!
> O le vivre cruel qui craint encor la mort![2]

Séparation d'un terme en deux antonymes immédiatement superposés, échange d'attributs semblables entre termes contraires. Ce qui en ressort, c'est l'impossibilité de penser le verbe *être* sans son négatif : l'un ne se définit que par rapport à l'autre, mais en même temps échange avec lui ses propres qualités. En définitive et dans ces conditions, rien ne peut être : rien de ce qui est n'est, l'être ne peut être qu'une surréalité. Il n'existe que des qualifications : *être enfant, être jeune, être vieux*. Mais leur succession ne forme pas un être, chaque terme étant le contradictoire de l'autre. Dans cette poursuite effrénée où chaque qualité chasse l'autre, l'être se dissout dans l'absence.

• **Identité et altération.** Une autre confrontation est introduite par l'intermédiaire de la notion de temps : essence et durée. L'être se définit par l'identité à soi-même d'un instant à l'autre de la durée. La notion d'identité ne peut être pensée en dehors du cadre chronologique. Or l'expérience du vécu montre (le vivre est l'intégration de l'être dans le temps) des variations incessantes de l'humeur, du corps, du jugement : « si nous demeurons tousjours mesmes et uns, comment est-ce que nous nous esjouyssons maintenant d'une chose, et maintenant d'une autre? » La succession des instants *(maintenant, maintenant)* et leur altération (le premier n'a pas le même contenu que le second, malgré l'identité du mot) fait ressortir une caractéristique particulière de l'être intégré dans le temps : la variation ou, selon les termes de Montaigne, la mutation. Or la mutation est la négation de la notion d'être : « Il n'est pas vraysemblable que sans mutation nous prenions autres passions; et ce qui souffre mutation ne demeure pas un mesme, il n'est donc pas aussi ».

A ce point du raisonnement, nous avons une opposition accentuée jusqu'à l'incompatibilité entre *être* et *vivre*. La

---

2. *Stances de la mort;* cité in *La Poésie baroque, op. cit.,* tome I, p. 137.

définition d'*être* va donc se faire de plus en plus rigide et abstraite, par différence avec les caractéristiques du vital qui vont se matérialiser et se métaphoriser par des images empruntées aux éléments matériels. En même temps qu'il donne à l'*être* ce tour abstrait et rigide, Montaigne hyperbolise les qualités du réel vital en accélérant le mouvement d'altération :

> c'est chose mobile que le temps, et qui apparoit comme en ombre, avec la matière coulante et fluante tousjours, sans jamais demeurer stable ni permanente...

Nous avons dans ce texte les deux images fondamentales qui alimenteront la « frénésie » du mouvement dans la poésie baroque : l'image de l'ombre (il faudra y joindre celle du vent) et l'image de l'eau introduite par les adjectifs « coulante » et « fluante ». On pourrait compléter le florilège par des exemples variés :

> Notre esprit n'est que vent, et comme un vent volage
> Ce qu'il nomme constance est un branle rétif

Ces mots sont placés dans la bouche de l'Insconstance, dans les célèbres strophes d'Étienne Durand [3]. Et chez Chassignet :

> Est-il rien de plus vain que l'ombrage léger,
> L'ombrage remuant, inconstant et peu stable?
> La vie est toutefois à l'ombrage semblable,
> A l'ombrage tremblant sous l'arbre d'un verger [4].
> ....
> L'eau change tous les jours
> Tous les jours elle passe, et la nommons tous jours
> Mesme fleuve, et mesme eau, d'une mesme manière.

On pourrait continuer très longuement. Ce qu'il importe en fait de souligner, c'est que le sentiment de la fluidité fait partie d'une antithèse dont il n'est qu'un élément séparé : rien n'est fixe dans la vie/ce qui est fixe est hors de la vie. Il convient donc de restituer chacun de ces éléments qui

---

3. Voir *La Poésie baroque, op. cit.*, tome II, p. 104.
4. *Ibid.*, tome I, p. 143.

exprime le mouvement, la métamorphose, l'illusion dans leur contexte global constitué par les antithèses : mouvement de la vie/permanence de l'être, métamorphoses des créatures/ fixité des choses célestes.

Le terme *être* se trouve à nouveau écartelé sur un plan temporel : l'être ne peut être pensé que dans le temps; or le temps contredit la notion d'être. Il est donc nécessaire de créer des catégories hors-réalité pour y intégrer le concept ontologique : le royaume de l'être sera un négatif systématique de l'univers réel, obtenu toujours par dédoublement ou plutôt par redoublement et inversion. Or cette distinction en catégories antithétiques va se répercuter au niveau du langage. Chassignet constatera la distorsion qui existe entre la fluidité de l'être et la permanence du nom :

> Le nom sans varier nous suit jusqu'au trespas
> Et combien qu'aujourd'huy celuy ne sois-je pas
> Qui vivoit hier passé, tousjours mesme on me nomme.

L'intrusion de la permanence dans le cycle vital est le résultat d'une inconséquence du discours. Il faudra donc réviser le vocabulaire : Montaigne appelle ainsi « paraître » *l'être d'un instant,* et relève l'inconséquence des sens qui confondent l'un et l'autre :

> Ains, quant et l'estre tout un, change aussi l'estre simplement, devenant tousjours autre d'un autre. Et par consequent se trompent et mentent les sens de nature, prenans ce qui apparoît pour ce qui est, a faute de bien sçavoir que c'est qui est.

Ce qui est, ce n'est même pas la succession des *paraître* dont la ligne brisée ne peut être assimilée à l'idée que l'on se fait de l'être. Il va falloir opérer une sorte de séparation dans la réalité et distinguer ce qui tombe sous les sens d'une surréalité. Cette distinction en deux plans réalité/surréalité, nature/surnaturel, rationnel/métaraison, sera caractéristique de toutes les compositions et de tous les raisonnements de l'âge baroque.

Il s'ensuit que le verbe *être,* lorsqu'il est intégré dans les lois du discours, est porteur de contresens multiples. Il est structuré morphologiquement par la notion de temps : un verbe se conjugue et par conséquent intègre son contenu à des additions d'ordre temporel; mais pour *être,* c'est détruire le contenu même du mot que de lui donner une dimension chronologique :

> Au moyen de quoy ce seroit péché de dire de Dieu, qui est le seul qui est, qu'il fut ou qu'il sera. Car ces termes là sont déclinaisons, passages ou vicissitudes de ce qui ne peut durer, ny demeurer en estre.

Mais la notion de temps se dissout elle-même par développement de ses parties inverses : le présent est le point de jonction du passé et du futur, c'est dire qu'il n'a aucun être réel, puisqu'il est le point où hier n'est plus et où demain n'est pas encore. Or ni hier ni demain ne sont porteurs d'être, puisque l'un a cessé d'être et que l'être de l'autre n'a pas encore commencé. L'un est l'ombre de l'autre et tous les deux ne sont rien :

> à qui appartiennent ces mots : devant et après, et a esté ou sera, lesquels tout de prime face montrent évidemment que ce n'est pas chose qui soit.

Ainsi l'analyse fait apparaître un univers double dont les deux éléments sont exclusifs l'un de l'autre : d'un côté le temps où l'être ne peut prendre forme, et de l'autre un royaume de l'être qui se situe hors de toute catégorie de la pensée et du discours, et par conséquent ne peut être nommé que négativement :

> une éternité immuable et immobile, non mesurable par temps, ny subjecte à aucune declinaison; devant lequel rien n'est...

Mais cette expression négative garde malgré tout une référence au réel, car elle ne peut s'exprimer que grâce à des mots qui renvoient à cet univers temporel où l'être n'est pas. D'ailleurs Montaigne se trouve amené à donner une définition (impossible) de l'être, par référence métaphorique à des mots temporels : « un realement estant, qui par un seul maintenant emplit le tousjours ». Ainsi la notion d'être qui, en dernière analyse, se trouve en dehors des catégories du discours, ne peut être évoquée que par les termes mêmes qu'elle exclut. Mais ce discours sur l'être ne peut établir rien d'autre sinon que cet objet lui échappe. Le procédé de la conjonction des antithèses atteint ici son dernier degré de complexité et de contradiction.

• Ipséité et aliénation. Ce qui ressort de cette opposition, c'est qu'en définitive nous ne sommes jamais nous-mêmes, mais toujours en deçà ou au-delà : nous courons derrière un être qui nous fuit. Incapable d'identification, l'homme reste à la recherche illusoire d'une identité qui se cache derrière une superposition de masques que chaque instant fait tomber. Si le texte de Montaigne ne dit pas cela, il le suggère néanmoins : il ne sera plus question de rechercher l'être humain dans les catégories de l'être, mais dans celles du paraître et du devenir. C'est là qu'est la vie. C'est pourquoi la fin de l'*Apologie de Raimond Sebond* exprime pour l'homme le refus de la transcendance : le surhumain n'est pas la finalité de l'homme :

> « O la vile chose, dict-il, et abjecte que l'homme, s'il ne s'eslve au dessus de l'humanité ! » Voilà un bon mot et un utile desir, mais pareillement absurde. Car de faire la poignée plus grande que le poing, la brassée plus grande que le bras, et d'esperer enjamber plus que de l'estanduë de nos jambes, cela est impossible et mons-trueux.

On pourrait définir le baroque comme le dernier vestige de ce rêve de surhumanité. C'est une simple question de défini-tion, qui n'échappe pas à l'arbitraire. Mais que fera-t-on alors de cette méthode de prudence et de limitation proposée par Montaigne : la fin de toute recherche ontologique, au profit de la limitation de la relativité et de la subjectivité ? Sera-ce cela le classicisme ? Pour notre part, nous nous refusons à cette dichotomie, et nous constatons chez Montaigne, comme chez ses imitateurs, que la vision de la vie est fondée sur la dualité, et que cette distinction en deux plans est aussi caractéristique du baroque.

• Bilan. Ce que nous voulions montrer, c'est la manière dont la critique rationnelle de Montaigne met en valeur le vide des mots : il suffit de les « partir en deux » selon une des règles les plus élémentaires du raisonnement, pour s'apercevoir que cette dissociation, qui est un des éléments formels fondamentaux de la méthode d'analyse, engendre des contradictions qui ruinent la cohérence du mot. On s'aperçoit ainsi que le mot *être* n'est qu'un mot, et que son contenu renvoie à un au-delà du discours dont les qualités ne peuvent être exprimées que négativement, par le vocabulaire du non-être. Les êtres, ceux qui existent dans la vie, se découvrent n'avoir en eux aucun élément caractéristique de l'être : mutation, altération, aliénation caractérisent ces êtres dont on ne peut cependant mettre en doute l'existence. Cette manière de faire surgir un conflit, d'établir un double niveau de pensée à partir d'un vocabulaire unique nous semble caractéristique d'une nouvelle façon de voir le monde et de raisonner sur lui.

Eschatologie de la dualité;
sur une structure de composition :
la construction des « Tragiques » ou la
dialectique de la géométrie

Un, Deux, Sept : sur des jeux de proportions allant du simple au complexe, et par l'effet d'une combinatoire des éléments, est construit l'échafaudage géométrique dans lequel se formalise l'élan vital qui anime le poème de d'Aubigné. L'Un, c'est le chiffre de Dieu, Point Origine et Point Final; Deux, c'est le nombre de l'Homme, Créé et Déchu, Déchu et Rédimé, Roi sans royaume exilé aux frontières du Ciel et du Mal; Sept, c'est le nombre de la Création et de l'Histoire, figure de l'accomplissement dans l'effort, qui répond aux sept branches du Candélabre, aux sept orbes cosmiques, comme aux sept jours de la cosmogenèse.

• L'Origine et la Fin : l'Un ou l'Histoire de l'Œil. L'Un, c'est la Divinité, première et dernière, Alpha et Oméga, dont l'Œil ouvert dans le triangle symbolique de la Trinité, surveille avec constance l'accomplissement de sa Volonté dans le cours de l'histoire. L'Œil de Dieu est à la fois le garant et le gardien de l'Ordre : c'est par le regard que se maintient l'unité définitive des choses créées.

Ce poème de visionnaire s'ouvre (I, 13-16) sur une éclosion de paupières :

> Mais dessous les autels des idoles j'advise
> Le visage meurtri de la captive Eglise,
> Qui à sa delivrance (aux despens des hazards)
> M'appelle, m'animant de ses trenchans regards.

« Advise », « visage » (et l'on peut déjà reconnaître dans ces mots la présence d'une commune racine qui renvoie au sens de la vue : *visum*), « regards » (qui ajoute en filigrane, par son préverbe, l'idée de réciprocité, et, par son radical, l'image du « gardien ») : les rapports des êtres et des idées sont couverts par la métaphore du regard. De la souffrance à la vengeance, de la blessure à l'épée dégainée, du spectacle tragique à l'action libératrice, tout passe par l'intermédiaire du regard. Cette métamorphose de l'objet en objet regardé s'inscrit dans une tradition métaphysique de la lumière qui, au-delà des poètes métaphysiques ou pétrarquistes du xvie siècle, remonte à Platon. La *Délie* de Maurice Scève n'est rien d'autre qu'un microcosme, un réseau de rayons d'or qui unissent des yeux dans la contemplation amoureuse de la lumière :

> Ce lyen d'or, raiz de toy mon Soleil.
>
> (dizain, XII)

> L'œil, aultresfois ma joyeuse lumiere.
>
> (dizain, XIII)

Et c'est de la lumière que l'Amant puise son être et sa raison d'être :

> Je me recrée au mal ou je m'ennuye,
> Comme bourgeons au Soleil estenduz.
>
> (dizain, CCCCIX)

L'extase qui est métamorphose d'être est avant tout un absolu de la contemplation, où ne demeurent que des yeux et des rayons :

> Comme gelée au monter du Soleil,
> Mon ame sens, qui toute se distille

Au rencontrer le rayant de son œil [...]
En la voyant ainsi plaisamment belle
Et le plaisir croissant de bien en mieulx
Par une joye incongneue, et novelle,
Que ne suis donc plus qu'Argus, tout en yeulx?

(dizain, CCXC)

Là s'arrête la comparaison. *Les Tragiques,* qui reprennent le motif oculaire dans leur ouverture symphonique, ne nous introduisent pas à la lumière rayonnante et cristalline de la beauté délienne. L'œil ne s'ouvre pas sur la lumière, mais sur une nuit illuminée par les feux. Le motif du feu est primordial : le premier paysage évoqué est celui des « Alpes embrasez » (I, 4), l'introduction du protagoniste qu'est le poète est associé au motif du feu (« mon courage de feu » I, 5) qui va très rapidement devenir leitmotiv, jusqu'à ce point de culmination qu'est le livre IV intitulé « Les Feux ». Le feu scelle dans sa chaleur et sa lumière l'union de l'acte et du regard : guidé par les feux nocturnes des astres et des prophètes, le poète a « de jour le pilier, de nuit les feux pour guides » (I, 22), et cette colonne de feux, ressuscitée de l'*Exode,* le conduit à la contemplation du « vrai soleil » (I, 34), identifié à un dieu-moissonneur, tout acte et tout regard. Le motif du feu et celui du regard vont immanquablement interférer, dans ce distique qui les combine symphoniquement (I, 27-28) :

Là où estoyent les feux des prophetes plus vieux,
Je tends comme je puis le cordeau de mes yeux.

Dans le ciel vers lequel se tend le regard du voyant, s'ouvre alors l'Œil divin éternisé dans le triangle symbolique de son identité trinitaire (I, 35-36) :

Tout voyant, qui du haut des hauts cieux
Fends les cœurs plus serrez par l'esclair de tes yeux.

Dès le départ, toute la création est placée sous le regard de cet être « de qui l'œil tout courant, et tout voyant aussi » (I, 39) surveille l'évolution du monde. Dès lors l'Œil de Dieu ne quittera plus la terre, et ses regards acérés seront comme

autant de glaives flamboyants qui frappent de crainte toutes
les créatures :

> ... A l'esclair de ses yeux
> Les cieux se sont fendus...

(III, 140-141)

> La mer fuit et ne peut trouver une cachette
> Devant les yeux de Dieu...

(III, 149-150)

Mais la fuite ne permettra à nul Caïn d'échapper à la lumière
de ce regard (VII, 757-758) :

> Qui se cache, qui fuit devant les yeux de Dieu?
> Vous, Caïns fugitifs, où trouverez-vous lieu?

L'Œil de Dieu est la conscience unitaire et totalitaire du
monde; en ce point solaire d'où partent tous les rayons qui
illuminent le monde et les flèches de lumière qui percent les
serpents cauteleux, les ours emmuselés, et les loups pris en
flagrant délit de prédation, se tient la conscience agissante
et volontaire qui est comme l'*animus mundi*, le revers
actif et masculin de l'« âme du monde ».

L'histoire universelle peut se résumer dans ces échanges
ou ces détournements de regards entre le Créateur et la
chose créée; fuite inutile des malfaiteurs (VII, 764) :

> Vous ne fuirez de Dieu ni le doigt ni la vue.

Visage de Dieu détourné par mépris du cloaque terrestre;
et qui fait « se noircir » la terre (IV, 1417-1419) :

> ... sans ouvrir sa veuë
> Il sauta de la terre en l'obscur de la nüe.
> La terre se noircit d'espais aveuglement.

Promenades lamentables des aveugles, de tous ceux qui ont
(VII, 636-637).

> ... tousjours eu le voile de la nue
> Entr'eux et le soleil...

La hiérarchie des Anges correspond elle-même à des degrés différents d'accès à la lumière (V, 27-32) :

> Les habitants du ciel comparurent à l'œil
> Du grand soleil du monde, et de ce beau soleil
> Les Seraphins ravis le contemployent à veuë;
> Les Cherubins couverts (ainsi que d'une nuë)
> L'adoroyent sous un voile; et chacun en son lieu
> Extatic reluisoit de la face de Dieu.

Entre la source lumineuse de l'Être et les regards fragiles des créatures, l'échange prend la forme privilégiée du « rayon ». Les rayons traversent de leurs traits fulgurants les consciences extasiées :

> ... Il faut tourner les yeux
> Esblouis de rayons, dans le chemin des cieux.
> (VII, 661-662)

> L'air n'est plus que rayons tant il est semé d'anges
> (VII, 720)

La colonne de feu qui troue l'opacité de la nuit joue le même rôle que le rayon (I, 22; V, 528) : le rayon, la colonne enflammée sous forme de flèches de lumière, répète à l'envi l'image du Saint transpercé par les flèches de l'Ange, comme dans la *Sainte Thérèse en extase* du Bernin, expression simultanée du lien et de la distance entre Dieu et ses créatures.

D'Aubigné retrouve en littérature la technique des peintres médiévaux pour peindre sur fond d'or lumineux l'avènement du Royaume. Le poème s'achève sur l'effacement de toute distance entre le regardant et le regardé; en même temps que le regard s'évanouit dans la lumière de son objet, l'être créé s'évanouit dans le sein de son Créateur. Il n'y a dès lors plus de différence entre l'objet et le sujet, entre l'œil et la lumière, tout est réintégré dans l'unité d'un Être qui se confond avec la lumière absolue (VII, 1209-1212) :

> Chetif, je ne puis plus approcher de mon œil
> L'œil du ciel; je ne puis supporter le soleil.
> Encor tout esbloui, en raisons je me fonde
> Pour de mon ame voir la grand' ame du monde.

Tous les mots ne mènent qu'à ce silence qui est la Parole même de Dieu. Tous les regards avides et toutes les choses vues s'évanouissent dans une dernière vision; l'Œil de Dieu, grand ouvert sur la blancheur éternelle de l'après-livre, et qui ne peut contempler que sa propre grandeur, dans un au-delà du langage (VII, 1216-1219) :

> Le cœur ravi se taist, ma bouche est sans parole :
> Tout meurt, l'ame s'enfuit, et reprenant son lieu
> Extatique se pasme au giron de son Dieu.

La mer s'en est allée avec le soleil, elle est retrouvée, l'éternité, et avec elle l'unité primordiale et finale, Alpha et Omega.

Cette histoire de l'Œil manifeste l'importance de l'Un dans la construction du poème; les feux et les regards, unis au début de l'œuvre, sont définitivement séparés : le feu fait « aux enfers office d'élément », cependant que la lumière est le privilège des élus. Ici, il n'y a plus de ténèbres, ni jour ni nuit, ni ombre ni lumière, mais l'éternelle clarté d'une vie « sans muances », où le désir est sans absence, où « les fruits et les fleurs ne font qu'*une* naissance » (VII, 1208). On ne peut plus penser par couples et par contraires; contradictions et dédoublements, divisions et multiplications, tous ces efforts de l'être imparfait pour atteindre à l'Être ont désormais trouvé leur solution. Mais ce n'est là que la leçon de l'après-livre et de l'après-vivre. Le discours, comme la vie, qui sont tous les deux de ce monde, sont structurés par la forme duelle, qui est le signe de l'être historique.

• L'être incarné : le Deux ou le fondement tragique de l'existence. La bipartition se réalise selon deux axes symboliques principaux, riches de toutes sortes de connotations intellectuelles et spirituelles. L'espace, et sa géométrie codée, est organisé comme un concept et sa syntaxe d'idées.

L'opposition fondamentale entre le Ciel et la Terre se fait selon un axe vertical, où s'établissent les divers degrés de la connaissance et de l'existence. Cette opposition initiale entre le Bas et le Haut s'enrichit de toutes sortes d'oppositions complémentaires, lumière et ténèbres, grâce et pesanteur, impureté et transparence, puissance et orgueil, justice et tyrannie, ainsi dans (IV, 1419-1420) :

> La terre se noircit d'espais aveuglement
> Et le Ciel rayonna d'heureux contentement

L'opposition initiale entre la terre et le ciel se conjugue à une antithèse lumineuse : « rayonner », qui s'oppose à « noircir ». A la transparence immatérielle du rayon s'oppose l'opacité de la terre appelée par l'adjectif « espais » et le substantif « aveuglement ». Mais l'utilisation de la forme pronominale du verbe « se noircit » introduit un élément sémantique nouveau, celui que nous trouvons dans la métaphore « prendre ombrage » : de là une troisième dimension oppositionnelle entre « se noircit » et « heureux contentement ».

Même lorsqu'il y a une alliance objective entre la Justice du Ciel et l'harmonie de la terre, la conjonction des deux termes est perçue sous une forme antithétique (I, 1379-1380) :

> Frappe du Ciel Babel : les cornes de son front
> Desfigurent la terre, et lui ostent son rond.

La terre et le ciel restent des lieux opposés à partir desquels s'élancent les deux protagonistes de l'œuvre, qui en l'occurrence sont des antagonistes : l'Éternel céleste et la Babel terrienne.

A cet axe s'ajoute, sur le plan de l'horizontalité, une opposition entre la droite et la gauche, enrichies de diverses connotations d'ordre moral ou métaphysique :

> O tribus de Juda ! Vous estes à la dextre;
> Edom, Moab, Agar tremblent à la senestre.
>
> (VII, 738-739)
>
> A droite, l'or y est une dépouille rare.
>
> (VII, 855)
>
> A sa gauche ces mots, les foudres de son ire.
>
> (VII, 884)

La partition spatiale n'est en fait qu'un acte préliminaire à l'opposition des parties. Ce processus divisionnaire est le tremplin d'un processus oppositionnel, qui fait des frères séparés des frères ennemis. C'est là la base d'une pensée par essence dramatique, qui métamorphose les divergences en rapports conflictuels. Les quatre directions fondamentales de l'espace servent moins à s'orienter qu'à constituer des couples antithétiques, Haut et Bas, Gauche et Droite, qui font du champ spatial une arène, et transforment le champ historique en guerre permanente.

On peut suivre au niveau de l'ensemble, comme au niveau du détail, cette bipartition qui sert de base à toutes les antithèses du discours : la dualité étant la loi des choses, le vocabulaire se répartit en groupes lexicaux antithétiques qui se déterminent sans arrêt par les relations antonymiques. La notion d'Église est pensée sur deux plans différents : à l'organe administratif de l'Église catholique, d'Aubigné oppose le petit nombre des élus qui, soumis au rythme de l'Histoire, ont constitué, avant l'éclatement de la Vérité, le lien de continuité entre le prophétisme biblique et le prophétisme d'aujourd'hui. D'un côté, la puissance, la gloire, le triomphe, qui n'est que fausse puissance, fausse gloire, faux triomphe, masques de l'injustice, de l'orgueil, de la défaite. De l'autre, le silence, les persécutions, les humiliations, qui sont manifestations de la Parole, de l'élection, de la gloire. Ces distinctions théologiques et morales s'organisent autour d'un axe dont les deux pôles sont l'être et le paraître : l'image du masque contient en elle cette dualité apparaissant en l'occurrence comme une duplicité. La superposition du masque et du visage trahit l'opposition entre l'un et l'autre; faire tomber les masques, ce sera se livrer à la même répartition des qualités en groupes antithétiques, pour un affrontement à mains nues et à visage découvert.

Le christianisme, héritier du judaïsme, est à l'origine de la division de l'Histoire en deux plans différents : ciel et terre, histoire profane et histoire sacrée, nature et surnaturel. Le calvinisme accentue jusqu'à la rupture cette distance qui sépare les faits humains et les desseins de Dieu. *Les Tragiques* se déroulent ainsi sur deux plans : Ciel et Terre, dont les protagonistes sont Dieu et le Diable. Le destin et la nature de l'homme sont par essence ambigus, car sa condition se définit par le point de recoupement des influences contraires de Dieu et du Démon : le masque, le mensonge, l'hybridation, la flatterie, tous ces « êtres-doubles » sont le signe même d'un manque d'être. Le but du poète-prophète est de forcer à un choix, qui en réalité n'est que l'effet d'une prédétermination. Le dénouement de la divine tragédie sera précisément la séparation définitive de l'univers en deux camps séparés et, dans l'éternité, imperméables l'un à l'autre. Les récits historiques sont encadrés par des visions célestes. D'Aubigné, fidèle à la tradition calviniste de la transcendance absolue de Dieu, insiste sur l'écart qui sépare les voies humaines et les impératifs divins; les victoires en ce monde ne sont pas signes d'élection ou de justice. La dualité qui structure sa vision de l'Histoire demeure même après l'avènement du Royaume Céleste : l'Enfer est vaincu, mais il continue à être. Cette vision de l'univers n'est pas propre au calvinisme; on la trouve tout au long de l'époque baroque, dans les tableaux du Greco comme dans le théâtre religieux : la destinée de l'homme est perçue dramatiquement parce que sa condition est précisément le partage.

Au niveau du détail, nous aurons une multiplication du même schéma : parmi les antithèses multipliées dans le discours métaphorique, nous retiendrons quelques figures qui se manifestent avec une récurrence révélatrice.

C'est d'abord le mythe des frères ennemis, qui s'intègre dans l'archétype d'une *Thébaïde*. Mais plutôt que de s'inspirer de l'exemple des fils d'Œdipe, c'est du côté d'Israël que d'Aubigné cherche ses références : Esaü et Jacob, Abel et Caïn sont l'image archétypale de la lutte qui ensanglante le monde (I, 97-110) :

> Je veux peindre la France une mere affligee,
> Qui est entre ses bras de deux enfans chargee.
> Le plus fort, orgueilleux, empoigne les deux bouts
> Des tetins nourriciers; puis, à force de coups
> D'ongles, de poings, de pieds, il brise le partage
> Dont nature donnoit à son besson l'usage;
> Ce volleur acharné, cet Esau malheureux
> Faict degast du doux laict qui doit nourrir les deux,
> Si que, pour arracher à son frere la vie,
> Il mesprise la sienne et n'en a plus d'envie.
> Mais son Jacob, pressé d'avoir jeusné meshui,
> Ayant dompté longtemps en son cœur son ennui,
> A la fin se défend, et sa juste colère
> Rend à l'autre un combat dont le champ est la mere.

Ce texte constitue une variation particulière sur un motif répandu dans la littérature d'époque. Un sonnet que Pierre de l'Estoile reproduit dans son *Journal,* en date de 1575, *La France allaite encor deux enfants aujourd'hui,* constitue une première version du tableau. Ronsard, dans la *Continuation des misères* (1562) avait vulgarisé la comparaison de la France à une femme dépouillée de ses richesses et meurtrie : Du Bartas, Jean de La Taille, Amadys Jamyn, Robert Garnier la rappellent dans leurs complaintes et élégies. A cette image vulgarisée, d'Aubigné combine une interprétation allégorique, répandue chez les protestants, de l'histoire d'Esaü et de Jacob, assimilés respectivement aux deux partis adverses. En fait l'archétype de la Thébaïde permet de poser sous une forme allégorique quelques problèmes d'ordre politique et économique qui caractérisent la vie à la fin du xvie siècle. D'abord le pluralisme politique et idéologique : c'est un fait qui est un scandale pour des esprits habitués à un type de pensée unitaire et totalitaire, mais la réalité s'inscrit en dehors des habitudes de pensée érigées en principes rationnels. Il faudra ou bien admettre ce pluralisme et une tolérance, une coexistence mutuelle, ou bien s'installer dans un état de guerre sans solution : la volonté d'un retour tyrannique à l'unité conduit les deux partis au néant, symbolisé par la dévastation du sein maternel. Réduire à l'unité, c'est réduire au néant, telle est en définitive la signification logique de cette parabole à base de nombres. A cette critique de l'unité totalitaire, se joint une contestation de la primauté : la responsabilité du différend incombe en définitive à Esaü, l'aîné selon la chair, mais qui n'est point le premier selon l'esprit (le même schéma se retrouve dans l'histoire d'Abel et Caïn). On peut y voir en lignes assez claires une apologie pour la séparation des pouvoirs, spirituel et temporel, qui était une revendication fondamentale des protestants dans les pays où ils étaient minoritaires.

L'utilisation que fait d'Aubigné de l'histoire d'Abel et de Caïn contient le même message (VI, 178-184) :

> Ainsi Abel offroit en pure conscience
> Sacrifices à Dieu, Caïn offroit aussi :
> L'un offroit un cœur doux, l'autre un cœur endurci,

L'un fut au gré de Dieu, l'autre non agreable.
Caïn grinça des dents, palit, espouvantable,
Il massacra son frere, et de cet agneau doux
Il fit un sacrifice à son amer courroux.

Le champ maternel est ici abandonné : il s'agit d'une rivalité devant le père. Mais le schéma est le même : le refus de
Caïn d'être le second (qui équivaut à la volonté refoulée
d'être le premier) conduit à l'anéantissement. Voulant être
unique, il se condamne à n'être rien. L'allégorie constitue une
paraphrase sur ce thème qui est scandale pour la raison
(entendons pour une raison qui pose en principe rationnel ses
exigences unitaires, autoritaires, totalitaires) : *Deux moins
Un égalent Zéro*. L'anéantissement d'Abel signe l'anéantissement de Caïn. C'est, si l'on veut, une autre manière de
dire qu'il n'existe qu'un principe unitaire, et que celui-ci gît
en Dieu. La signification politique, fondée en théologie, de
l'allégorie est donc parfaitement claire. La figure des frères
ennemis constitue un cadre d'insertion métaphorique du
concept de division : la mère ou le père correspondent à
l'unité originelle; la rivalité des frères est déterminée par une
volonté mal comprise d'un retour prématuré à l'unité, au
niveau filial — comprenons, au niveau politique; les résultats
de cette attitude sont la dévastation du champ maternel ou
la malédiction paternelle, désert terrestre ou silence de
Dieu. La conclusion, c'est que « l'unité gît en Dieu », selon
l'expression de Du Bartas, et que toute tentative pour ins-
taurer cette unité au niveau de l'histoire humaine ne peut être
que tyrannie.

Au récit du meurtre d'Abel se superpose dans *Les Tragiques* une métaphore : celle des loups et des agneaux, qui
s'intègre elle-même dans un groupe plus vaste que nous pouvons dénommer « *la gueule* et *la proie* ». Deux séries antithétiques de mots peuvent être groupées sous les rubriques
de la dévoration et de la prédation (VI, 157-177) :

De Caïn fugitif et d'Abel je veux dire
Que le premier bourreau et le premier martyre,
Le premier sang versé on peut voir en eux deux :
L'estat des agneaux doux, des loups outrecuideux.
En eux deux on peut voir (beau pourtrait de l'Eglise)

Comme l'ire et le feu des ennemis s'attise
De bien fort peu de bois et s'augmente beaucoup.
Satan fit ce que fait en ce siecle le Loup
Qui querelle l'agneau beuvant à la riviere,
Luy au haut vers la source et l'agneau plus arriere.
L'Antechrist et ses loups reprochent que leur eau
Se trouble au contreflot par l'innocent agneau;
La source des grandeurs et des biens de la terre
Decoule de leurs chefs, et la paix et la guerre
Balancent à leur gré dans leurs impures mains :
Et toutefois, alors que les loups inhumains
Veulent couvrir de sang le beau sein de la terre,
Les pretextes communs de leur injuste guerre
Sont nos autels sans fard, sans feinte, sans couleurs.
Que Dieu aime d'enhaut l'offerte de nos cœurs,
Cela leur croist la soif du sang de l'innocence.

Les antithèses se succèdent et se superposent à une cadence
rapide, et selon un procédé accumulatif caractéristique de la
rhétorique baroque : c'est d'abord l'image de la plaie et du
couteau, incluse dans l'allusion au sang versé (v. 159), développée par l'opposition entre le martyr et le bourreau (v. 158);
puis viennent successivement l'image des loups et des
agneaux, du feu et du bois (v. 162). Après quoi le poète développe son idée en jouant sur plusieurs claviers à la fois :
simultanément se manifestent les allusions aux loups et à
la puissance diabolique (Satan, v. 164, l'Antechrist, v. 166);
au motif des « biens de la terre » est associée « l'eau de la
rivière », témoignant par là de l'affinité des thèmes terriens
et aquatiques pour la détermination du champ maternel; on
pourrait joindre encore l'opposition entre l'agressivité verbale des « loups » et les plaintes sereines des agneaux méta-
morphosées en « offerte », cependant que secondaire-
ment se crée une opposition d'éléments liquides entre le
sang et l'eau, selon un schéma développé symboliquement
dans l'épisode de l'Océan ensanglanté (V. 1447 sqq).
L'effet accumulatif reste néanmoins soumis à un ordre
convergent : la forêt baroque des métaphores n'est nulle-
ment un labyrinthe où l'on se perd; toutes les images se
combinent pour mettre en relief la signification de l'apologue.
Multiplicité et convergence, tels sont les moyens stylistiques

mis au service de l'illustration des rapports de tyrannie (ou de servage) établis entre les animaux ennemis.

On pourrait multiplier les références, et souligner les rapports selon lesquels sont liés le ver et la chair, le serpent et le talon, la fleur et la faux, le chasseur et le gibier. On relèverait l'attirance qu'exercent sur l'imagination de d'Aubigné les motifs de la morsure et de la piqûre : le bestiaire de d'Aubigné, dans les passages polémiques de l'œuvre, se hérisse de griffes et de dents, ce qui *mutatis mutandis* pourrait permettre une comparaison avec celui de Lautréamont.

La dualité et le rapport conflictuel sont le signe d'un état, théologiquement parlant, de la créature : la division est le signe d'un irrémédiable péché, et elle est sentie comme telle; mais d'une manière concomitante elle apparaît comme une nécessité, car toutes les entreprises d'unification manifestent leur caractère de tyrannie. L'unité n'est pas de ce monde : il faut la main de Dieu. La suppression physique de la victime est la condamnation morale du bourreau : *deux moins un égalent zéro.*

• L'évolution de l'Histoire : le Sept ou la dialectique de l'accomplissement. Entre le point originel, l'Alpha ou la plénitude d'un Dieu porteur de sa création, et le point final, apothéose de la totalité divine réintégrée à elle-même, se déroule tout l'alphabet. *Les Tragiques* suivent le développement en sept étapes — autant de chants qu'il a fallu de jours pour créer le monde — d'un chemin de croix qui est aussi un chemin de gloire et conduit vers une apocalypse qui s'appelle l'aurore. La microgenèse du poème renvoie à la *Genèse* qui renvoie elle-même à cette *Seconde Semaine* qu'est l'histoire du monde.

Dans la lettre « Aux lecteurs », d'Aubigné s'est expliqué sur la disposition générale de son ouvrage : « la matière de l'œuvre a pour sept livres sept titres séparés, qui toutefois ont quelque convenance, comme des effets aux causes ». Ces livres se nomment dans l'ordre : *Misères, Princes, La Chambre Dorée, Les Feux, Les Fers, Vengeances, Jugement.* Sept étapes où peut se lire en filigrane une dialectique du crime et du châtiment.

Le nombre *sept* est chargé d'un sens symbolique et mystique. Si d'Aubigné ne s'est pas expliqué là-dessus, ses contemporains (et ses coréligionnaires) l'ont fait pour lui : les spéculations de *Jugement* concernant la date de la fin du monde montrent que les problèmes d'arithmosophie ne lui sont pas étrangers : « Nul ne pourra donner raison des choses, disait Florimond de Raimond (*L'Antichrist*, chapitre XX), s'il est ignorant du nombre ». On a voulu voir dans la composition septénaire l'illustration des sept manifestations de Dieu : c'est hypothétique, si l'on veut trop préciser les détails; c'est vraisemblable, si l'on s'en tient à la signification générale du nombre. « Ce nombre, écrit toujours Florimond de Raimond (*Ibid.*, chapitre XXIV), est comme l'image et le portrait de la divinité, parce que c'est le nombre seul qui n'engendre non plus qu'il n'est engendré [...] Ce nombre est aussi appelé le judiciel parce qu'en iceluy se font communément les mutations et renouvellements ». La spéculation sur les nombres est, au cours du XVIe siècle et au début du XVIIe, un élément important pour la compréhension d'une histoire conçue comme une sorte de géométrie mystique, à base de mesures géométriques et d'affinités mathématiques entre les événements. Des ouvrages comme le *Traité des Chiffres* de Blaise de Vigenère (1586) nous renseignent sur la symbolique des nombres. D'Aubigné s'interroge et s'explique dans *Les Tragiques* sur le code mathématique des prophéties.

C'est une idée généralement répandue que l'histoire universelle est la reproduction de la cosmogonie relatée dans la *Genèse :* aux sept jours de la création du monde, répondent les sept ères de la *Seconde Semaine* qu'est l'histoire du monde. La dernière, le Sabbat, correspondrait au Millenium; ou, pour d'autres interprètes, à l'éternité retrouvée à la fin des temps. Les *Histoires Ecclésiastiques* des premiers temps de la Chrétienté avaient en général adopté cette division que les « chronographes » et historiens protestants au XVIe siècle reprirent à leur compte : la chronologie de Funck, l'histoire universelle de Carion et Melanchthon, les *Centuries de Magdebourg* écrites sous la direction du luthérien Flacius Illyricus. La division en sept ne correspond pas chez d'Aubigné à une succession strictement chronologique : mais précisément sa conception de l'histoire n'a rien de linéaire, il y a une appréhension en profondeur du fait historique qui est recherche de situation dans un système d'explication théologique. On ne peut nier néanmoins que cette disposition en sept corresponde au symbole d'une marche, d'une avance vers un point final (le livre VII) à partir d'un point présent (le livre I), selon une double perspective : la persécution des Élus ici-bas et leur triomphe dans le Ciel. La division en sept est caractéristique des épopées qui décrivent le travail de la première ou de la deuxième semaine du monde, qu'il s'agisse des poèmes de du Bartas, de Christophe de Gamon; c'est aussi une caractéristique des *Histoires Universelles* fondées sur la distinction en sept ères. D'Aubigné, auteur d'un poème cosmogonique, *La Création*, et d'une *Histoire Universelle*, ne pouvait ignorer le dynamisme de l'accomplissement contenu dans le septénaire. Mouvement, violence, les tumultes de l'Histoire se répartissent suivant une chaîne de causes, dont le rythme se calque sur l'ordre septénaire du discours poétique et débouche sur l'apothéose de Dieu.

Marcel Raymond oppose aux images hiératiques de l'*Apocalypse* les mouvements qui animent les créatures du *Jugement*. *Les Tragiques*, par la nature de leur sujet, qui est l'histoire d'une lutte, mettent en jeu des forces plus que des formes. Toute représentation se mue en énergie; tout acte est saisi comme la marque d'une tension. *Les Tragiques* reproduisent implicitement le schéma d'une nouvelle cosmogonie qui irait non du néant à l'être, mais du non-sens au plein sens, de la dénaturation sous l'effet du péché à la restauration de la nature par la fidélité dans les épreuves. Cette évolution n'a rien d'irénique : elle est le fruit d'une victoire douloureuse sur les forces du mal. Le mouvement fait partie de la matière de l'œuvre, puisque la marche vers le dévoilement des derniers jours est une marche dynamique, en acte.

Cette dynamique de l'Histoire se fait sentir même au niveau des détails. La terre, qui est par excellence l'élément stable, s'ouvre en chemins, en sentiers, en routes. L'air est perçu à travers des images de flèches, de vents, de nuages. Le feu est par excellence l'élément mobile, comme l'eau enflée de tempêtes ou crevant de déluges.

Le mouvement atteint les structures de composition même des tableaux. Les verticales, qui associent au mouvement l'idée d'une chute ou d'une ascension, ont le pas sur les lignes horizontales. Ainsi le palais de justice de *La Chambre Dorée* est réduit à une dimension, la hauteur, suggérée par les tours, les cimes, le ciel. Les angles sont aigus et toutes les lignes tendent vers le haut. A ce mouvement ascendant, d'Aubigné combine un mouvement descendant de la part de l'observateur : Dieu, qui examine l'édifice, est lui-même en mouvement. La ligne courbe est un élément caractéristique des constructions architecturales et des représentations plastiques de d'Aubigné : « arcs voutez », visages ridés, boursouflures de l'habit, rochers crevassés, évoquent les gravures expressionnistes d'un Dürer ou d'un Goltzius. Les cortèges défilent, les batailles se déroulent sous nos yeux, les massacres s'organisent. Le verbe, moteur de l'action, porteur de l'élément temporel, joue plus que jamais un rôle de diffusion du mouvement à l'intérieur des phrases.

Au mouvement qui est changement de place, on peut joindre la métamorphose qui est changement de forme. « Il n'y a rien, dit d'Aubigné, sous le haut firmament perdurable en son être ». Usage presque constant des verbes de transformation *(devenir, tourner à)*, complaisance pour les verbes à forme réfléchie qui expriment une action du sujet sur lui-même, métamorphose de la matière en cendre, puis en nouvelle vie, cycles végétaux de la germination et de la floraison, des semailles et des moissons : il n'est rien en effet de « perdurable en son être ».

Toutefois le mouvement qui agite les êtres n'est pas pure agitation : une finalité préside aux métamorphoses. Le temps « nous change en nous-même, et non point en un autre » (VII, 380); si d'Aubigné considère le monde comme une « branloire perene » à l'instar de Montaigne, il pense aussi (VII, 391-394) que

> ... Le temps qui tout consomme
> En l'homme amenera ce qui fut fait pour l'homme.
> Lors la matiere aura son repos, son plaisir,
> La fin du mouvement et la fin du desir.

Cette fin du mouvement, c'est le livre intitulé *Jugement* qui nous la conte. Aux royaumes du monde succède le Royaume du Christ (VII, 697-698) :

> Voici le Fils de l'Homme et du grand Dieu le Fils,
> Le voici arrivé à son terme prefix.

Ce « terme prefix », après six millénaires de désordres, introduit une dernière métamorphose, un dernier tumulte où s'affrontent pêle-mêle les morts et les vivants, et introduit une ère nouvelle, hors de l'Histoire, qui fait de l'Histoire une préhistoire de l'éternité.

Cette eschatologie qui se ressent du dynamisme prophétique de l'Ancien Testament, rejoint par certains côtés les théories païennes et cabalistiques sur le « grand Jubilé » :

> Chaque millier d'années, commente Leone Ebreo, est comme un jour de l'univers, et ils appellent Grand Jour le jour où Dieu jugera toutes les âmes. Ce qui se produit tous les quarante neuf mille ans, sept fois sept fois : c'est alors le Grand Jubilé, le retour de toutes choses terrestres et célestes à leur origine, qu'ils appellent *Tescuba*, c'est-à-dire la conversion nommée autrement l'Esprit Saint.

L'avènement de l'Éternité dans *Les Tragiques* est le fruit d'une conversion, après tant de convulsions. Par là l'Alpha et l'Omega se rejoignent après être passés par la forme septénaire de l'Histoire. Le Dieu « tout-puissant, tout-voyant » invoqué dans le chant premier (I, 35) manifeste qu'il est à la fois « la grand'ame du monde » et « l'œil du ciel » (VII, 1212, 1210). Le commencement et la fin se réunissent dans la plénitude. L'unité divisée en Deux et multipliée par sept, est égale à elle-même.

• **Odyssée et théodicée.** Les trois nombres qui font des *Tragiques* une construction de géométrie mystique permettent d'intégrer dans les figures qu'ils composent une odyssée de l'homme et une théodicée. De l'unité originelle à l'unité finale, dans l'apothéose de l'Être Unique, l'histoire de la création passe par une phase dramatique, qui est soutenue par la permanence d'un espoir. Le drame s'incarne dans le nombre Deux, transcrit littérairement par la figure de l'antithèse : frères ennemis, loups et agneaux, justice et faiblesse, ciel et terre se partagent et se disputent un bien commun. La dualité n'est pas seulement source générative de figures donnant une forme antithétique à la totalité de ce discours poétique sur l'Histoire, elle est structure mentale, elle affirme une manière de penser, et par là une manière d'être qui procède par accolements de contraires. Mais, alors que la pensée rationnelle résoudra les dilemmes par l'exclusion de l'un des termes de l'antithèse (enfermement de la folie, neutralisation des damnés par ce camp d'internement qu'est l'Enfer, exil des hérétiques hors des frontières du royaume ou sur les galères du Turc), la pensée baroque s'installe au cœur du conflit pour en faire jaillir un artifice dramatique : perles et larmes de l'eau, sang et pourpre du rouge, or et lumière, feux et fumées. La seule issue rêvée est projection dans l'absolu de ce Phénix, brûlé et ressuscité à son propre brasier, cet Infini appelé Solitude, ces cendres, nouvelles graines « au milieu des parvis de Sion fleurissantes », cette Fin du monde qui est Avènement du Royaume.

Une figure de dérivation : « allusion, illusion »

Allégorie

> Discours, qui est d'abord présenté sous un sens propre, qui paraît tout autre chose que ce qu'on a dessein de faire entendre, et qui cependant ne sert que de comparaison pour donner l'intelligence d'un autre sens qu'on n'exprime point.
>
> Dumarsais, *Des Tropes*

Illusion :

> Flatteuse illusion, erreur douce et grossière,
> Vain effort de mon âme, impuissante lumière,
> De qui le faux brillant prend droit de m'éblouir,
> Que tu sais peu durer, et tôt t'évanouir !
> Pareille à ces éclairs qui, dans le fort des ombres,
> Poussent un jour qui fuit, et rend les nuits plus sombres,
> Tu n'as frappé mes yeux d'un moment de clarté
> Que pour les abîmer dans plus d'obscurité.
>
> Corneille, *Horace*, III, I

La vie humaine n'est qu'une illusion perpétuelle; on ne fait que s'entre-tromper et s'entre-flatter. L'homme n'est donc que déguisement, que mensonge, et en soi-même et à l'égard des autres.

Pascal, *Pensées*

Une éthique de l'illusion : les métamorphoses de la fête

• **Être et voir.** Nous voudrions émettre schématiquement quelques idées sur les rapports de l'*être* et du *voir* dans la période qui s'étend de la Renaissance au règne de Louis XIV. Cette étude pourrait recouvrir tout le domaine des arts de la vue : décorations picturales, art des décors et des jardins, fêtes, spectacles, illusionnisme et machinerie, théâtre. Dans tous les cas nous avons affaire à des représentations, qui renvoient à des présences, absentes dans leur réalité, mais représentées par leurs images esthétiques. Cette technique de la représentation, sous-tendue par une volonté d'affirmer une présence, peut avoir pour but une manifestation — car elle permet de manifester par la voie oculaire l'existence de son objet de référence; avec plus d'intensité, la manifestation peut devenir démonstration — car elle démontre la puissance et l'ubiquité de cet objet absent et présent; à la limite elle est une célébration, qui s'adjoint un rituel : « pompe » accompagnant les actes de la vie officielle, utilisation du « décor » de la rhétorique pour la transformation du discours en panégyrique, cérémonial théâtral des « entrées », des « sorties », accompagnées de gestes et de mots — les mots de théâtre — qui sont comme le sublime du rituel protocolaire. L'importance du spectacle et des arts de la vue nous paraît fondamentale dans une réflexion sur la vie et met au premier plan les distorsions et les ambiguïtés qui vont s'opérer entre le *voir* et l'*être* : « l'apparence » et ses dérivés (apparat, appareil, apparition) renvoyant simultanément, par une polyvalence de sens enrichissante et inquiétante, à la fois à la vue et à l'existence.

La vie s'impose comme manifestation et comme spectacle. Au centre de la recherche ontologique opérée par cette époque, il faudra mettre l'Œil : l'œil qui capte le spectacle, qui réagit à la lumière et aux feux de la fête, qui transmet ses influx au « cœur », par lequel s'organise une « vision du monde », décantée ensuite en métaphysique ou en idéologie.

> O Ciel ! qu'un doux transport m'entre au cœur par les yeux

dit un personnage de Rotrou. L'œil effectue l'alliance de l'intérieur et de l'extérieur; il est le point de rencontre du décor et du « caractère ». La représentation est l'extériorisation de l'univers intérieur d'un auteur et des personnages qui l'habitent à l'égard d'un public qui intériorise à son tour décors, drames et passions représentées. Les objets représentés à la vue s'allégorisent et éveillent d'autres objets — passions, volontés, désirs — avec lesquels ils interfèrent et communient dans l'émotion théâtrale : la représentation éveille une chaîne de présences invisibles et, de signe en signe, par le jeu des projections imagées et des réflexions de l'image sur l'imagination de ceux qui la reçoivent, le voir suit un cheminement qui mène à l'être par le sentir. Le spectacle prend une signification ontologique. La meilleure preuve, c'est que l'Être par excellence, Dieu, se manifeste aux mystiques par voie ou par métaphore oculaire, sous forme d'« illuminations » ou de « visions » :

> Un ministre céleste, avec une eau sacrée,
> Pour laver mes forfaits fend la voûte azurée;
> Sa clarté m'environne, et l'air de toutes parts
> Résonne de concerts, et brille à mes regards.
> Descends, céleste acteur...

Ainsi apparaît l'Ange qui s'adresse à Genest, dans le *Saint Genest* de Rotrou. Le dialogue de Pauline et de Polyeucte, dans le *Polyeucte* de Corneille (IV, 3), se fait par opposition de clair et d'obscur :

> Imaginations !
> Célestes vérités
> Étrange aveuglement !
> Éternelles clartés !

Nous sommes donc aux antipodes d'une conception de l'imaginaire telle qu'elle sera définie par la formule tronquée de Pascal : « maîtresse d'erreur et de fausseté »; nous disons

« tronquée », car Pascal, pour sa part, précise que l'imagination est « d'autant plus fourbe qu'elle ne l'est pas toujours »
(*Pensées,* Laf. 81). L'ambiguïté n'est pas levée : un doute
demeure sur l'authenticité de l'objet manifesté visuellement.
Non point dans les deux exemples précédents, où tout est fait
pour emporter la créance — et nous aurons précisément à
nous interroger sur ce problème du vrai et du faux, du bon et
du mauvais dans l'illusion théâtrale, dont les critères de
discernement révèlent en fait un choix dogmatique et politique; mais dans le cas le plus général, l'ambiguïté demeure,
et le clair-obscur de la vérité-mensonge est cultivé en longues tirades d'alexandrins antithétiques, comme dans le
début de *Saint Genest,* où la dissertation sur un songe se
développe en vagues successives — l'une effaçant l'autre —
de vraisemblances et de doutes :

> *Camille* — Un songe, une vapeur vous cause de la peine
> A vous sur qui le ciel déployant ses trésors
> Mit un insigne esprit dans un si digne corps!
> . . . .
> *Valérie* — Le ciel, comme il lui plaît nous parle sans obstacle;
> S'il veut, la voix d'un songe est celle d'un oracle,
> Et les songes, surtout tant de fois répétés,
> Ou toujours, ou souvent, disent des vérités.

A l'opposition de la vapeur — la vapeur n'est que fumée —
et de l'oracle — l'oracle est promesse — se superpose une
série de nuances subtiles, introduites par le caractère restric-
tif de « s'il veut », par le flottement entre « toujours » et
« souvent », qui n'exclut pas l'hypothèse que promesse est
fumée, mais ne l'affirme pas non plus. Camille, la suivante,
a beau reprendre la métaphore « un fantôme, un songe, une
fumée », le doute demeure selon lequel le « sort » peut tout
— encore que cela soit dit sous une forme interro-négative,
qui laisse planer le doute sans l'exclure :

> Peut-il pas, s'il me veut dans un état vulgaire
> Mettre la fille au point dont il tira la mère,
> Détruire ses faveurs par sa légèreté
> Et de mon songe enfin faire une vérité?

L'apparat social, l'appareil et les pompes du pouvoir, l'apparition miraculeuse et l'apparence du possible restent tributaires d'une ambiguïté érigée en éthique sur le thème de « la vie est un songe », auquel il faut immédiatement ajouter le revers, nervalien avant la lettre, du songe qui est la vraie vie, ou une autre vie, ou l'autre face de la vie, ou, pour reprendre une référence contemporaine, « la voix d'un songe est celle d'un oracle ». Ces reflets de miroir entre une hypothèse et son négatif, le modèle et son image, débouchent sur une ouverture à l'infini de possibilités contradictoires, mais non exclusives, qui donnent l'image d'un labyrinthe à miroirs. Les attributs scintillent comme un vêtement mobile sur le corps transparent des attribués; cette dialectique du masque et du visage, du mot et du contenu se poursuit en un jeu de bascule délicieux dans la comédie, inquiétant dans la tragédie, qui montre que s'est pris au piège qui croyait prendre. Rotrou fait déclarer, dans *Saint Genest,* à un de ses personnages :

> ... Vous douterez si dans Nicomédie
> Vous verrez l'effet même ou bien la comédie.

Si l'on penche vers la comédie, il répète que la comédie est réalité :

> Par ton art les héros, plutôt ressuscités
> Qu'imités en effet et que représentés
> De cent et de mille ans après leurs funérailles
> Font encor des progrès et gagnent des batailles

Et si l'on se prend à ce jeu, il fait dire à une âme simple :

> Comme son art, madame, a su les abuser

A quoi répond ce vers dans la bouche de Valérie :

> Sa feinte passerait pour la vérité même,

repris par un autre personnage dans les mots de la fin :

> D'une feinte en mourant faire une vérité.

Car en définitive la place du mot *vérité* pour clore la pièce peut rappeler qu'il s'agit là d'un spectacle édifiant, que cette esthétique de l'ambiguïté est au service d'une tragédie de la foi, et que, ce qui est défendu dans la pièce, c'est une certaine manière de conquérir le monde à travers l'allégorie de la conquête des âmes. Nous aurons à revenir sur ce problème : nous ne pensons pas que l'ambiguïté soit érigée ici en fin, que ce jeu de miroirs à deux faces constitue son propre objet de démonstration; la contestation du dire et du voir est au service d'une idéologie très claire et sans ambiguïté. Cette manière de venir à ses fins par des moyens détournés, ce sera aussi une caractéristique du temps, que l'on retrouve aussi bien dans la morale des casuistes que dans celle de Tartuffe : un art du double jeu qui cache des desseins précis. S'il y a une morale baroque, elle pourrait bien être celle de l'hypocrisie plutôt que celle de l'ambiguïté, et cacher la soif de pouvoir derrière une façade de savoir indécis.

● **La fête : manifestation de masse et manifestation de classe.** La fête est la célébration par une communauté de son existence et de ses raisons d'exister. Au départ, fondamentalement, il y a cette attestation d'une manière d'être, dont l'expression est spectacle de cette existence. La fête s'oppose au spectacle en ce sens qu'elle exige normalement une participation du public : processions, défilés ne sont pas faits pour ceux qui les regardent, mais pour ceux qui les font. La participation de chacun donne à chacun le spectacle de sa communauté, et fait prendre conscience — ou exprime la conscience — d'une insertion dans un milieu social et culturel.

Nous pourrons noter dès le départ deux possibilités de perversion de la fête : la fête peut devenir spectacle et établir une partition de la communauté en deux groupes, l'un actif, celui des acteurs (et à un degré de perversion plus poussé, celui des promoteurs, les acteurs n'étant alors que des exécutants qui accomplissent un service payé ou obligatoire), et l'autre passif, celui des spectateurs. Cette perversion est commune, lorsqu'une fraction de la communauté s'érige en puissance dominante. Or c'est ce que nous constaterons au cours de la période qui nous intéresse : la fête va devenir une démonstration de puissance financière.

L'auteur d'un *Traité de feux d'artifice pour les spectacles,* datant du XVIIIe siècle, note qu'à cette époque : « il n'appartient qu'aux Princes et communautés des villes riches de consommer de grosses sommes pour donner au public des spectacles de feux de joye dignes de remarque, parce qu'outre le grand appareil de décoration, il faut prodiguer les Artifices si l'on veut donner dans le merveilleux »[5]. C'est là le terme d'une évolution sur laquelle nous aurons l'occasion de nous expliquer. Les fêtes gratuites ne pourront être distribuées que par les puissants et les riches, qui deviennent ainsi les seuls dispensateurs du plaisir du peuple, avec tout ce que cela comporte comme pouvoir supplémentaire. Par contre, les fêtes populaires vont bientôt voir s'instituer un droit de paiement — ainsi dans les spectacles de foire : la célébration d'existence sera pervertie en manifestation d'avoir.

On peut noter une autre déviation : la codification de la fête — sa liturgie — détruit progressivement sa signification. Il ne s'agit plus de manifestation spontanée ou délibérée, mais de l'observance d'un rituel. Le code substitue sa finalité propre à celle de ses signifiés. A la limite, la fête ainsi pervertie est l'exaltation d'un langage sclérosé, et la célébration d'un passé avec lequel on a perdu tout contact. Fêtes des saints, petits saints et grands saints enrôlés sous la bannière des guildes d'artisans, grandes fêtes chrétiennes et fêtes de la vie nationale jouent le rôle d'un langage collectif ressenti encore comme fort vivant dans la période qui nous préoccupe. Certaines toutefois, piégées par le mécanisme de recommencement annuel, ne sont plus senties comme signifiantes et jouent un rôle de survivances parfois pesantes.

Au cours du XVIe siècle et dans la période suivante, la fête évolue dans deux sens apparemment opposés, mais unis en fait par leur égale politisation.

● La fête des riches : « faire-voir » comme indice social de reconnaissance. Tout d'abord un phénomène de spécification culturelle va différencier la fête des riches et la fête du peuple. La fête

5. *Cf.* M.F. Christout, *Le Merveilleux et le théâtre du silence en France à partir du XVIIe siècle,* Paris, Mouton, 1965.

des riches associe au départ l'être et le voir, puisqu'elle se veut manifestation de luxe et de richesse. Il s'agit de faire voir ses possibilités. Le déploiement de faste qui accompagna la rencontre du Drap d'or peut apparaître comme l'exemple de cette démonstration concurrentielle d'avoir et de pouvoir dans un contexte de fête. Cette manifestation de luxe ira en s'accroissant. Mais surtout elle trouve un langage : entendons par là un choix de symboles, dans lesquels une classe culturelle peut se reconnaître. Ces symboles seront d'inspiration antique, la culture humaniste étant répandue dans une classe qui manifestera son identité de nature et ses différences par rapport aux classes populaire et, dans une certaine mesure, bourgeoise. La fête va se calquer sur le style du « triomphe » à l'antique : l'entrée du Roi dans la ville donne lieu à des constructions d'arcs de triomphe et à des défilés calqués sur ceux de Rome. L'étalage de la gloire présente se réfère à des symboles et à des mythes accessibles aux seules classes pourvues de cette culture nouvelle, produit d'importation de luxe réservé à des milieux relativement réduits. L'aristocratie avait ses fêtes : joutes, tournois, ballets; la coloration à l'antique du déroulement de la fête va permettre d'écarter intellectuellement le vulgaire. De fait on constate que les grands divertissements de cour se déroulent hors de la présence populaire, en un cercle socialement clos. La liturgie devient mystère inaccessible aux non-initiés. On signale l'apparition de la première carte d'invitation à une réception mondaine à Rome en 1600.

● L'aristocratie, agent publicitaire de la consommation de luxe. Cette évolution vers un système de clôture a des répercussions même sur le plan matériel. Le lieu de la fête tend à se situer en lieu clos, loin des regards extérieurs, et la conséquence en est un accroissement du jeu et du spectacle d'intérieur au détriment des festivités de plein air. C'est dans ces lieux fermés que vont se développer le goût du mirage et le culte de l'illusion, comme si la seule ouverture possible de la salle close et du cercle fermé, volontairement interdit, débouchait sur l'irréel. La représentation favorite de la noblesse, lorsque la fête était ouverte et se passait en plein air, était l'exhibition sportive. La noblesse par là faisait montre d'une de ses fonctions primordiales — la fonction guerrière — et exhibait au reste de la population, à travers sa force musculaire et son adresse physique, la nécessité et l'importance de son rôle social. Ce type de démonstration va être supplanté par l'exhibition du luxe — il s'agit de faire voir son logis, ses jardins, ses meubles, ses tapisseries, ses tableaux, ses objets d'art, ses vêtements, ses parures, sa meute, ses valets. La fête est l'exhibition d'un certain train de vie. La noblesse dévoile par là une fonction nouvelle, qui est d'être le moteur de la consommation de luxe. Le noble aura ce privilège économique et social de voir converger vers lui les produits les plus précieux de l'industrie et du commerce; il est recherché comme acheteur et consommateur de luxe : c'est là sa nouvelle fonction, ou plus exactement cette fonction ancienne passe désormais au premier plan dans un monde fondé sur la production et l'échange des valeurs matérielles. Le rôle de ce consommateur sera de *faire voir :* faire voir les nouvelles techniques de broderie et les nouveautés de coupe de son habit, faire voir les perles exotiques et les bijoux artistement ciselés de l'orfèvre à ses doigts ou au cou de sa femme, faire voir la délicatesse de ses cuisiniers pour apprêter des mets avec des épices importées de très loin. Le corps, la table et le logis de la noblesse sont une panoplie sur laquelle viennent s'entasser et se faire admirer les vertus techniques et artistiques des autres catégories sociales de la nation, et particulièrement de l'industrie et du commerce. La bourgeoisie commerçante et industrielle acceptera très bien ce rôle d'agent publicitaire pour ses marchandises dévolu au noble, et le noble acceptera de faire voir ces produits et d'en cautionner la qualité par une garantie de consommation. Une alliance tacite est ainsi conclue entre ces deux catégories sociales. Ces bases économiques nous semblent déterminer l'importance de la vue; faire voir se rattache à une esthétique de l'ostentation et de l'illusion, dans la mesure où cette esthétique est l'épiphénomène d'un système où l'*étalage* de l'objet joue un rôle de moteur économique. Le comble du luxe, c'est le miroitement de l'or, l'éclat des perles et des brillants, la symphonie moirée des étoffes, tout un univers de lumières qui renvoie au sens de la vue. Dans la fête, le rôle du feu d'artifice et du jeu d'eau va se renforcer, exprimant par là l'importance de l'éclat et de la caresse du regard. On découvre la valeur de l'*être vu* comme signe de puissance : dès lors l'ostentation va devenir la marque même de l'aristocratie.

● Ne pas avoir et faire voir. Mais cette fonction publicitaire n'est pas la marque d'une force réelle : la puissance de la noblesse vient d'un contrat tacite passé avec les organisateurs de la production pour faire converger les produits vers la noblesse qui lui donne son estampille. La force véritable est en fait entre les mains des organisateurs de la production : l'aristocratie consommatrice joue le rôle d'un comparse utile. Lorsque la bourgeoisie pourra se substituer à elle, comme ce sera le cas au XVIIIᵉ siècle, elle sera tout simplement dépouillée de cette fonction. L'exhibition du luxe n'est pas le signe d'une force véritable, mais d'une conjonction objective et momentanée d'intérêts entre les producteurs capitalistes et les consommateurs aristocratiques. L'exhibition du luxe couvre souvent cette absence de pouvoir réel : ce *faire-voir*, beaucoup plus qu'un signe d'être, est le camouflage d'une absence d'être — entendons par là de force économique. D'où l'importance de l'éphémère, de l'illusion, du mouvement et du changement, de tous ces jeux de Circé et de Protée, qui connotent, sans rien dévoiler, une inquiétude, une lézarde derrière la façade monumentale. De la fête de la Renaissance à la fête de l'âge baroque, le génie de l'illusion est passé par là et joue la fête des songes, songes d'une nuit d'été, songes de la vie. Les motifs de l'illusion et de la métamorphose accompagnent chacune des affirmations éclatantes de la vue, rappelant que nous sommes dans le domaine du *voir* et que cet éclat de la lumière et des pierreries peut être à la fois promesse et fumée. La fête de l'âge baroque, ce sera donc ce jeu de séduction du regard et de déception en même temps, qui a pour but d'actionner les désirs, mais de laisser sur sa soif et sur sa faim, une manière nouvelle de cultiver à la fois son désir et son insatisfaction, jusqu'à l'angoisse, dans un labyrinthe de miroirs où s'épanouissent en fleurs de songes le désir de briller et la conscience de la vanité.

Cette convergence de la consommation vers une classe privilégiée qui fait se changer en fêtes, en habits et en feux d'artifice les produits de l'industrie et du commerce, cet univers de labeur et de sueur, d'esclaves et de galériens, de marchands d'hommes et de prêteurs d'argent, cette activité monstrueuse et fébrile ayant pour finalité dernière sa dissipation par une classe extérieure en éclats de rire et en fumées somptueuses, tout cela paraît difficilement viable et en tout cas scandaleux aux yeux de la raison; ce l'est, et la bourgeoisie dispensatrice de la richesse ne tardera pas à faire payer ses prêts. Néanmoins, pour un temps déterminé, on ne peut que constater cette collusion. L'étalage du luxe est domaine réservé aux riches : ce privilège se manifeste par une attitude de brimade à l'égard de quiconque veut rivaliser, s'il n'appartient à cette classe de choix. Ce culte de son propre éclat est renforcé par une série de mesures contraignantes d'inspiration puritaine à l'égard des autres classes. Dès 1569, à Paris, un décret défend aux boulangers de « porter manteaux, chapeaux et hauts-de-chausses, sinon ès-jours de dimanche et autres fêtes, auxquels jours seulement leur est permis de porter chapeaux, chausses et manteaux de drap gris ou blanc et non autre couleur » [6]. L'Église est enrôlée dans cette chasse aux concurrents déloyaux : les retours à l'humilité du costume et de la tenue, les diatribes contre les tenues voyantes ou séductrices ne s'adressent évidemment qu'aux classes à qui n'est pas dévolu ce rôle de faire de la publicité avec son corps, et tout cela fait ressortir encore davantage le luxe des privilégiés qui n'ont rien à craindre par leur naissance des tentations du péché d'orgueil, d'immodestie ou de luxure. La possibilité de se « faire voir » est donc bien un apanage de classe. Le droit au spectaculaire est un droit réservé, et on tient à le montrer clairement.

● Fête populaire et manifestation de masse : récupération politique et religieuse. Parallèlement aux fêtes des riches, qui rivalisent dans la recherche d'un luxe de plus en plus compliqué, il

6. Voir J. Delumeau, *La Civilisation de la Renaissance,* Paris, Arthaud, 1967, p. 330.

y a la fête populaire, sous sa forme religieuse, qui suppose déjà un embrigadement — défilés, processions, cérémonies publiques —, ou profane — fête des moissons, des vendanges, des tuailles —, ou parodique — diverses formes du Carnaval. Il y a à la base un élan de rassemblement, une « manifestation » au sens le plus strict du terme, qui est d'abord manifestation d'existence. L'importance du clergé doit être ici soulignée, qui selon le cas récupère à des fins religieuses les manifestations d'ordre strictement professionnel, en enrôlant sous la bannière de tel ou tel saint, de telle ou telle congrégation, les actes de la vie artisanale ou agricole célébrés pour eux-mêmes.

La fête pourra revêtir un caractère politique, en particulier à l'époque des guerres de Religion où les masses participent — relativement — aux actes politiques. Dans la lutte idéologique engagée entre Catholiques et Protestants sur la valeur des miracles relatifs à l'Eucharistie, on va assister à une participation de certains éléments populaires : cela se traduit par des possessions ou des visions de la part de personnes frustes — nous dirions aujourd'hui de natures hystériques prédisposées. Par exemple, en 1566, on présente à Laon une guérison miraculeuse : une « possédée » du nom de Nicole Aubry est délivrée d'un démon par la présence du Saint Sacrement. Ce fut l'événement de l'année, qui donna lieu à une mise en scène publicitaire considérable, avec convocation de témoins, spectacle sur la place publique, exploitation littéraire de l'événement par publication de brochures pieuses. La guérison des possédées de Loudun sera exploitée de la même manière et transformée en caravane de cirque-miracle pour l'édification du populaire. De la même façon, l'exécution des sorciers et des sorcières donne lieu à un rituel théâtral : le caractère spectaculaire a un rôle cathartique, et manifeste en somme sous forme psychodramatique les réactions de défense d'une société en proie à ses cauchemars.

Cette alliance du spectacle et de la vie politique, puisque le théâtre est un moyen de publier une idée politique et d'agir sur les consciences par le moteur de l'admiration ou de la terreur, connut une vigueur particulière pendant les périodes de frénésie et de changement. On pourrait songer aux techniques « d'action psychologique » utilisées par les meneurs populaires de la Ligue. Il s'agit de maintenir une atmosphère de mobilisation permanente; pour ce faire, le sermon devient harangue théâtrale; on expose des objets de vénération ou d'horreur pour maintenir la « foi » et la haine à l'égard de l'ennemi. Le rôle de la théâtralisation est d'être un moyen de happer les consciences et d'imposer par la voie oculaire des sentiments auxquels on ne cède qu'en adoptant les idées ou le comportement suggéré par l'organisateur du spectacle. Voici un texte de Pierre de l'Estoile [7] qui traduit cette volonté de faire passer une passion du singulier au collectif par la voie de la démonstration spectaculaire :

> Le mercredi 13ᵉ Mars, notre maître Boucher, qui prêchait le Carême à Saint-Germain de l'Auxerrois, s'étant mis sur le Béarnais et les politiques [8], dit qu'il fallait tout tuer et exterminer; et que déjà par plusieurs fois il les avait exhortés à ce faire, mais qu'ils n'en tenaient compte, dont il se pourraient bien repentir; dit qu'il était grandement temps de mettre la main à la serpe et au couteau et que jamais la nécessité n'en avait été si grande. Et, encore que les sermons ordinaires ne fussent que de tuer, si est-ce que celui qu'il fit ce jour fut par dessus les autres cruel et sanguinaire, car il ne prêcha que sang et boucherie, même contre ceux de la cour et de la justice qu'il criait ne valoir rien du tout, excitant le peuple par gestes et paroles atroces à leur courir sus et à s'en défaire : jusques là qu'un conseiller de la cour, de mes amis, qui y était me dit le lendemain, me racontant ce que dessus, qu'il l'avait vu en telle furie, que si la presse où il était lui eût permis de sortir, qu'il s'en fût allé bien vite, de peur qu'il avait qu'en la colère où il le voyait, il ne descendît de sa chaire pour saisir quelque politique au collet et le manger à belles dents. Il dit aussi qu'il eût voulu avoir tué et étranglé de ses mains ce chien de Béarnais, et que c'était le plus plaisant et agréable sacrifice qu'on eût su faire à Dieu.

Ce système d'échauffement porte ses fruits dans une masse facile à émouvoir. Dès lors la fête devient une sorte de sabbat

---

7. *Journal*, 13 mars 1591.
8. On appelait « politiques » les partisans de la paix civile et de la coexistence religieuse, favorables à Henri IV.

ou d'orgie où se mêlent toutes sortes de passions, politiques et autres, dans une ambiance de kermesse nocturne et de nuit révolutionnaire :

> Le 14 février, jour de Mardi-Gras, tant que le jour dura, se firent à Paris de belles et dévotes processions au lieu des dissolutions et ordures des mascarades et carêmes-prenants qu'on y soulait faire les années précédentes. Entre les autres, s'en fit une d'environ six cents écoliers, pris de tous les collèges et endroits de l'Université, desquels la plupart n'avaient atteint l'âge de dix ou douze ans au plus, qui marchaient nus en chemise, les pieds nus, portant cierges ardents de cire blanche en leur mains, et chantant bien dévotement et mélodieusement, quelquefois bien discordamment, tant par les rues que par les églises, esquelles ils entraient pour faire leurs stations et prières.
> Le peuple était tellement échauffé et enragé (s'il faut parler ainsi) après ces belles dévotions processionnaires, qu'ils se levaient bien souvent de nuit de leurs lits pour aller quérir les curés et prêtres de leurs paroisses pour les mener en processions; comme ils firent en ces jours au curé de Saint-Eustache, que quelques-uns de ses paroissiens furent quérir la nuit et le contraignirent se relever pour les y promener, auxquels pensant en faire quelque remontrance ils l'appelèrent politique et fut contraint enfin de leur en faire passer leur envie. Et à la vérité ce bon curé avec deux ou trois autres de Paris (et non plus) condamnaient ces processions nocturnes, pour ce que pour en parler franchement tout y était de carême-prenant, et que bonne maquerelle pour beaucoup y était ombre de dévotion, car en icelles hommes et femmes, filles et garçons marchaient pêle-mêle ensemble tout nus, et engendraient des fruits autres que ceux pour la fin desquelles elles avaient été instituées. Comme de fait près la porte Montmartre, la fille d'une bonnetière en rapporta des fruits au bout de neuf mois, et un curé de Paris, qu'on avait ouï prêcher peu auparavant qu'en ces processions les pieds blancs et douillets des femmes étaient fort agréables à Dieu, en planta un autre qui vint à maturité au bout du terme.
> Ce bon religieux aussi de chevalier d'Aumale, qui en faisait ses jours gras à Paris, s'y trouvait ordinairement, et même aux grands rues et aux églises, jetait au travers

d'une sarbacane des dragées musquées aux demoiselles qui étaient par lui reconnues, et après réchauffées et perfectionnées par les collations qu'il leur apprêtait, tantôt sur le Pont au Change, autres fois sur le pont Notre Dame, en la rue Saint Jacques, la Verrerie, et partout ailleurs, où la sainte veuve [9] n'était oubliée, laquelle couverte seulement d'une fine toile, se laissa une fois mener par dessous le bras au travers de l'Église Saint-Jean, mugueter et attoucher, au grand scandale de plusieurs personnes dévotes qui allaient de bonne foi à ces processions conduites d'un zèle de dévotion et religion dont ceux qui en étaient les auteurs se moquaient, n'ayant été instituées à d'autres fins que pour entretenir le peuple toujours à la Ligue, et couvrir d'un voile de religion l'infâme perduellion, trahison et révolte des conjurés contre leur roi, leur prince naturel et souverain seigneur.

La confusion des ordres est remarquablement saisie par ce spectateur qu'est L'Estoile, lequel ne participe pas à ce genre de démonstration et peut en démonter le mécanisme. Le but est une mobilisation politique, qui est obtenue par un régime de surexcitation permanente, lequel est obtenu lui-même par la permanence d'un spectacle où se jouent les passions les moins politiques qui soient. On pourrait, d'après le témoignage de L'Estoile, multiplier ces exemples : processions de reliques dotées d'un symbolisme politique, exposition de tableaux relatant les atrocités de l'ennemi, célébrations nocturnes de liesse, bref une technique « d'action psychologique » reposant sur le stress et la fatigue, destinée à inculquer, lorsqu'un certain degré de fatigue nerveuse est obtenu, les idées du parti à la masse politisée. Le Grand Siècle n'oubliera pas ce principe, et retiendra le spectacle de la grandeur, le déploiement de la « pompe » comme moyen d'impressionner et, par cette impression, de faire accepter par la « raison », voire de faire démontrer par la « raison » la nécessité de l'acceptation du meilleur des ordres possibles sous le plus grand des rois possibles. Pascal ne pourra

_____

9. Mme de Montpensier, membre influent de la Ligue.

que constater la duperie qui réside dans cette confusion des ordres : « l'imagination dispose de tout ». En réalité ce sont ceux qui disposent de moyens d'action sur l'imagination qui disposent de tout.

• L'effet d'illusion : « divertissement » et conditionnement. Le théâtre connaît parallèlement cette évolution de la manifestation et de la fête, d'autant que le spectacle dramatique est associé la plupart du temps au rituel de la fête elle-même. On sait que le ressort fondamental du théâtre dit classique est ce que l'on a appelé « l'effet d'illusion » : il consiste à amener le spectateur à s'identifier avec un ou des personnages de la pièce et à fuir ainsi sa réalité au profit de l'imaginaire. Paradoxalement cet effet de détournement est obtenu par une esthétique réaliste qui consiste à donner à l'imaginaire les apparences du vrai : c'est la loi esthétique de la vraisemblance. Faire abstraction de son état propre pour revêtir en somme un rôle dans une pièce jouée par d'autres et qui accapare par duperie esthétique les attributs de la vie. Ce système de projection sur un être fictif a une valeur à la fois aliénante et psychophanique : il révèle en effet par voie projective ce que désire être le spectateur, mais le jeu est truqué et, outre que la projection se fait par détournement du réel à l'irréel, on le fait vouloir être en fait ce qu'on veut qu'il soit. Ce système de déportement hors de soi est bien connu et a été démêlé et analysé par Bertold Brecht qui lui oppose l'effet de « distanciation », par lequel le dramaturge rappelle constamment au spectateur que c'est une pièce qui se joue et que le didactisme ne saurait reposer sur l'identification du joué et du vécu. Ce fait avait été déjà saisi par les contemporains, en particulier dans les milieux ecclésiastiques pour lesquels le théâtre profane jouait le rôle d'un concurrent à l'égard du spectacle de la croix et de la dramaturgie sacramentelle. Ce n'est point tellement le procédé de transfert qui est mis en cause par la critique ecclésiastique, que la mise du théâtre au service d'une cause qui n'est pas celle de la religion. C'est le but plus que la méthode qui est ici en question : l'Église se satisferait parfaitement d'un théâtre édifiant, entendons d'une valorisation publicitaire de ses propres objectifs. Lorsque le théâtre prend son autonomie et valorise soit des causes politiques laïques, soit des sentiments individuels exprimés sans référence à des valeurs religieuses chrétiennes, ou se fait tout simplement, dans une revendication d'autonomie, l'apologiste du théâtre lui-même, comme c'est le cas pour Molière, alors les condamnations pleuvent et l'on entend Bossuet dire : « j'ai toujours blâmé les comédies qui sont capables d'exciter les passions » [10]. Dans ce cas, le *voir* ne conduit pas à l'*être*, et le procédé de conditionnement par utilisation du transfert psychologique est qualifié de détournement : c'est toute la critique du *divertissement*.

C'est ce phénomène du divertissement dramatique que nous voudrions étudier en dehors de tout code de référence morale. L'établissement d'un temps fictif sur la scène fait du lieu théâtral un point de convergence de deux temps distincts dans la réalité, mais unis psychologiquement par la communion dramatique : un temps réel dans la salle, qui est celui du xviie siècle, et sur la scène un temps fictif dans lequel on fait se mouvoir Rodrigue, Chimène ou Venceslas. La représentation veut opérer un transfert de l'un à l'autre : donner de la réalité au temps fictif, en faisant se projeter dans ce temps les esprits des spectateurs qui restent déterminés cependant par des motivations situées dans le temps réel. Cette ambition du poète dramatique a été relevée par Bossuet lorsqu'il déclare :

> Toute la fin de son art et de son travail, c'est qu'on soit, comme son héros, épris des belles personnes, qu'on les serve comme des divinités, en un mot qu'on leur sacrifie tout, si ce n'est peut-être la gloire, dont l'amour est plus dangereux que celui de la beauté même.

Pour Bossuet, ce transfert est obtenu par une sorte d'arrachement à sa propre personnalité et une réinsertion de l'esprit déraciné dans le temps de l'œuvre; mais le transfert n'est possible que si une analogie de nature existe entre

---

10. « Lettre au P. Caffaro », in *Œuvres Complètes,* Paris, 1864, tome XXVII, p. 19.

les motivations réelles du désir et le jeu qui se joue sur la scène :

> On se voit soi-même dans tous ceux qui nous paraissent comme transportés par de semblables objets. On devient bientôt un acteur secret dans la tragédie : on y joue sa propre passion, et la fiction au dehors est froide et sans agrément, si elle ne trouve au dedans une vérité qui lui réponde.

Tout le problème de l'auteur dramatique sera en effet de favoriser ce transfert : et c'est l'objet même du théâtre de la vraisemblance. Paradoxalement le temps imaginaire du spectacle va se parer des attributs formels de la réalité : l'unité de temps, de lieu, d'action répond à cette nécessité de donner à l'irréel l'apparence rationnelle du temps vécu, en vertu d'un postulat purement imaginaire selon lequel l'unité est la marque même du réel (ce qui est évidemment faux, mais postulé arbitrairement comme critère du vrai).

Parallèlement il s'agit de créer des incitations à sortir de sa propre réalité : ce sont les ressorts de l'admiration, qui créent les incitations d'identification du *moi* à un *surmoi* déterminé socialement, ou ceux de la terreur et de la pitié, qui procèdent par excitation ou refoulement des pulsions. S'il devait y avoir une critique au nom de la psychologie du spectateur, elle pourrait résider dans cette duperie qui consiste à mêler deux temps radicalement distincts et de nature différente, par un échange artificiel d'attributs — le jeu scénique se parant des attributs d'une vérité qui est elle-même reconstitution de l'esprit, la réalité se dépouillant de sa nature propre par le transfert de l'énergie passionnelle en des objets déviés de leur fin. Or ce n'est pas ce système même de transfert qui est mis en cause : ce qui est en question, c'est la valeur de l'objet sur lequel s'effectue le transfert. Bossuet distingue bien d'ailleurs, à la suite de « Saint Thomas et autres saints », des comédies qui « sont permises », et celles « qui sont opposées à l'honnêteté des mœurs ». Il y aurait donc en somme dans la technique du transfert à distinguer entre une bonne illusion, celle par exemple qui consiste à se projeter dans un modèle d'enfant fidèle de l'Église, — l'illusion vraie — et l'illusion fausse —

la mauvaise — qui consiste à se projeter dans des personnages dont les motivations sont soit indifférentes soit hostiles à l'Église. On peut donc voir s'esquisser déjà tout un calcul de valeur des pièces théâtrales, qui préfigure en somme les catégories et les notes attribuées aux productions dramatiques en vertu de leur conformité aux normes défendues par un groupe idéologique.

La critique brechtienne est beaucoup plus radicale, car elle met en cause le mécanisme même de l'illusion dramatique, indépendamment de son contexte. Le théâtre n'a de signifiance que dans la mesure où un courant s'établit entre la salle et la scène : en somme dans la mesure où le discours de la scène devient un discours allégorique qui renvoie aux désirs de la salle. Une relation s'établit entre la fable théâtrale et la mentalité du public immergé dans le temps réel. Cet échange d'attributs, ce principe de communication entre le temps réel (celui du spectateur) et le temps fictif va être générateur d'une première source de signifiance, qui est aussi étape de l'illusion en vertu du caractère aliénant et psychophanique du spectacle, dont nous avons déjà parlé. Signifiance, puisque les désastres de Troie s'illuminent des feux des guerres civiles récentes, ou qu'Auguste jouit du lustre de Louis. L'acte parlé s'enrichit des résonances des actes accomplis dans un temps réel : et le phénomène de résonance a ici le sens le plus technique qui soit, celui qu'on lui donne en acoustique. Le désir avoué dans un temps et un lieu autre s'emplit de désirs inavoués du temps et du lieu présent. Pour que cet échange puisse être obtenu, il convient d'entretenir l'ambiguïté : un effet de distanciation comme le sont les procédés comiques rompt tout effluve. De là l'entretien de l'ambiguïté sur le réel et le fabulé, le vécu et le récité; ondulations et jeux de miroir à facettes renvoient à la salle les reflets du présent sous le prisme du passé. Dès lors un premier « déportement » va être accompli. Il peut y avoir fixation à ce niveau, lorsque cet effet devient à lui-même sa propre cause et engendre volontairement une esthétique de l'ambiguïté. Cette esthétique, dont Jacques Morel a analysé le mécanisme dans l'œuvre de Rotrou, existe dans les œuvres contemporaines, et repose sur quelques procédés d'illusionnisme facilement visibles.

● La confusion des « ordres » : l'esthétique, l'éthique, la politique. L'ambiguïté devient à elle-même sa propre fin lorsque les acteurs superposent à leur fonction passive — celle d'être vu — une fonction active — celle de voir un spectacle qui se déroule sous leurs yeux; c'est alors le schéma du « théâtre sur le théâtre » que l'on trouve dans *Hamlet, Saint Genest* ou *L'Illusion Comique.*

> Oui, crois qu'avec plaisir je serai spectateur
> En la même action dont je serai l'auteur,

c'est ce que déclare Dioclétien, dans *Saint Genest,* à propos de la représentation dans le présent d'un épisode de son règne passé. Nous savons que Genest, dans le rôle du martyr Adrien, va réaliser la fusion du personnage qu'il joue et de l'homme qu'il est, les attributs du personnage fictif d'Adrien prenant corps par réincarnation dans l'acteur Genest; il y a une irruption du réel dans la fiction, ce réel n'étant lui-même qu'une fiction, puisque tout se passe sur la scène. Dans *L'Illusion Comique,* un père voit sur une scène magique des épisodes de la vie de son fils; or ce fils est lui-même acteur et la scène est représentation d'une autre scène sur laquelle se joue un drame fictif. La réalité — une réalité théâtrale — est ainsi repoussée à un plan troisième. A la limite, nous avons un jeu de réflexion à l'infini, analogue aux procédés plastiques de la décomposition en plans ou de l'encadrement, par lesquels le peintre représente des personnages qui regardent des personnages qui regardent un paysage. Mais cette distinction des plans suppose en même temps une communication d'un plan à l'autre; il y a continuité par analogie. C'est là ce qui différencie cette esthétique de la distinction cartésienne des catégories ou de la distinction pascalienne des ordres : la tyrannie réside pour Pascal dans la confusion des ordres; lorsque la force veut imposer ses valeurs dans le domaine de la vérité, lorsque la science veut imposer ses valeurs dans le domaine de la charité. Or le théâtre de l'illusion procède par confusion constante entre le réel et le fictif. Les événements se déroulent kaléidoscopiquement sur plusieurs plans séparés, mais pas au point qu'il n'y ait interaction de l'un à l'autre. Ce lieu de « continuité détournée » nous semble une caractéristique de la pensée « jésuite », par opposition à l'intransigeance distinctionnelle établie par le calvinisme et le jansénisme, mais aussi par le cartésianisme et le courant libertin. Ce système esthétique a un équivalent psychologique, qui est une manière de se détacher de soi pour libérer en somme sa responsabilité : ce n'est pas moi, c'est mon image ou l'image de mon image. La question de la responsabilité, qui est à la base de la casuistique des jésuites, nous semble avoir une signification au théâtre : qui est responsable? Hamlet? Mais il se cherche des substituts, dans une quête éperdue d'identité à travers le labyrinthe des miroirs de la folie. Cette dissociation n'est pas une disculpation, car il y a interaction entre l'acteur et ses personnages qu'il détache ainsi de lui-même. Il y a des moments de fusion entre le personnage et son image, comme dans le cas de Genest et d'Adrien, d'Hamlet fou ou d'Hamlet lucide. Ce qui se passe sur la scène se passe aussi dans les relations de la scène et de la salle. L'auteur veut faire effectuer au spectateur un transfert d'identité :

> Dites-moi, que veut un Corneille dans son *Cid*, sinon qu'on aime Chimène, qu'on l'adore avec Rodrigue, qu'on tremble avec lui, lorsqu'il est dans la crainte de la perdre [11].

Notre analyse retrouve ici la critique de Bossuet. Mais nous nous en séparons à nouveau lorsque la critique glisse de la technique à l'objet du transfert pour entraîner une condamnation morale. En réalité, ce qui est à reprendre ici, c'est la technique même de l'aliénation, indépendamment de son contenu. Il s'agit d'installer le spectateur dans un rôle qui n'est pas le sien; nous ne distinguerons pas des transferts déshonnêtes et d'autres qui ne le seraient point. Bossuet choisit intentionnellement *Le Cid*, qui met en scène l'amour profane (à noter qu'il ne pose pas le problème en termes politiques, mais uniquement en termes sentimentaux), mais il ne dit rien de *Polyeucte*; s'il condamne l'amour de la gloire terrestre, il ne dit rien de l'amour de la gloire céleste, et s'il condamne l'amour pour les belles personnes, il ne dit

---

11. Bossuet, *op. cit.*

rien de l'amour de Dieu. La technique est pourtant absolument la même : il s'agit de transférer l'esprit d'un spectateur dans le théâtre de la religion. Il est vrai que les valeurs religieuses se confondent pour lui avec le réel, et que le suicide en Dieu n'est qu'une forme de plus-être. Il s'agit là de la défense de convictions, reposant sur une axiomatique arbitraire, il n'y a donc rien à dire, mais seulement à constater. Nous regretterons donc qu'il n'y ait pas dans la lettre au Père Caffaro une critique de la technique du transfert dans le domaine politique : car ce que veut dire Corneille dans son *Cid*, c'est qu'en définitive la loi du prince est supérieure à la loi des princes, et que l'arbitrage royal aurait évité à Rodrigue les tourments d'une morale aristocratique fondée sur l'obéissance à la famille et la vendetta entre grands; ce qui dit ouvertement Molière dans *Tartuffe*, c'est que nous vivons heureusement sous le meilleur des princes, sinon les brigands à masques religieux seraient les maîtres; ce qui est dit dans la fête théâtrale officialisée, c'est le culte de *l'État-c'est-moi-allez-obéissez*. Ce que tente le théâtre officiel louisquatorzien, c'est de donner au spectateur, par la voie aliénante que nous avons relevée, un « surmoi » conforme à l'ordre politique existant. Il est dommage que l'on ne trouve plus sous la plume d'écrivains religieux une critique de ce divertissement de l'amour de Dieu au profit de l'amour du Prince. Il est vrai que le Prince est de droit divin. Là encore il n'y a pas de discussion possible. Nous regretterons qu'il n'y ait pas une critique du théâtre à fondement religieux, et une critique du transfert forcé, en plus de celle de l'objet sur lequel il s'accomplit.

Jeu de l'illusion dramatique et dramatisée, tyrannie très douce opérée sur les consciences par glissement du réel à une fiction qui est l'image d'un réel que l'on voudrait inventer : le théâtre officialisé du XVIIe siècle consiste, par voie psychologique, à créer les moyens de faire durer l'ordre politique que la monarchie et l'Église ont institué.

Une esthétique de l'illusion : les fonctions du miroir

● **Présence, présentation, représentation.** Sur tous les tons, sur tous les modes, une métaphore parcourt la période baroque : *la vie est un théâtre*.

Qu'est-ce que cette vie? Un public échafaud
Où celui qui sait mieux jouer son personnage,
Selon ses passions échangeant le visage,
Est toujours bien venu et rien ne lui défaut [12].

L'inverse est également vrai, et le théâtre veut apparaître comme une image de la vie. Cet échange permanent d'attributs attire notre attention sur le phénomène de représentation. Ce qui importe, ce n'est pas le modèle, c'est le rapport établi entre le modèle et son image. Pascal pourra noter : « Quelle vanité que la peinture, qui attire l'admiration par la ressemblance des choses dont on n'admire point les originaux [13] ». Il n'empêche que l'admiration demeure, malgré la vanité. Ce qui est à retenir, c'est donc l'importance de la représentation. Jean Rousset peut écrire que dans le baroque « toute présence se mue en représentation ».

Que suppose une représentation? C'est une présentation au second degré, elle met en jeu une technique de l'image, de la figuration, du reflet ou de la réflexion. La représentation établit un écran ou un intermédiaire entre l'original et le récepteur, et suppose une technique de la reproduction. Or le théâtre est un de ces arts de la reproduction : il est image, il est reflet, il est miroir. Les personnages et les choses représentées renvoient à des présences hors-scène. Tout le problème sera de savoir à quoi? A la vie, laquelle est un jeu de miroirs à l'infini, où les modèles et les reflets ne se distinguent plus les uns des autres? Au théâtre lui-même, et l'illusion du réalisme théâtral devient une illusion tautologique? A d'autres masques? A rien? La représentation suppose d'autre part une présentation : c'est-à-dire un art de rendre présent, qui suppose encore une fois un présentateur qui joue le rôle d'intermédiaire. Une présence est manifestation d'être, une représentation renvoie à l'être par l'intermédiaire d'un paraître, et ce paraître peut prendre la forme d'un spectacle visuel à base d'artifice, ou d'un discours, avec l'appareil artificiel des tro-

12. Jacques Grévin, *La Gélodacrye;* cité dans *La Poésie baroque, op. cit.,* tome I, p. 103.
13. *Pensées,* Laf. 77.

pes. Ce jeu sur l'être et le paraître, et l'importance des intermédiaires — masques, habits, mots — est fondamental dans l'esthétique baroque. Le théâtre est le mode d'expression rêvé d'une telle conception de la vie.

Sur la scène, la métamorphose de la présence en représentation passe par l'intermédiaire de la technique dramatique. La mise en scène permet de relever deux caractéristiques : tout d'abord le goût de l'illusion et l'appréhension indirecte des essences par l'intermédiaire d'une figuration, et d'autre part le goût du paraître, poussé jusqu'à l'ostentation, qui compense la difficulté à saisir les essences. C'est pourquoi le théâtre devait connaître un éclat singulier tout au long de l'âge baroque : ballets de cour de l'époque Henri III et Henri IV, drames héroïques et tragi-comédies qui fleurissent à l'époque de Rotrou et de Corneille, pastorales dramatiques, pièces à machines, fééries à grand spectacle dont les vestiges éclatants subsistent jusqu'à l'époque classique. Mais ce n'est pas seulement la France qui voit cet épanouissement : l'âge baroque est celui de Shakespeare et des Élisabéthains, de Lope de Vega et de Calderon, de l'opéra italien et du théâtre de Gryphius ou de Vondel. Les autres arts empruntent à ceux de la scène. La sculpture et la peinture se théâtralisent : Caravage, Rubens, Le Bernin sont des metteurs en scène. La liturgie participe à cette esthétique; tout est prétexte à spectacle : messe, sermons, offices. La théâtralisation atteint la vie publique : lever, dîner, coucher, tous actes de la vie versaillaise prennent allure de spectacle. La pompe devient moyen de gouvernement, l'éclat une manière d'être, et l'art de représenter un signe social distinctif. Cela dure presque tout le siècle, et il faudra attendre la verve de Montesquieu pour voir tant de représentation réduite à un art de farce : « Ah, bon Dieu! dis-je en moi-même si, lorsque j'étais à la cour de Perse je représentais ainsi, je représentais un grand sot! » [14]

Pour l'âge baroque, le monde est un théâtre et le théâtre contient le monde; c'est ce qu'exprime excellemment Jean Rousset :

14. *Lettres Persanes*, LXXIV.

> Cette époque, qui a dit et cru, plus que toute autre, que le monde est un théâtre et la vie une comédie où il faut revêtir un rôle, était destinée à faire de la métaphore une réalité; le théâtre déborde hors du théâtre, envahit le monde, le transforme en une scène animée par des machines, l'assujettit à ses propres lois de mobilité et de métamorphose. Le sol semble vaciller, les maisons se transforment en boîtes à surprise, les murs s'ouvrent comme des portants, les jardins et les fleuves prennent part aux jeux de la scène, deviennent eux-mêmes théâtre et décor [15].

Le théâtre de l'âge baroque ressemble à un palais enchanté où se joue la fête des sortilèges, illusions et artifices épanouis en feux et en mots; c'est aussi un miroir magique où s'extériorisent les obsessions de l'époque. C'est en ce sens qu'il est un monde et qu'il contient le monde, à la fois l'intérieur et l'extérieur, l'âme et l'univers.

• Le théâtre-décor : métamorphoses de l'espace théâtral. Le théâtre est un lieu magique : la disposition même de la scène évoque un carré ou un cercle magique, en tout cas un lieu autre, où sont suscitées des présences d'outre-monde, d'outre-temps ou d'outre-rêve. Les lois physiques de la représentation ne sont pas celles de la réalité. Les pierres marchent, les montagnes s'ouvrent, les animaux surgissent du sol, comme dans le *Ballet de Circé,* pour reprendre figure humaine. Et pourtant ce lieu autre est aussi un miroir où se réfléchit l'image du monde : non point le monde de la science et de la raison, mais une réalité perçue allégoriquement, encombrée d'elfes et de mirages, qui ont une signification fantasmatique, et rêvée par des consciences en délire, en proie aux vertiges de la métamorphose. Cette représentation du monde peut être saisie sous le triple aspect du théâtre comme décor, du théâtre comme image, et du théâtre comme illusion.

Le théâtre tout entier est décor. Toute représentation est figuration, mais la figuration rejoint la décoration dans la mesure où le réalisme et l'esthétique collaborent dans les

---

15. *La Littérature de l'âge baroque..., op. cit.,* p. 28.

techniques de représentation. A l'origine, le ballet mêle objets et personnages, la nature et l'humanité : dans la *Montagne de Circé*, représentée le 27 juin 1600, on voyait, d'après le témoignage d'un contemporain, « les changements et transformations de cavaliers en diverses sortes de bêtes et de figures extravagantes ». L'entrée de la Fée, dans l'acte II du *Songe* de Shakespeare, est un salut panique au monde végétal et animal mêlé dans une confusion féerique :

> Collines, vallées, ronces, halliers, buissons, me voici ! Un poisson à l'eau, un lézard au feu, une fille au bois, qui est-ce ? C'est moi. Plus vive que les quatre quartiers de la lune, je cours, je passe, je ne suis plus là, j'y suis encore, je disparais, je reviens. La Reine des fées m'a désignée cette nuit pour la distribution des grains de rosée. Un brin d'herbe, un grain de rosée. Voici, voilà. Pas moyen de se tromper. Je vais commencer, je commence, j'ai fini [16].

Le théâtre, à ce point de développement, reprend à son compte la conception unitaire et vitaliste que la Renaissance s'est faite de la nature. L'homme n'est pas une créature isolée, mais fait partie d'un grand tout multiforme et animé qui est le monde : « mundus » a d'ailleurs le sens de la totalité spirituelle et matérielle de la création. Le décor est ainsi un personnage : les décors de Torelli pour l'*Andromède* représentée en 1650 évoquent des formes de griffes ou de spectres; les arbres des jardins ressemblent à des statues et les statues s'érigent dans le jardin comme des troncs d'arbre. On sait combien les artistes baroques se sont ingéniés à cultiver l'ambiguïté entre la nature et l'architecture, comme dans les jardins de Bomarzo. Dans *Macbeth*, la nuit et la forêt de Dunsinane participent au drame humain, comme la tempête dans *Le Roi Lear* ou les éléments physiques dans *La vie est un songe*, ou la Lune du *Songe d'une Nuit d'été* :

> La lune, je crois, nous observe, les yeux humides, et quand elle pleure, toutes les fleurs, et les plus petites, pleurent aussi, et se lamentent sur quelque virginité perdue.

16. *Le Songe d'une nuit d'été*, traduction française, G. Neveux, Gallimard, p. 29-30.

Peu à peu cependant, et particulièrement dans le théâtre français, le décor naturel, tout en conservant sa présence, perd ses attributs d'être animé et de communication avec le monde humain. Le décor s'urbanise : la rue, le palais, la chambre deviennent des éléments prépondérants, rejetant dans les vieilleries la forêt enchantée, le rocher caverneux, la montagne magique, tous éléments parfaitement vivants et actifs du ballet de cour à l'époque d'Henri IV. Quelques grottes, quelques antres, quelques bosquets persistent encore, comme dans *L'Illusion Comique* (I, 1) :

> N'avancez pas : son art au pied de ce rocher
> A mis de quoi punir qui s'en ose approcher;
> Et cette large bouche est un mur invisible,
> Où l'air en sa faveur devient inaccessible.

Mais l'habitant, en l'occurrence le magicien, devient plus important que l'habitat. Grottes, rochers, bosquets servent seulement de référence pour rappeler l'inspiration bucolique ou féérique de la pièce. Le décor, originellement intérieur à la représentation, affirme son extériorité. On peut mettre cette évolution en rapport avec le changement des modes de vie : la vie urbaine se développe, et les activités de salon remplacent les activités de plein air, les chasses et les divertissements de la classe aristocratique cèdent le pas à des jeux d'esprit mondains. La manière d'appréhender le monde change elle aussi : le dualisme cartésien remplace progressivement la conception unitaire de la nature que ni le matérialisme ni le panthéisme cosmique n'arrivent à sauver. L'esprit se distingue de l'étendue, et la matière de la conscience. Sur le théâtre, le lieu ne participe plus à la détermination de l'action, et des règles d'unité distinctes régiront la représentation de l'un et le déroulement de l'autre dans l'*Art Poétique* de Boileau.

La nature devient inerte et silencieuse : toute la lumière se porte sur l'homme qui est le seul personnage vivant de la scène. L'homme sans autre compagnon que sa conscience, sans autre compagnie que celle des confidents, sans autre problème à résoudre que celui de ses relations avec d'autres hommes ou avec lui-même. Dès lors qu'importe que la scène se passe sur une place espagnole ou dans les déserts de l'Orient, l'un et l'autre ne valent que par leur absence et leur silence. Ce silence du monde extérieur, qui laisse toute place au chant intérieur de la conscience humaine, est une des caractéristiques du classicisme. La forêt de Dunsinane qui participait activement à l'hallali lancé contre le tyran, la forêt enchantée dans laquelle les magiciennes Circé ou Armide se livraient à des incantations magiques ne sont que mythes d'un autre âge. Lorsque la nature apparaît, avec ses arbres et l'ombre de ses forêts, comme dans les fantasmes de Phèdre :

> Dieux! Que ne suis-je assise à l'ombre des forêts! [17]

> Dans le fond des forêts allaient-ils se cacher? [18]

lorsque sont évoqués les rochers,

> Ariane aux rochers contant ses injustices, [19]

ce sont des images intérieures, emprisonnées comme des symboles mythiques au fond d'une mémoire. Dans *La Vierge aux rochers* de Vinci, on ne sait pas si c'est la vierge qui fait partie d'un paysage ou les rochers qui font partie du portrait. Dans les rêves de Phèdre, il n'y a plus cette ambiguïté : arbres, rochers, forêts se sont intériorisés. Le desesperado ne va plus conter sa solitude aux rochers sauvages :

> Je cherche les déserts, les roches égarées
> Les forêts sans chemin, les chênes périssants [20].

Il se replie au contraire sur lui-même pour n'avoir d'autre confident que sa conscience :

> Les forêts de nos cris moins souvent retentissent;
> Chargés d'un feu secret, vos yeux s'appesantissent [21].

---

17. Racine, *Phèdre*, I, 3.
18. *Ibid.*, IV, 6.
19. *Ibid.*, I, 1.
20. D'Aubigné, *Le Printemps*, « Stances » I, 93-94.
21. Racine, *Phèdre*, I, 1.

Il ne lui reste plus, dans le secret d'un cœur dépeuplé, qu'à écouter les voix combinées du désir et de la tradition, humains, trop humains, rien qu'humains.

● Le théâtre-miroir : miroirs, images, mirages. On sait quelle importance est donnée au miroir dans la société et la mentalité du XVIIᵉ siècle. On pourrait partir des travaux d'optique, très scientifiques, menées par Descartes, Huygens ou Leuwenhoeck, comme d'un prétexte pour dénoncer l'importance accordée à tous les mécanismes de la vue. On pourrait aussi partir des productions littéraires. Le miroir a pour première fonction celle de la reproduction; dès lors ce que l'on découvre en lui, c'est le « conseiller de vérité » :

> Je donne des conseils aux esprits les plus beaux
> Et ne leur montre rien que la vérité pure :
> J'enseigne sans parler autant que le jour dure,
> Et la nuit, on me vient consulter aux flambeaux [22].

Cette fonction est secondaire par rapport à ce qu'on pourrait appeler la fonction de dédoublement : le miroir représente en somme l'autre face du contemplateur. Vénus au miroir de Velasquez, qui réfléchit la beauté charnelle, Madeleine au miroir de Latour qui, à la flamme d'une chandelle, contemple l'autre côté de la vie. Cette fonction de dédoublement est à mettre en rapport avec la conception duelle que l'âge baroque se fait de la réalité : modèle et image interfèrent et finissent par exprimer les sens complémentaires des objets. Rien n'est sans ombre et rien n'est sans image. Le miroir des eaux joue le même rôle. Une méditation de Du Perron sur l'eau et le temps s'achève sur cette association de la vie et de la mort :

> Je vois dedans les eaux, j'entends dedans les bois,
> L'image de mon teint et celle de ma voix,
> Toutes peintes de morts, qui nagent et qui volent.

Le miroir dénonce une profondeur : il découvre que la réalité a un « autre côté ». Cela peut donner naissance à des effets

---

22. Ch. Cotin, « Sonnet en forme d'énigme ».

esthétiques, comme on en trouve dans Saint-Amant (*La Solitude,* v. 162-164) :

> [L'eau] semble un miroir flottant
> Et nous représente à l'instant
> Encore d'autres cieux sous l'onde.

ou comme dans Tristan l'Hermite (*Le Promenoir des deux amants,* v. 14-17) :

> L'ombre de cette fleur vermeille
> Et celle de ces joncs pendants
> Paraissent être là-dedans
> Les songes de l'eau qui sommeille.

Au-delà des jeux précieux cette manière de voir *through the glass* dénonce un besoin de surréalité. Et c'est cela en définitive qui est demandé au double, issu du miroir, beaucoup plus que des questions futiles au « conseiller des grâces ». Seulement « l'autre » produit par ces jeux d'optique se manifeste essentiellement comme un être vain, comme le souligne Bossuet :

> Et qu'est-ce que cette image de moi-même que je vois plus expresse encore [que mon ombre], et en apparence plus vive dans cette eau courante? Elle se brouille, et souvent elle s'efface elle-même, elle disparaît quand cette eau est trouble. Qu'ai-je perdu? Rien du tout [23].

Alors on va exploiter toutes les ressources de l'illusion que présente le miroir : effet de multiplication ou de concentration. D'une grotte proche du château de Saint-Germain, Le Laboureur écrit :

> Cette grotte en produit plusieurs autres, et cela se fait par les miroirs qui sont aux lambris et aux plafonds des chambres, qui représentent tous cette grotte à l'envi l'un de l'autre : en sorte que lorsqu'on lui donne l'eau, on voit aussitôt *cent cascades pour une,* et infinis jets qui se

---

23. *Discours de la vie cachée en Dieu,* cité par J. Rousset dans *L'Intérieur et l'extérieur,* p. 201.

reproduisent de tous côtés. Chaque glace renvoie aux autres la figure qu'elle reçoit, et ce que l'une n'a pas directement, elle l'emprunte de quelqu'une de ses voisines. Ainsi rien ne se perd en ces miroirs » [24].

Le miroir est devenu essentiellement un instrument de prestidigitateur. Avec lui le magicien joue sur le réel pour donner l'illusion d'une autre réalité qui en fait n'est qu'une irréalité. Ces trois fonctions du miroir : reproduction, révélation, illusion, nous pouvons les retrouver dans le théâtre.

Le théâtre, par sa fonction de représentation, peut être considéré comme une image du monde, *imago mundi*. Mais le monde est lui-même perçu comme un théâtre : *theatrum mundi, theatrum naturae,* c'est une expression qui revient couramment dans la littérature du début du XVIIe siècle. Tout est théâtre, et le théâtre n'est que théâtralisation du « théâtre de la nature ». Ce qui importe, ce sera ce jeu de miroirs qui reproduisent à l'infini, en le multipliant, un même modèle dont, parmi tant d'images, on ne sait plus où il est. Labyrinthe d'images. Le double et le sosie ne sont pas seulement inventions comiques. L'image du double inspire à d'Aubigné ces vers *(Les Tragiques,* IV. 24-26) :

... Je vi
Ma conscience en face, ou au moins son image
Qui au visage avoit les traicts de mon visage.

Transposés au théâtre, ces jeux de reflets et de dédoublements aboutissent à ce que J. Morel appelle, à propos de Rotrou, une dramaturgie de l'ambiguïté. Entre la réalité et l'image, qui pourra dire où se situe le réel? Ce jeu de réflexion est poussé parfois si loin que la pièce devient le sujet d'une autre pièce qui se déroule à l'intérieur de la première. Ce théâtre dans le théâtre existe dans Shakespeare et dans Calderon, il existe aussi dans *L'Illusion Comique* de Corneille comme dans la *Critique de l'École des Femmes.* A ce point de vue, la pièce la plus caractéristique est le *Saint-Genest* de Rotrou, où l'on voit un acteur jouer dans la réalité (une réalité qui est de fait une fiction théâtrale) le rôle qu'il

---

24. Cité par J. Rousset, *L'Intérieur et l'extérieur,* p. 200.

vient de jouer dans une pièce. Confusion du personnage et de son rôle : il est vrai qu'en sens inverse l'enseignement de la tragédie de Rotrou peut être considéré comme une recherche d'authentification. Et c'est ici qu'interfèrent les termes de baroque et de classique : le théâtre baroque est-il un théâtre de l'ambiguïté, le théâtre classique est-il un théâtre de l'authenticité ? Les distinctions en fait ne sont pas aussi simples. *Phèdre* est elle aussi une héroïne au miroir : mais son miroir, contrairement à celui que les sorcières avaient donné à Macbeth pour contempler le futur et le maintenir dans son mensonge par un artifice de vérité, ne lui renvoie que sa propre image, ou plutôt diverses images, pour l'obliger à faire tomber inéluctablement les masques. La mort rend au jour sa pureté, Thésée est trop éclairci de cette « action si noire », la pleine lumière du dénouement s'oppose évidemment au jeu de clair-obscur qui règne dans les feux d'artifice nocturnes des images baroques.

S'il était seulement miroir, le théâtre baroque serait une forme de théâtre réaliste. Mais son pouvoir réfléchissant est surtout saisi comme pouvoir déformant. Art du reflet, mais du reflet brisé ou déformé. L'effet d'illusion le plus caractéristique est celui auquel nous fait assister Corneille dans *L'Illusion Comique* : Pridamant, grâce aux soins d'un magicien, voit son fils Clindor se battre en duel et conduit en prison ; en fait il s'agit là d'une pièce que son fils est en train de jouer comme comédien. Le goût pour les mascarades qui se développe à la cour de Henri III, les effets de trompe-l'œil, les métamorphoses répétées des pièces à machines, tout cela manifeste, en même temps que la joie d'utiliser les dernières découvertes en matière de machinerie optique, la même obsession. *Le Songe d'une nuit d'été*, *La Vie est un songe* mettent en jeu le pouvoir de dédoublement du réel qui caractérise la vision baroque. Sigismond, de son cachot transporté au palais, ne sait plus où se situe pour lui le réel, et Puck, à la fin du *Songe*, s'adresse en ces termes aux spectateurs pour renouveler le spectacle d'illusion qui leur a été présenté :

Si les ombres que nous sommes vous ont déplu, ne leur gardez pas trop rancune. Dites-vous simplement que

189

vous dormiez, tandis qu'elles défilaient devant vous. Mais si nous sommes devenus amis, donnez-moi la main, donnez-nous toutes vos mains, et aussi vrai que je m'appelle Puck, nous tâcherons de faire mieux la nuit prochaine.

Le songe et le réel, le masque et le visage, l'homme et son double, la vérité et le mensonge s'avancent dans ce théâtre, non en couples contrastés, mais en couples égaux et fraternels : on ne sait qui est l'un et qui est l'autre. L'époque a été hantée par le doute : même Descartes évoque l'hypothèse du « malin génie », comme tremplin, il est vrai, à une future certitude. Le thème de la veille qui est songe et des réalités du songe est un leitmotiv du *Discours* aussi bien que des *Méditations* :

> Je suis homme, et par conséquent j'ai coutume de dormir et de me représenter en mes songes les mêmes choses, ou quelquefois de moins vraisemblables que ces insensés lorsqu'ils veillent. Combien de fois m'est-il arrivé de songer la nuit que j'étais en ce lieu, que j'étais habillé, que j'étais auprès du feu, quoique je fusse tout nu dans mon lit! Il me semble bien à présent que ce n'est point avec des yeux endormis que je regarde ce papier; que cette tête que je branle n'est point assoupie, que c'est avec dessein et de propos délibéré que j'étends cette main et que je la sens : ce qui arrive dans le sommeil ne semble ni si clair ni si distinct que tout ceci. Mais en y pensant soigneusement, je me ressouviens d'avoir souvent été trompé en dormant par de semblables illusions; et en m'arrêtant sur cette pensée, je vois si manifestement qu'il n'y a pas d'indice certain par où l'on puisse distinguer nettement la veille d'avec le sommeil, que j'en suis tout étonné, et que mon étonnement est tel qu'il est presque capable de me persuader que je dors [25].

Le doute méthodique selon Descartes est une étape dans la recherche d'une règle assurée; le doute esthétique dont il est fait état au théâtre est une forme de fixation de l'esprit en cet

---

25. *Première Méditation.*

état de la pensée, pour le vertige voluptueux de la chasse aux reflets. Néanmoins le doute méthodique repose sur des bases absolument semblables. Lorsque Descartes déclare :

> considérant que toutes les mêmes pensées que nous avons étant éveillés nous peuvent venir quand nous dormons sans qu'il y en ait aucune pour lors qui soit vraie, je me résolus de feindre que toutes les choses qui m'étaient entrées en l'esprit n'étaient non plus vraies que les illusions de mes songes [26],

il ne fait que soumettre à sa volonté un principe de pensée qui chez les poètes est le fruit d'un dogme aux richesses dramatiques considérables :

> ? Que es la vida? Una ilusión,
> Una sombra, una ficción,
> Y el mayor bien es pequeño,
> Que toda la vida es sueño
> Y los sueños sueños son.

Le masque et le visage, le songe et le réel, l'illusion et l'authenticité jouent sur la scène à inverser leur rôle. Ces jeux ne sont pas seulement joie de jongleur à inverser les apparences et à réserver des surprises; elles correspondent à une interrogation profonde, cachée sous les masques trompeurs ou grotesques de la fête : qui suis-je? Dirai-je que je ne suis rien, dirai-je que je suis dieu? Douterai-je si je doute, douterai-je si je suis? Ce type de question à usage tactique que Pascal utilise dans l'*Apologie* se pose réellement pour l'homme baroque, et répondre que l'homme est mensonge et déguisement dans un monde qui est théâtre et décor ne fait que repousser la question. Car pour mettre un masque, encore faut-il avoir un visage.

● **La fonction psychodramatique du théâtre : l'épouvante et l'éblouissement.** Les jeux de l'illusion et du labyrinthe constituent une des fonctions caractéristiques du théâtre-miroir. Il n'empêche que la fonction primitive du miroir est une fonction de repro-

---

26. *Discours de la Méthode,* quatrième partie.

duction objective. C'est cet aspect que nous voudrions étudier. Le théâtre, parce qu'il est une technique de représentation, joue un rôle de révélation, de projection et d'extériorisation. Il extériorise sur la scène les obsessions qui structurent une mentalité : c'est ce qu'on pourrait appeler son rôle psychodramatique. Pour éviter d'entrer dans le détail d'une mentalité extrêmement complexe et fluctuante, nous retiendrons trois thèmes fondamentaux : le théâtre reproduit des vertiges de changement, à la fois angoissants et délicieux qui font de l'Inconstance un dieu et un démon; il projette des angoisses de mort et de souffrance en transformant la cruauté en spectacle et la mort en apparat; il couvre les inquiétudes liées à la question ontologique par une éthique de l'apparence et de la gloire.

Le XVIᵉ siècle a été sensible à une forme particulière de mouvement lié à l'écoulement du temps. Mais cet écoulement était linéaire. On s'acheminait doucement vers la vieillesse et vers la mort, et c'était une raison de plus pour célébrer les joies de la vie et les roses de la jeunesse. Bien plus, le temps, s'il créait un « change », n'altérait pas le principe rationnel d'identité :

Il nous change en nous-même, et non point en un autre

dit encore d'Aubigné dans *Les Tragiques* (VII, 380). Or la vie s'écoule, non comme un fleuve aux eaux calmes, mais comme un torrent déchaîné. Les auteurs baroques évoquent les eaux agitées de la mer, les tempêtes, les orages du ciel, comme dans Shakespeare. Ce sens aigu du mouvement aboutit à un art qui refuse la ligne droite. La ligne droite, dans le domaine dramatique, prend l'aspect d'une intrigue bien construite et d'une action cohérente; elle prend aussi l'aspect d'une conduite ferme et résolue. Il est vrai que certaines pièces de Corneille nous ont habitués à ce style, et que la ligne droite est la base architecturale de la composition et du comportement des personnages. Mais on trouve aussi l'inverse : un type fondamental du théâtre baroque est l'*inconstant*. Hylas, le berger de *l'Astrée* aux cent masques, qui chante sous cent formes son inconstance, a ses répondants au théâtre, l'*Alidor* et la *Phylis* de Corneille :

> Pour moi, j'aime un chacun, et sans rien négliger
> Le premier qui m'en conte a de quoi m'engager :
> Ainsi tout contribue à ma bonne fortune;
> Tout le monde me plaît, et rien ne m'importune.
> De mille que je rends l'un de l'autre jaloux,
> Mon cœur n'est pas à un, et se promet à tous [27].

Il y a surtout Don Juan. Mais Don Juan appelle son symbole antithétique, « l'homme de vent » dit Jean Rousset, aux prises avec « l'homme de pierre », inconstance et permanence. Le théâtre racinien jouera de cette opposition entre le changement et la fatalité : humeurs changeantes, caprices de la passion, raisonnements muables au gré des intérêts sentimentaux, mais tout entier soumis à un désir, un seul, dévorant, et accomplissant avec mille arabesques un « destin » tracé à l'avance. Le poète classique a repris un type créé par la mentalité baroque, mais en le replaçant dans un contexte où le change permanent se mue en permanence immuable.

Le baroque a pris naissance dans l'ensanglantement des guerres de Religion. C'est dire que la violence et la mort vont être au rendez-vous de la littérature et de l'art. La mort était présente dans la littérature de la Renaissance : au temps des fleurs de la Pléiade, elle apparaissait, invitait les hommes à jouir de la vie et s'évanouissait sous un linceul de roses. Dans la tragédie de Robert Garnier, sa présence est plus marquée, mais elle est surtout prétexte à de belles déclarations plaintives et à des adieux pathétiques aux plaisirs perdus de la vie. Sur la scène baroque, la mort est plus positivement une présence. R. Lebègue a signalé le changement d'atmosphère qui intervient sur la scène française à la fin du XVIe siècle avec ce qu'il a appelé le théâtre « shakespearien » avant de lui donner le qualificatif de « baroque ». La scène devient un jardin des supplices : le thème de la vengeance, si fécond dans le théâtre du début du XVIIe siècle, permet d'assouvir le goût de l'horreur et le sadisme conscient ou inconscient d'un public avide de ce type de spectacle. Car c'est bien de spectacle qu'il s'agit : les représentations de supplices et leur commentaire sont entourés de faste. C'est véritablement une mort à

---

27. *La Place Royale*, I, 1.

grand spectacle qui déploie somptueusement ses trésors sanglants sur la scène pour le ravissement des yeux et de l'imagination. Ce théâtre de la cruauté demeurera tout au long du siècle. Mais la tragédie racinienne va opérer une intériorisation du spectacle : la cruauté se manifeste ici dans le laboratoire de la pensée, beaucoup plus que dans l'exécution spectaculaire des projets. Dans le théâtre de Corneille, il y a du sang répandu sur scène : c'est le cas dans *Médée* où l'on assiste au suicide de Créon et à l'agonie de Créuse. Le langage a pour but de multiplier la volupté de participation à la souffrance, et l'on voit les agonisants détailler longuement le cheminement du poison, ses effets, et surtout transformer en représentation spectaculaire la désintégration de leur corps :

> Laisse-moi le bonheur d'expirer à ta vue,
> Souffre que j'en jouisse en ce dernier moment :
> Mon trépas fera place à ton ressentiment;
> Le mien cède à l'ardeur dont je suis possédée;
> J'aime mieux voir Jason que la mort de Médée.
> Approche, cher amant et retiens ces transports :
> Mais garde de toucher ce misérable corps;
> Ce brasier, que le charme ou répand ou modère
> A négligé Cléone, et dévoré mon père [...]
> Ah! Quel âpre tourment! quels douloureux abois!
> Et que je sens de morts sans mourir une fois! [28].

La cruauté racinienne répugne à ce genre de démonstration : le sang, le feu, la flamme qui font du corps un lieu où brûlent, comme en un feu d'artifice spectaculaire, les brandons de la souffrance, n'ont plus le même emploi. Fait caractéristique, la mort de Phèdre met en valeur le froid et la glace; c'est la passion des vivants qui appelle l'image du feu, non la mort :

> J'ai pris, j'ai fait couler dans mes brûlantes veines
> Un poison que Médée apporta dans Athènes.
> Déjà jusqu'à mon cœur le venin parvenu
> Dans ce cœur expirant jette un froid inconnu [29].

---

28. *Médée*, V, 5.
29. *Phèdre*, V, 7.

Cette froideur n'est pas un désamorçage de la cruauté : celle-ci s'est intellectualisée. Elle est le fait des consciences, et plaisir de l'intellect plus que des sens : la penser suffit à la représenter. A la tragédie austère et cathartique de l'époque classique, qui laisse en son dénouement le héros seul et nu face à la conspiration réussie du destin, l'époque baroque a préféré la tragi-comédie ou la tragédie héroïque qui s'achève par un triomphe. Ch. Péguy a noté ce sens de l'élévation qui caractérise le théâtre cornélien. Il y a une aspiration à un plus-être qui pourrait être opposée, académiquement, à la tragédie de la pesanteur qu'est la tragédie racinienne.

L'attitude avantageuse du Paon est une constante de l'héroïsme baroque, poussée parfois à la caricature comme dans le *Baron de Faeneste* de d'Aubigné ou le Matamore de *L'Illusion Comique*. L'angoisse d'être qui caractérise la mentalité contemporaine des guerres de Religion développe, à titre compensatoire, un goût du paraître qui trouve son apogée à l'époque de Louis XIII. Psychologiquement, ce besoin de compensation crée ce que nous appellerions aujourd'hui un *surmoi*, ou une image idéalisée de soi à laquelle le moi réel tend à s'identifier. C'est la clé de la *gloire* qui détermine la psychologie du héros cornélien : la *gloire* est cette aspiration du moi vers le surmoi, dépouillée de toute coloration morale, bien qu'elle puisse être redressée, après coup et selon l'intérêt, en intention moralisatrice, associée tout simplement à une volonté d'intégration de la personnalité dans un schéma cohérent et complet.

Le surmoi existe toujours à l'époque classique : mais il n'est pas, si l'on ose dire, propriété personnelle de son possesseur. Il a un caractère social et impersonnel très marqué. Le surmoi baroque, dans la manifestation de la gloire cornélienne, est exigence de dépassement d'une personnalité par elle-même. Le surmoi pascalien exige la démission du moi dans un ensemble ecclésiastico-religieux de nature autre. Rodrigue, Polyeucte, vont de ce qu'ils sont à ce qu'ils désirent être par solution de continuité, et ce cheminement de la gloire s'achève par un triomphe, même lorsque ce triomphe exige la mort, comme c'est le cas pour Polyeucte. La réalisation de la personnalité, dans l'optique pascalienne ou racinienne, suppose une rupture et un dépouillement. L'élan glorieux donne au théâtre de Corneille son caractère optimiste, malgré les violences et le sang répandu. Tragédie? Il faudrait plutôt dire, comme Corneille le fait quelquefois, tragi-comédie ou drame héroïque. Ni les héros ni le climat ne sont véritablement tragiques; le tragique impose à l'homme une limite et le broie sous une force inéluctable; dans la tragédie, les décisions du drame appartiennent aux dieux sous une forme réelle ou sous une forme symbolique (les dieux devenant symboles d'hérédité, d'un surmoi cruel, de résistances liées à l'inconscient collectif). Le héros cornélien ne connaît pas ces limites : c'est lui qui fait et défait les événements. La mort elle-même ne le menace pas, c'est lui qui en détient le pouvoir et décide de son application sur lui-même. Le drame cornélien est apothéose; bien loin de conduire ses personnages à cette situation sans issue où vivre est impossible, le drame les exalte dans un acte de possession suprême d'eux-mêmes, et les projette somptueusement dans un avenir où ils continuent à vivre. Par leur triomphe, ils font déborder le poème hors de lui-même et prolongent le mouvement dramatique au-delà du drame. Même morts ou vaincus, ils triomphent et se voient triomphants.

● **Le théâtre comme manière d'être.** Le baroque en lui-même est une attitude théâtrale devant la vie. Ainsi s'explique en partie sa réussite au théâtre. Il a fait du monde un théâtre où chacun joue un rôle, où les masques et les visages mènent le jeu sans cesse recommencé de la simulation et de la dissimulation. Il a fait du théâtre la scène du monde.

Ce qu'ajoutera le classicisme à l'apport baroque, c'est un élément d'authenticité. Le baroque excelle dans la représentation, le classique veut faire de la représentation une restitution de la vie à elle-même. En fait il ne restitue rien et ne fait que projeter d'autres fantasmes, les siens, sur la scène, et en particulier ce projet délirant de vouloir faire coller les mots aux choses et la représentation aux présences. Le palais des mirages qu'était la féerie baroque devient à son contact un miroir réfléchissant et le cristal où s'analysent les composantes de l'esprit. L'élan héroïque qui faisait tendre la tragi-comédie vers le triomphe et assurait au héros, dans la mort ou dans la gloire, la réintégration de sa personnalité, est remplacé par une pesanteur venue de très loin et de très haut, qui renvoie les individus aux troubles de leur monde intérieur. C'est qu'entre-temps le colosse social s'est organisé au détriment des velléités individualistes contradictoires : la conscience collective fait peser ses chaînes, sous la forme mythologique des dieux et d'un destin, sur toutes les entreprises d'évasion et de déviation. Le théâtre racinien est l'histoire d'une répression et d'un enfermement réussi pour le salut de la société. Car l'ordre est le grand vainqueur de l'échec des passions individuelles. Mais il nous semble artificiel de vouloir opposer rhétoriquement baroque et classisisme. C'est dans la conjonction de l'un et de l'autre que réside l'épanouissement du théâtre français au xviie siècle.

Une figure « énergétique » : l'hyperbole

Hyperbole :

> Lorsque nous sommes vivement frappés de quelque idée que nous voulons représenter, et que les termes ordinaires nous paraissent trop faibles pour exprimer ce que nous voulons dire, nous nous servons de mots qui, à les prendre à la lettre, vont au delà de la vérité, et représentent le plus ou le moins pour faire entendre quelque excès en grand ou en petit.
>
> Dumarsais, *Des Tropes.*

Gloire :

> Ma gloire, mon pays...
> Tant d'heur et tant de gloire
>
> Corneille, *Cinna*
>
> Aurais-je donc perdu tout le soin de ma gloire
>
> Racine, *Phèdre*
>
> Mais c'est fait de ma gloire, et je ne suis plus rien
> Qu'un fantôme qui court après l'ombre d'un bien
>
> J.O. Gombauld
>
> La plus grande bassesse de l'homme est la recherche de la gloire, mais c'est cela même qui est la plus grande marque de son excellence.
>
> Pascal, *Pensées*

L'hypertrophie du « non-moi » : le « monde » hyperbolisé et le thème de la tempête

● Hyperbole et paranoïa. La figure de style qui s'appelle l'hyperbole comporte des analogies visibles avec la structure psychique qui s'appelle la paranoïa. L'hyperbole, dit Dumarsais, consiste à « prendre des mots qui [...] vont au-delà de la vérité » [30], et il met en rapport le choix de ce procédé d'écriture avec l'état d'esprit du créateur littéraire; elle est utilisée dit-il, « lorsque nous sommes vivement frappés de quelque idée que nous voulons représenter ». Il institue par ailleurs une sorte de complicité entre l'auteur et le lecteur, choisi en somme comme arbitre et clinicien pour rétablir la « vérité » camouflée, mais aussi suggérée, par ces mots qui vont au-delà d'elle. Le terme de paranoïa, dans son acception la plus vaste, définit une structure mentale pathologique, « consistant dans l'hypertrophie du moi : le sujet se place au centre de tout, interprète tout par rapport à lui, ramène tout à lui ». Dans l'acception psychanalytique plus restreinte, et plus précise, la paranoïa est caractérisée « par un délire plus ou moins bien systématisé, la prédominance de l'interprétation, l'absence d'affaiblissement intellectuel » [31]. Freud range dans la paranoïa le délire des grandeurs. L'hypertrophie du moi peut donc s'exprimer paradoxalement, comme dans le délire de persécution, par une hyperbolisation des objets avec lesquels le paranoïaque se trouve en relation.

L'hyperbole consiste à hypertrophier le signifiant par rapport au signifié : les procédés en sont variables, et utilisent soit l'adjectivation, soit la métonymie ou la métaphore d'enflure, soit le glissement lexical. La paranoïa consiste à hypertrophier la représentation de l'objet (le sujet pouvant être pris lui-même comme objet) par rapport à sa nature objective. Pour l'appréciation de l'hyperbole comme pour l'appréciation de la paranoïa, il faut la présence d'un « juge » ou d'un arbitre extérieur qui puisse avoir conscience de la disproportion. Nous sommes parfaitement conscients des différences à établir entre cette figure du discours et cette structure du psychisme. Nous n'aurons pas la naïveté de

---

30. *Des Tropes*, Paris, Sicard, 1803, p. 122.
31. J. Laplanche et J.-B. Pontalis, *Vocabulaire de la psychanalyse*, PUF, 1967, p. 299.

confondre les mots et les sentiments, et de nous livrer à une identification permanente du signifiant et du signifié. L'étalage politique et social de la « grandeur » par des opérations de prestige, la « montre » et la « pompe », sont avant tout un moyen de gouvernement, lorsque c'est le Roi qui en prend l'initiative, ou une manière de se dresser face au pouvoir, lorsque ce sont les Grands ou le Surintendant des Finances qui agissent pour leur compte personnel. Dire « L'État, c'est moi » lorsqu'on est Louis XIV n'est ni hyperbolique ni délirant, puisque les mots ici collent aux faits. De la même manière, nous pourrons dire que Matamore de *L'Illusion Comique* n'est qu'un discours hyperbolique. Il n'en est pas de même dans la tragédie, où le discours tragique, dans la perspective de ce théâtre de l'illusion par identification et de la vraisemblance, veut conduire à un au-delà du discours.

● **Oreste et Médée : récitations hyperboliques, fantasmes paranoïdes.** Deux discours hyperboliques, dans lesquels on peut recenser un certain nombre de procédés d'hyperbolisation très visibles : en fait l'hyperbole est ici vécue par chacun des récitants et veut manifester autre chose qu'une manière de parler : une manière de dire. Les mots et les figures renvoient à des référents extra-textuels qui permettent d'insérer dans le discours un « à-côté » ou un « au-delà » du discours.

Envisagés sous cet aspect, nous rencontrons deux « délires » parallèles et antithétiques qui pourraient servir d'ouverture à cette étude sur l'hyperbole et la paranoïa. Nous avons en effet les deux formes les plus communes de la paranoïa : d'un côté une réaction mégalomaniaque qui fait de *Médée* la maîtresse des dieux et des serpents infernaux; de l'autre une réaction de persécution qui dresse une conjuration des dieux et des filles d'enfer contre une seule victime : Oreste. Dans le second cas, nous trouvons des analogies fondamentales avec ce qu'on appelle techniquement une position paranoïde définie par des « processus prévalents » d'introjection et de projection, et où l'angoisse, intense, est de nature persécutive (destruction par le « mauvais objet » [32]). Dans les deux cas, la figure hyperbolique est liée à

---

32. *Vocabulaire de la psychanalyse, op. cit.,* p. 318.

une relation de disproportion : soit un *moi* exalté qui donne ses ordres à la nature et au monde surnaturel, soit un moi apparemment déprécié et victime d'une machination universelle et surnaturelle, mais qui n'en continue pas moins à lancer des défis dans l'étalage de ses souffrances.

Médée, dans la pièce de Corneille (I, 4), adresse aux dieux ses ordres, ses menaces et son verdict :

> Souverains protecteurs des lois de l'hyménée,
> Dieux garants de la foi que Jason m'a donnée,
> Vous qu'il prit à témoin d'une immortelle ardeur
> Quand par un faux serment il vainquit ma pudeur,
> Voyez de quel mépris vous traite son parjure,
> Et m'aidez à venger cette commune injure :
> S'il me peut aujourd'hui chasser impunément,
> Vous êtes sans pouvoir ou sans ressentiment.

Les mots se groupent en deux séries antithétiques et sont caractérisés chacun par un choix d'intensité maximale : « protecteurs », « garants », « témoins », « pouvoir » s'insèrent dans un vocabulaire juridique, se réfèrent à l'appareil judiciaire et à la puissance de la loi, hyperbolisés par voie adjective (« souverains », « immortelle »); à cette série s'oppose le vocabulaire de la transgression : « faux serment », « vaincre la pudeur », « parjure », « injure », « chasser » hyperbolisés par voie affective (usage de l'apostrophe, et de mots chargés d'affectivité comme « mépris »). Nous sommes en présence de deux « puissances » : celle de la loi et celle du crime, toutes les deux portées à leur plus haut degré d'expression. Le rôle de Médée est de hausser sa puissance au niveau du crime dont elle est la victime : c'est elle qui s'adresse aux dieux, c'est elle qui sera l'instigatrice et l'exécutrice de sa vengeance (les dieux sont appelés à l'aide, mais c'est elle qui conduit l'action); c'est elle qui dispose des éloges et des menaces à l'égard des dieux. Face à ces comparses utiles, elle ne fait qu'exprimer sa décision — sans discussion — et son libre arbitre. Les dieux sont réquisitionnés sur ordre et embrigadés — sous peine de se déjuger — dans cette action qui en aucune manière ne saurait être mise en question.

Oreste, chez Racine (*Andromaque*, V, 5), adresse aux dieux ses grâces, amères. Ce n'est pas la menace, c'est l'ironie qui importe ici, cette manière d'étaler ses malheurs pour dire aux dieux « voyez ce que vous avez fait », c'est une façon de culpabiliser les Immortels, en les mettant en face de leur responsabilités :

> Grâce aux dieux! Mon malheur passe mon espérance!
> Oui, je te loue, ô ciel, de ta persévérance,
> Appliqué sans relâche au soin de me punir,
> Au comble des douleurs tu m'as fait parvenir.
> Ta haine a pris plaisir à former ma misère;
> J'étais né pour servir d'exemple à ta colère,
> Pour être du malheur un modèle accompli.
> Hé bien! Je meurs content, et mon sort est rempli.

Nous observons un groupement semblable des termes autour de deux séries : l'une active, qui renvoie aux dieux et à leur puissance : « persévérance », « application », « punir », « haine », « colère ». Cette série se trouve hyperbolisée par voie adverbiale et verbale (« passe », « sans relâche », « faire parvenir au comble ») et on notera également un usage de l'affectivité qui ne se rencontrait pas sous cette forme chez Corneille (« ta haine a pris plaisir »). Une autre série, passive, renvoie à la victime qui transcrit son état en termes de souffrances : « malheur », « douleurs », « misère », « malheur », etc... L'hyperbolisation se fait essentiellement sous forme superlative et tend à faire du cas d'Oreste un cas exemplaire, « un modèle accompli » du « comble des douleurs ».

Le texte de Médée est fondée sur l'opposition (et le dépassement par l'action) de deux séries actives : maintien de la loi, transgression, et vengeance. Le monologue d'Oreste est fondé sur une opposition actif/passif : punition/souffrance, et il n'y a pas de dépassement apparent, comme semble l'exprimer le dernier vers : « Je meurs content, et mon sort est rempli ». En fait il faut tenir compte de l'ironie, qui joue en somme le rôle de la « pensée de derrière » dont parle Pascal. La vengeance est accomplie, les dieux sont vainqueurs : toute révolte et tout sursaut d'action ne peut être qu'un échec. Il reste le ton amer de « l'homme de ressentiment » qui, comme Prométhée sur son rocher, garde le droit à la parole. Mais la parole de Prométhée est menaçante et imprécative : elle fait jaillir du futur la défaite des dieux. Ici rien de tel : il ne reste qu'un être blessé, qui n'a que ses blessures à montrer, et ne veut que faire étalage de l'injustice dont il est la victime.

Au-delà de cette opposition entre l'esprit de vengeance et l'esprit de ressentiment, au-delà de ces différences de structuration (d'un côté une superposition active de comparatifs, et de l'autre un conflit arrivé à son point extrême entre un bourreau et une victime), il y a des affinités. Dès le départ, nous remarquerons qu'il s'agit d'un dialogue de l'homme et des dieux : les héros n'ont plus l'un et l'autre d'autre interlocuteur que les dieux. Ils sont arrivés à ce point d'hyperbolisation du moi qu'un saut dans le surnaturel peut seul résoudre. Que les dieux soient dans Corneille à la fin de cette ascension du héros vers le ciel, qu'ils soient chez Racine au début de cette descente vers l'enfer et la destructuration de la personnalité, il n'empêche que nous retrouvons chez tous deux cet aspect mégalomaniaque : l'un accentue la disproportion, et l'autre inverse les rôles. Dans les deux cas, ce dialogue avec le surnaturel indique un point de rupture de la condition humaine, aux limites de toutes relations humaines.

Après cette adresse aux dieux, un dialogue avec les « furies d'enfer ». Médée (I, 4) :

> Et vous troupe savante en noires barbaries
> Filles de l'Achéron, pestes, larves, furies,
> Fières sœurs, si jamais notre commerce étroit,
> Sur vous et vos serpents me donna quelque droit,
> Sortez de vos cachots avec les mêmes flammes
> Et les mêmes tourments dont vous gênez les âmes;
> Laissez-les quelque temps reposer dans leurs fers :
> Pour mieux agir pour moi faites trêve aux enfers;
> Apportez-moi du fond des antres de Mégère
> La mort de ma rivale et celle de son père.

Oreste (V, 5) :

> Hé bien! filles d'enfer, vos mains sont-elles prêtes?
> Pour qui sont ces serpents qui sifflent sur vos têtes?
> A qui destinez-vous l'appareil qui vous suit?
> Venez-vous m'enlever dans l'éternelle nuit?
> Venez, à vos fureurs Oreste s'abandonne.

D'un côté, un appel à l'action et à la destruction de l'adversaire; de l'autre un appel à la destruction de la victime. Médée se voit à la tête d'une armée monstrueuse qui se précipite sur sa rivale : Oreste se voit en proie à cette armée — commandée en fait par Hermione — qui se précipite sur lui. Mégalomanie et persécution : ce qui en ressort dans les deux cas, c'est l'importance donnée au *moi* dans ces tableaux de bruit et de fureur.

L'opposition entre l'aspect actif de l'héroïne cornélienne et l'aspect passif du héros racinien est accentuée par l'apothéose du délire en des visions fantastiques. Le rêve de Médée est un délire solaire, qui s'apparenterait cliniquement aux délires solaires d'Oswald dans les *Revenants* d'Ibsen ou aux fantasmes du Président Schreber dans la Quatrième des *Cinq Psychanalyses,* mais dans un sens essentiellement actif : nouveau Phaeton, elle s'imagine chevauchant l'attelage du Soleil pour fondre sur Corinthe et l'embraser de ses rayons. Ce délire solaire constitue l'apogée de l'invocation aux dieux; on atteint ici le moment-clé du délire et cette assimilation de Médée au Soleil « auteur de sa naissance » mériterait qu'on marque mieux l'orientation de cette rêverie masculine dont l'apothéose est un rêve de remplacement du père (I, 4) :

> Auteur de ma naissance, aussi bien que du jour,
> Qu'à regret tu dépars à ce fatal séjour,
> Soleil, qui vois l'affront qu'on va faire à ta race,
> Donne-moi tes chevaux à conduire en ta place;
> Accorde cette grâce à mon désir bouillant;
> Je veux choir sur Corinthe avec ton char brûlant.

Le rêve d'accession à la puissance paternelle, associé au fantasme de destruction de la ville marâtre, constitue un ensemble symbolique très vaste, et qui a déjà été étudié, sinon dans son expression cornélienne, du moins dans d'autres manifestations littéraires ou cliniques. Nous retiendrons un fantasme analogue dans le délire hyperbolique de Camille et ses imprécations à l'égard de Rome. Ce qui en ressort, c'est le caractère actif de la rêverie : Médée reste agent, et son désir est de voir Corinthe en cendres,elle seule en être cause, et mourir de plaisir. Mais en réalité, la volupté de Médée ne réside pas tellement dans le fait de voir, que dans celui d'être cause, et de se représenter mentalement en action l'accomplissement de son désir.

Le plaisir — amer — d'Oreste réside lui aussi dans un fantasme de destruction : mais il s'agit d'un fantasme d'auto-destruction. L'œil est ici plus important que « le bras ». Oreste n'est plus qu'un regard, et une bouche qui dit ce que voient les yeux (*Andromaque,* V, 5) :

> Où sont ces deux amants? Pour couronner ma joie,
> Dans leur sang, dans le mien, il faut que je me noie;
> L'un et l'autre en mourant je les veux regarder.
> Réunissons trois cœurs qui n'ont pu s'accorder.
> Mais quelle épaisse nuit tout à coup m'environne?
> De quel côté sortir? D'où vient que je frissonne?
> Quelle horreur me saisit? Grâce au ciel j'entrevois...
> Dieux! Quels ruisseaux de sang coulent autour de moi...
> . . . .
> Mais que vois-je? A mes yeux Hermione l'embrasse?
> Dieux! quels affreux regards elle jette sur moi!

La multiplicité des mots faisant appel à la vue s'oppose au caractère actif des verbes utilisés par Médée : dans le texte de *Médée,* c'est le soleil qui est passif, qui « voit l'affront » fait à sa fille et se contente de lui prêter son char. Ici même l'action — lorsqu'Oreste songe à anéantir le couple fatal — est représentée sous forme de spectacle, et le suicide d'Oreste est une représentation imaginaire qui ne sera pas réalisée. Dans la tombe de la folie, un œil est là, grand ouvert, qui regarde Caïn-Pyrrhus, mais surtout qui regarde Oreste : il y a une joie sadique, mais aussi une joie narcissique du regard, dans cette auto-contemplation de déchéance. Des fantômes nocturnes et des fantasmes d'aveuglement — la punition d'Œdipe — frôlent un instant son regard : « Mais quelle épaisse nuit tout à coup m'environne? » Ce n'est qu'un nuage. L'œil reste ouvert jusqu'au bout, persiste dans sa fonction de regard face à de nouveaux fantasmes en rouge : « Quels ruisseaux de sang coulent autour de moi? ». L'angoisse du noir revient, et de l'aveuglement : « Venez-vous m'enlever dans l'éternelle nuit? ». Mais c'est dans le rouge, la seule couleur désormais sensible à sa vue, que s'achève le délire d'Oreste, au milieu d'un festin anthropophagique :

> L'ingrate mieux que vous saura me déchirer;
> Et je lui porte enfin mon cœur à dévorer.

On pourrait opposer cette oscillation du rouge et du noir — le noir rejeté phobiquement par cet esthète de l'œil, le rouge savouré avec une angoissante volupté — à la pleine lumière du rêve de Médée, qui pense la mort en termes de lumière — rayons incandescents et flammes dévorantes. Mais en fait ce sont les analogies structurelles qui frappent; nous avons deux monologues : Médée ne parle qu'à elle-même et aux dieux, Oreste enfermé dans sa folie ne parle qu'à lui et à ses visions. Nous pouvons remarquer l'importance syntaxique du *moi,* soit sous la forme de sujet verbal, soit sous la forme de complément d'objet premier ou second. Bien entendu l'opposition action/passion dans les deux textes retrouve son équivalent syntaxique. Tous les objets du discours sont organisés en fonction du *moi.* La deuxième remarque qui s'impose, c'est la prédominance quantitative des objets de représentation par rapport au moi. Quantitativement, la surface de texte occupée par le non-moi est plus grande que ce qui se rapporte aux sujets; mais syntaxiquement, l'importance du *moi* est beaucoup plus considérable, car il est le centre de convergence à partir duquel tout le texte s'organise. Nous avons étudié une composition semblable dans *La Tentation de Saint Antoine* de Jacques Callot.

Cette organisation se retrouve (avec cette double disproportion de la quantité et de la fonction) dans un thème caractéristique de l'âge baroque : le thème de la tempête.

• **L'hyperbole par convergence : orages et tempêtes.** La tempête met en jeu une nature hyperbolisée par le déchaînement des éléments, et par l'importance spatiale de la mer et du ciel. Mais ce déchaînement agit contre une victime : rocher, navire, marins et capitaines perdus, ou rois abandonnés, comme le Roi Lear. La structure de composition obéit aux règles de la convergence.

Le vieil homme et l'orage; lorsque le Roi Lear n'a plus que sa couronne de cheveux blancs, il invective les éléments déchaînés, en signe de puissance parodique, pour les exhorter à détruire enfin ce qui reste de lui-même, vieil Oreste affolé :

> Soufflez, vents, à crever vos joues! Faites rage! Soufflez! Trombes et cataractes, jaillissez jusqu'à tremper nos clochers, jusqu'à noyer leurs coqs! Feux de soufre immédiats comme l'idée, avant-coureurs des foudres fendeuses de chênes, venez roussir ma tête blanche! Et toi, tonnerre, grand ébranleur, aplatis l'épaisse rotondité du monde, craque les moules de la nature, disperse d'un seul coup tous les germes qui font l'homme ingrat! [...] Gargouille à pleine ventrée! Crache, feu! Jaillis, pluie! Pluie, vent, tonnerre ni feu ne sont mes filles : je ne vous taxe point, vous autres éléments, d'ingratitude; je ne vous ai jamais donné de royaume, ni appelé mes enfants; vous ne me devez aucune obéissance : laissez donc choir votre horrible plaisir; me voici votre esclave, pauvre vieillard infirme, débile et méprisé! Et pourtant je vous déclare ministres serviles pour avoir à deux filles pernicieuses allié vos bataillons engendrés dans les nues contre un chef aussi vieux et blanc que celui-ci. Oh, oh! c'est infâme [33].

Voici un autre roi dépossédé de son territoire; mais il a gardé une forme de puissance — la « science » — qui lui permet de commander réellement aux éléments : Prospéro le magicien rejoint (par ses malheurs et sa science vengeresse) la magicienne Médée :

> *MIRANDA* — Si votre art, mon très cher père, a jeté les eaux furieuses en ce délire, apaisez-les. Le ciel, semble-t-il, déverserait une poix infecte si la mer, soulevée jusqu'à la joue du firmament, n'en éteignait le feu. Oh! comme j'ai souffert avec ceux que je voyais souffrir! Un beau vaisseau — et qui portait sans doute de nobles créatures — rompu en mille pièces! Oh! Le cri m'est venu heurter en plein cœur! Pauvres âmes, ils ont péri... Que n'étais-je un dieu puissant : j'eusse abîmé la

---

33. *Le Roi Lear* (III, 2), in Shakespeare, *Théâtre Complet,* Paris, Gallimard, « Bibliothèque de la Pléiade », 1950, tome II, p. 677.

mer dedans la terre plutôt que de la voir engloutir
ainsi ce bon navire et sa cargaison d'âmes.
PROSPÉRO — Calmez-vous; plus d'effroi. Persua-
dez votre cœur pitoyable qu'il n'y a point de mal.
MIRANDA — Oh! Jour d'infortune!
PROSPÉRO — Point de mal [34]!

Ce schéma de tempête dans sa double nature — celle qui
consiste à faire de l'homme le maître des éléments auxquels
il commande par les vertus de son savoir, celle qui consiste
à en faire la victime d'éléments déchaînés, qui restent en
dehors de son pouvoir — est symbolique de la relation entretenue entre l'intérieur et l'extérieur : les éléments naturels
symbolisent tout ce qui est extérieur à l'homme, et sous le
vocable de « sort », de « fatalité » ou de « dieux », le combat
de l'homme et de la tempête exprime une manière de rendre
compte de la science, de ses limites et de ses pouvoirs.
L'exaltation du monde extérieur, répond à une infériorisation des capacités de l'esprit à contenir et à dominer le
secret des choses. En fait le monde élémentaire symbolisé
par l'eau, les vagues, les monstres et les souterrains, ce
monde « extérieur » est lui-même analogique d'une forme
d'intériorité : il contient en lui tout ce que la conscience
unificatrice et clarifiante n'arrive pas à assimiler; il est l'inconscient, ses vestiges archaïques, ses racines irration-
nelles, et ses traditions imperméables à la raison. L'homme et
la tempête, c'est l'homme nouveau, et sa raison vacillant
sous le déferlement de pulsions et de forces venues de très
loin. Le vieil homme et la mer jouent à eux deux un drame
multiple : c'est la science qui n'arrive plus à récupérer dans
ses catégories les éléments déchaînés de l'univers; la tempête manifeste le retour à un chaos qui dominerait le cosmos
rationalisé : c'est un fait que les thèmes apocalyptiques du
Déluge, du retour aux Eaux-Mères ou à la Terre-Matière première et fluide *(Hylé)* se rencontrent aussi bien chez les
« physiciens » que chez les poètes épiques spécialisés dans
cette épopée de la matière qu'est l'histoire du monde. Le
thème de la tempête exprime cette disproportion de l'homme

34. *La Tempête,* Shakespeare, *op. cit.,* tome II, p. 1243.

et de l'univers qui sera au centre de l'apologétique néo-augustinienne du xviie siècle. Mais le déchaînement marin évoque aussi un autre type de conflit et d'impuissance : celui qui se détermine, par opposition, entre la conscience claire et organisée et ces parties obscures du moi que plus tard on réunira sous le nom commun d'inconscient. L'homme de la fin du xvie siècle ressent terriblement cette destructuration en lui de l'homme ancien, et les appels, pour être intégré dans l'unité d'une personnalité nouvelle, de ces « esprits » détachés de leurs racines anciennes, quêtant une identité et une place dans l'homme qui se forge. Cette double découverte : possibilités infinies de la nature, et richesses illimitées de l'esprit, c'est ce qu'on pourrait appeler la découverte d'un *non-moi;* nous entendons par là l'ensemble des éléments non assimilés par une conscience raisonnante inadaptée au développement du savoir.

Le thème de la tempête voit ses usages se multiplier : le contemplateur de Lucrèce, assis sur le rivage tranquille d'une mer déchaînée, le descendant d'Ulysse soumis aux rigueurs obsédantes de Neptune, l'explorateur de nouvelles terres, qui est aussi l'explorateur de mers nouvelles, tous sont enfants de la Renaissance, et ce n'est pas seulement chez les peuples réputés marins que cette attirance des flots et des mots va permettre de signer les plus belles œuvres littéraires d'inspiration marine. Le thème de la tempête est véritablement un archétype : son évocation permet de faire jouer inconsciemment toutes les émotions et les angoisses qui, à travers ce dialogue de l'homme et de la mer, expriment les rapports de la science et du monde, de la conscience et de l'inconscient, de l'esprit et de la nature, de la tradition et de la nouveauté.

On peut voir aisément évoluer le thème dans l'œuvre d'un seul poète, qui est d'Aubigné. Dans *Le Printemps,* l'auteur l'utilise à des fins métaphoriques : le navire naufragé au sein de la tempête est le symbole du cœur remué de passions, mais qui ne s'éveillera que sous le regard de la dame. Le schéma se trouve aussi dans du Bellay *(Olive,* XLI) dans Ronsard *(Amours* de 1552, pièce XLV) et dans Desportes *(Diane,* sonnet LVIII).

En un petit esquif éperdu, malheureux,
Exposé à l'horreur de la mer enragée,
Je disputais le sort de ma vie engagée
Avec les tourbillons des bises outrageux.

Tout accourt à ma mort : Orion pluvieux
Crève un déluge épais, et ma barque chargée
De flots avec ma vie était mi-submergée,
N'ayant d'autre secours que mon cri vers les cieux.

L'usage des mots fait mieux ressortir ici les deux procédés de disproportion et de convergence caractéristiques des relations de l'homme et de son entourage : accentuation d'intensité, par adjectivation, utilisation de verbes d'activité renforcés par des tournures elliptiques : convergence de tous les déchaînements vers un seul point de l'espace appelé *moi,* qui nous est présenté en ce point critique où on ne sait vers quoi bascule encore l'existence, la mort ou le ciel. Or cette mise en scène porte sur une matière métaphorique comme nous l'apprend la fin du sonnet :

En la mer de mes pleurs porté d'un frêle corps,
Au vent de mes soupirs pressé de mille morts
J'ai vu l'astre besson des yeux de ma déesse.

Plusieurs sonnets de l'*Hécatombe* reprennent le thème marin, associé parfois à celui de la guerre civile :

Combattu des vents et des flots,
Voyant tous les jours ma mort prête
Et aboyé d'une tempête
D'ennemis, d'aguets, de complots.

Les *Stances,* dans leur inspiration noire, développent le thème par des appels hyperboliques qui associent en effet sans difficulté l'errant tourmenté de ses passions aux grands errants shakespeariens soumis à la furie des vents et des flots. Ce qui est à retenir, c'est surtout le caractère incantatoire de cette prière au chaos : l'âme tourmentée ne pourra retrouver son équilibre que dans la tourmente générale; de là ces appels répétés aux forces des nuages et des vents :

Une éternelle horreur, une nuit éternelle
M'empêche de fuir et de sortir dehors :

Que de l'air courroucé une guerre cruelle
Ainsi comme l'esprit m'emprisonne le corps!

Jamais le clair soleil ne rayonne ma tête,
Que le ciel impiteux me refuse son œil,
S'il pleut, qu'avec la pluie il crève de tempête
Avare du beau temps et jaloux du soleil!

Mon être soit hiver, et mes saisons troublées,
De mes afflictions se sente l'univers.

Le dernier vers renverse apparemment l'hyperbole de persécution, pour restituer au *moi* son rôle archaïque de centre et
de moteur de l'univers dans la vieille conception anthropocentrique; un rôle qu'il n'a pas perdu, mais qui s'est trans-
formé en essence passive. Dans *Les Tragiques,* d'Aubigné
inclut une sorte de confession autobiographique, selon le
goût de l'époque, à la narration des faits historiques. Le
rythme adopte comme spontanément le flux et le reflux
marin, et les répétitions verbales donnent au poème l'aspect
toujours recommencé des éternelles errances. Cette rêverie
horizontale, si rare chez d'Aubigné (qui est essentiellement
l'homme des hauteurs), s'accompagne de quelques plongées
qui introduisent la dimension verticale, et associent dans
leurs complexes superpositions, toutes les images possibles
du vortex et du tourbillon (VI, 105-132) :

J'ay fuy tant de fois, j'ay desrobé ma vie
Tant de fois, j'ay suivi la mort que j'ay fuye,
J'ay fait un trou en terre et caché le talent,
J'ay senti l'esguillon, le remors violent
De mon ame blessee, et ouy la sentence
Que dans moy contre moy chantoit ma conscience.
Mon cœur vouloit veiller, je l'avois endormi;
Mon esprit estoit bien de ce siecle ennemi,
Mais, au lieu d'aller faire au combat son office,
Satan le destournoit au grand chemin du vice.
Je m'enfuyois de Dieu, mais il enfla la mer,
M'abysma plusieurs fois sans du tout m'abysmer.
J'ay veu des creux enfers la caverne profonde;
J'ay esté balancé des orages du monde;
Aux tourbillons venteux des guerres et des cours,
Insolent, j'ay usé ma jeunesse et mes jours;
Je me suis pleu au fer, David m'est un exemple

Que qui verse le sang ne bastit pas le temple;
J'ay adoré les Rois, servi la vanité,
Estouffé dans mon sein le feu de verité;
J'ay esté par les miens precipité dans l'onde,
Le danger m'a sauvé en sa panse profonde,
Un monstre de labeurs à ce coup m'a craché
Aux rives de la mer tout souïllé de peché;
J'ay fait des cabinets sous esperances vertes,
Qui ont esté bien tost mortes et descouvertes
Quand le ver de l'envie a percé de douleurs
Le quicajon seché pour m'envoyer ailleurs.

De cette confession, d'Aubigné fait aussi une variation sur l'histoire de Jonas : autre complexe marin. Le prophète, qui s'était jeté à l'eau pour éviter d'accomplir sa mission, fut miraculeusement recueilli par un monstre marin et rejeté sur la grève, là où il devait se rendre. Mais la trame biblique n'est qu'allusive : cette odyssée de bateau ivre, au hasard des rencontres étranges, *cavernes profondes, tourbillons venteux, cabinets sous espérances vertes,* soumet à un rythme tourbillonnant de mer en furie une âme à la dérive qui s'enfuyant sans cesse finit par se trouver. Nous avons là une des plus belles images d'identification du flux marin et de la destinée humaine. Réunion d'une triple harmonie : celle d'une volonté divine, celle d'un ordre cosmique exécutant les ordres divins, celle d'une vie humaine réalisant à son insu la Parole.

En fait cette épopée de l'eau se structure en mythes souvent complémentaires : face au *Déluge, Jésus calmant la tempête,* face aux *Naufrages, Jésus marchant sur les eaux,* chars d'Amphitrite et désarrois d'Ulysse et de Jason. Les hommes de l'âge baroque se sont véritablement « baignés dans le poème de la mer ». Tritons et Néréides sont comme les survivants aux conques d'or et aux yeux de porcelaine écarquillés, d'un grand drame cosmique dans lequel, simples figurants, ils n'ont rien compris. En fait, en mêlant les époques, de ce chant marin qui retentit, du *Roi Lear* au *Polyphème,* des *Lusiades* à la *Nuit des nuits,* en contractant l'essence des mots, on pourrait dire :

Et c'est un songe en mer comme il n'en fut jamais songé, et c'est la Mer en nous qui le songera :

La Mer, en nous tissée, jusqu'à ses ronceraies d'abîmes, la Mer, en nous, tissant ses grandes heures de lumière et ses grandes pistes de ténèbres [35].

● Fluctus, hiatus, saltus. Le point de départ de la disproportion entre l'homme et le monde résulte, nous semble-t-il, de la remise en question de la finalité anthropocentrique de l'univers : devenu « chose parmi les choses », l'homme ne se satisfait pas de ce nouvel état sans privilège, et même, lorsqu'il ressasse ses faiblesses et mesure par tous les bouts son inanité, cette insistance et ce ressassement laissent à penser que cette nouvelle condition d'homme-de-la-nature n'est plus assumée.

Les deux thèmes caractéristiques de l'impérialisme anthropocentrique se trouvent exprimés et ridiculisés (quoique la voie ironique soit ici très ambiguë) : l'homme n'est pas le maître du monde, l'homme n'est pas le maître de lui-même; dans la totalité de la nature comme dans la totalité de la psyché, il est postulé qu'une zone reste interdite à l'assimilation du moi : ce que nous avons appelé un *non-moi*.

C'est ici que l'image marine — celle du *fluctus* — trouve son plein emploi. La vie comparée à l'écoulement d'un fleuve, c'est l'expression de l'impossibilité d'atteindre les fins (l'eau va, mais où?) c'est aussi l'expression de la fonction passive de l'esprit, qui ne peut qu'enregistrer la force des courants et tout au plus éviter les plus graves écueils : instabilité et solitude, telles sont les caractéristiques du bateau laissé au gré du flot. De là l'importance du thème « *la vie est une onde* », non seulement du point de vue esthétique, mais du point de vue moral et métaphysique : l'homme, passager dans un royaume instable dont il est dépossédé, est ignorant des fins et du gouvernement. Sur tous les tons revient le refrain :

> Nous n'allons pas; on nous emporte, comme les choses qui flottent, ores doucement, ores avecques violence, selon que l'eau est ireuse ou bonasse [...]. Chaque jour

---

35. Saint-John Perse, *Amers.*

nouvelle fantasie, et se meuvent nos humeurs avecques les mouvements du temps [...] Nous flottons entre divers advis; nous ne voulons rien librement, rien absoluëment, rien constamment [36].

« Rien absoluëment, rien constamment » : deux mots sont trouvés, qui vont ouvrir la voie à une métaphysique et à une éthique appropriées. Rien n'est absolu, tout est relatif : c'est le positivisme relativiste qui va sur cette idée établir de nouvelles valeurs. Rien n'est ferme, tout est inconstant; une morale de l'inconstance, les valeurs et les anti-valeurs morales du donjuanisme se développent dans le sillage de ce sentiment.

Le rôle de la poésie sera de valoriser l'écart entre le néant qu'est l'homme et l'immensité du chaos dans lequel il se trouve englouti : le poète cultive cette double hyperbole, celle qui exprime la faiblesse de l'homme, et celle qui exprime les orages et les tumultes du monde, mais tout cela vu et jugé dans une perspective apparemment extérieure, comme si le discours situait le discoureur à l'écart de ces tumultes, dans une sorte d'éternité d'hier ou de demain. Par là une rupture — *hiatus* — est marquée avec la description d'une condition humaine que le discoureur ne partage pas tout-à-fait, puisqu'il en dénonce les malaises :

Tousjours contre le ciel la terre estrive et gronde,
La chair contre l'esprit, tousjours la passion
Sur la raison se jette et la presumption
Contre la modestie en orgueil est feconde.

En nous mesmes combat le monde pour le monde
Et n'y a sous le Ciel aucune region
Où le monde ne loge en nostre affection,
Soit où Phebus se leve ou chese dessous l'onde.

Tasche tu d'eschapper du monde desastreus?
Le monde te poursuit au cercueil tenebreus
Et le monde trompeur par le monde t'offence.

---

36. *Montaigne, Essais,* II, I.

> Par tout le monde est monde et l'immunde mondain
> Le treuve aussi immunde au pays plus lointain
> Que le monde est immunde au lieu de sa naissance [37].

Face à cette enflure mondaine grossie par ses dons d'ubiquité, que reste-t-il? Il reste un moi inférioriosé, dont la seule conscience est celle de son néant. A la fluidité et à la versatilité d'un monde géant, ce simple état de conscience, d'une nature presque ponctuelle, et qui consiste à éprouver son absence :

> Cette source de mort, cette homicide peste,
> Ce péché, dont l'enfer a le monde infecté,
> M'a laissé pour tout être un bruit d'avoir été,
> Et je suis de moi-même une image funeste.

> L'Auteur de l'univers, le Monarque céleste
> S'était rendu visible en ma seule beauté;
> Ce vieux titre d'honneur qu'autrefois j'ai porté
> Et que je porte encore, est tout ce qui me reste.

> Mais c'est fait de ma gloire, et je ne suis plus rien,
> Qu'un fantôme qui court après l'ombre d'un bien,
> Ou qu'un corps animé du seul ver qui le ronge.

> Non, je ne suis plus rien quand je veux m'éprouver
> Qu'un esprit ténébreux qui voit tout comme en songe
> Et cherche incessamment ce qu'il ne peut trouver.

Ce sonnet de Gombauld (1590-1666) exprime l'angoisse d'un être qui se cherche et ne se trouve pas. Qui suis-je? Telle est la question, essentielle par nature, qui est posée. Mais il ne répond pas, comme tel autre sonnet célèbre : *Je suis le ténébreux, le veuf,* pour éprouver le sombre plaisir de voir s'épanouir en mots ces fleurs de l'ombre; voulant cerner son identité, il ne trouve en lui qu'un vestige qui le renvoie au passé, « un bruit d'avoir été », et dans le passé, de passé en passé, il remonte jusqu'à la chute obscure d'un ancien état de gloire, pour finir par exprimer ce paradoxe d'un être dont l'être est de n'être pas.

Le poème s'ouvre sur une vision de désastre. Les lende-

---

37. J.-B. Chassignet, *Le Mespris de la vie...,* LXII.

mains d'Enfer ont répandu la mort sur le monde. Un survivant s'éveille, au milieu des décombres, plus angoissé que cet « homme isolé dans une île déserte » dont parlera Pascal. Il n'existe même plus, et ne trouve de lui qu'une « image funeste ». Le rythme général va donc du présent au passé : un passé tumultueux, qu'expriment les périphrases répétées du premier quatrain pour désigner l'ennemi, puis tout s'enfuit dans des horizons antérieurs à ceux mêmes qui sont évoqués (comme l'atteste l'usage des formes composées au passé, passés de passé). La mémoire antérieure finit par le porter au-delà de tant de désastres : en un temps de gloire où le Monarque s'était rendu visible en sa beauté. Il reste à « redescendre » en somme au présent, où les manques sont ressentis comme autant de souvenirs qui ont perdu leur objet : la vie n'est qu'absence, parce que la vie n'est que souvenir, non point souvenirs d'ici, mais d'un état antérieur, de l'autre côté des vastes portiques.

Dès lors il n'y a plus de fuite. Le poète consent à habiter ce présent d'absence. Et puisqu'il n'est rien, il va se répéter inlassablement qu'il n'est rien : cette incantation du néant introduit un monde de rêve — *la vie est un songe* —, un songe ténébreux peuplé de fantômes et d'ombres errantes, inconsistantes comme dans le royaume de Pluton. L'image d'une mort vivante apparaît un instant, comme un long corbillard « sans tambour ni musique », et ce « corps animé du seul ver qui le ronge » annonce inéluctablement le « ver irréfutable » du *Cimetière Marin*. De tout ce vide, il ne reste que la soif de connaître et le retour de la question : « qui suis-je ? », de plus en plus aiguë quand se révèle la complexité de la destinée humaine, ce désir de connaître malgré tout, cette recherche qui se fait gémissante et dont le tourment est celui même de la volonté de savoir.

On trouverait assez facilement des équivalents dans la poésie de John Donne par exemple. Cela fait surtout songer aux sonnets supernaturalistes des *Chimères :* même quête d'identité, même voyage à travers des merveilles, échouées ici-bas, de désastres antérieurs, même regret d'avoir perdu son être authentique, même désir de retrouver une gloire perdue. Une tragédie enfermée dans l'espace exigu et dense d'un sonnet.

De tant de désastres, il reste à l'homme la conscience d'une disproportion : c'est à partir de cette conscience que va s'établir une nouvelle reconstruction de l'homme. Nous aurons à reparler de l'importance de l'acte de conscience, au bout duquel se trouve le *cogito* et le retour en force d'une raison et d'une pensée toutes-puissantes. L'issue dont nous voulons parler, car elle est la plus fréquente, se situe au contraire dans une perspective de rupture : le point de tension des contradictions est telle qu'un saut — *saltus* — dialectique est nécessaire. D'où les recours à la transcendance. Le moi est reconstruit par un saut dans un autre ordre : le moi n'est rien, le monde n'est rien, quoiqu'il soit tout par sa puissance; il reste le Ciel, c'est là qu'on court pour trouver le repos.

> Venez à gorge ouverte en l'eau de mes discours
> Puiser contre la mort un assuré secours,
> Remettant en DIEU seul votre unique esperance [38].

ou encore

> Mon Esprit au contraire hors du Monde m'emporte
> Et me fait approcher des Cieux en telle sorte
> Que j'en fais desormais l'amour à leur Beauté [39].

L'hypertrophie du *non-moi* découvre ainsi ses véritables desseins : à partir du déséquilibre entretenu sur le moi et le *non-moi,* il est possible d'obtenir une démission du moi au profit des forces concrètes que recouvre ce vocabulaire abstrait. En même temps la manœuvre découvre son caractère réactionnaire dans la mesure où l'effroi suscité par l'ampleur des tâches à accomplir, face à un univers et à un esprit qui échappent à la prise, permet de remettre en selle quelques vieux chevaux — le Ciel opposé au Mònde — apparemment inoffensifs, mais manœuvrés par des forces politiques qui, elles, sont très concrètes, très puissantes, très déterminées. L'hypertrophie du *non-moi* débouche dans cette perspective sur une hypertrophie du *sur-moi*. La mésestimation

38. J.-B. Chassignet, *Le Mespris de la vie...*, I.
39. J. de Sponde, *Stances de la Mort.*

de soi entraîne la surestimation de Dieu (ou de la Mort, ou de la Société, ou de l'Ordre). Mais encore faudra-t-il s'interroger sur le contenu exact de ce concept : que met-on dans le mot *Dieu?* Nous réservons pour l'instant ce problème de l'ambiguïté entre les principes du sur-moi et les principes pulsionnels de la libido. Il est possible que l'exaltation de Dieu apparaisse comme une forme particulièrement grave et maligne (parce qu'elle est cautionnée par la société) de la paranoïa. Sans aller jusqu'à ce type de perversion, nous pourrons tout de même constater que Dieu pourrait bien être l'hyperbole du *moi :* une manière d'affirmer, au-delà des troubles de l'existence liée à une immersion dans les événements historiques et une histoire tragique, l'existence d'un *moi* dont on hyperbolise les qualités sous une appellation divine.

Ce recours à la transcendance a son répondant dans l'ordre esthétique : c'est la fameuse recherche de l'immortalité qui passe pour être la finalité de l'œuvre d'art. L'art permet d'accéder au temps des dieux (« Ce que Malherbe écrit dure éternellement »). Le moi s'hyperbolise ici, si l'on ose dire, non pas dans sa foi, mais dans ses œuvres. Mais le système est bien le même, et nous retrouvons la même métamorphose du moi, ayant pour science la seule science de son néant, en un objet transcendant doté de toutes les qualités de la puissance.

Cette démission du moi — suicide en Dieu, effacement devant l'œuvre — signe, si l'on veut, son humilité ou son impuissance, mais projette aussi dans l'objet de ses vœux l'espoir d'une survie. Cette survie du moi est le signe de la vie d'un sur-moi, sur lequel vont se projeter toutes les qualités que la raison ne peut, en raison des désordres de la conscience et de la conscience de ses désordres et de ses limites, accorder au *moi.* Toutes les ambiguïtés deviennent possibles, et le soldat de Dieu, le soldat de Rome, ou l'apôtre de l'art continuent par voie détournée à faire vivre leur paranoïa sous une forme autorisée par le contexte social. La soif de destruction du monde et la soif de destruction de soi se manifestent dès lors derrière cet alibi vénéré :

Allons, cher Polyeucte, allons aux yeux des hommes
Braver l'idolâtrie et montrer qui nous sommes.

Abandonnons nos jours à cette ardeur céleste
Faisons triompher Dieu : qu'il dispose du reste !

La grâce et la gloire de Dieu autorisent à ce niveau les effets destructeurs et impérialistes de la paranoïa refoulée au niveau du moi.

L'hypertrophie du « moi » : la puissance et la gloire

Le motif de la tempête développe essentiellement un déséquilibre entre les forces du moi et celles d'un *non-moi* identifié généralement par le vocable de « monde », qui représente en somme la totalité des éléments inassimilés et perçus comme hostiles. Le recours au *Ciel* ou à l'éternité de l'*Art* constitue une manière de dépasser les éléments du conflit par rupture et saut dans un ordre postulé supérieur — une sorte de temps et de destins transcendants qui ne sont plus le temps ni le destin. L'instant de passage d'un ordre à l'autre se caractérise psychologiquement par un état de *transes* ou d'*extase,* dont on trouve l'écho direct chez les mystiques et l'écho aménagé chez les poètes. C'est là une des manières dont est résolue ce que nous avons appelé l'*hypertrophie du non-moi :* il s'agit en somme d'un transfert violent (d'où le *saltus*) d'énergie hyperbolique du *non-moi* au *surmoi.* Cette issue n'est pas la seule.

Il y a des solutions de continuité. Il s'agit d'élever le *moi* au niveau de la grandeur de ses adversaires : cette manière de cultiver l'énergie du *moi,* sans jamais quitter la terre des hommes, nous voulons la suivre à travers deux de ses manifestations les plus caractéristiques : à travers le rationalisme et l'hyperbole de la conscience, à travers le néo-stoïcisme et l'hyperbole de la volonté.

● *Le sujet et l'objet : fonction de la conscience.* On peut faire commencer, si l'on veut, cette étrange entreprise qui consiste pour l'homme à se tâter, se penser et se peser, aux *Essais* de Montaigne. Il ne s'agit pas bien sûr de réintégrer l'œuvre dans la tradition des confessions autobiographiques qui ont précédé : l'énormité du propos consiste à ériger en propre fin cette recherche de la pensée sur la pensée humaine. Là est le changement radical de perspective par rapport à tous les systèmes théocentriques qui ont pu s'intéresser à travers l'homme au dieu intérieur. L'entreprise de Descartes, dans ses limites plus réduites, tend à mettre en valeur le caractère irréductible et premier de l'acte de conscience. Cette possibilité qu'a l'homme de se poser en être par la réflexion, ce sera là une leçon fondamentale du siècle que, du côté des libertins comme de celui de Port-Royal, on sera d'accord pour reconnaître : « toute la dignité de l'homme réside en la pensée ». Ainsi une solution est trouvée au déséquilibre éprouvé tragiquement entre le monde et le *moi*. Le *monde* est perçu comme objet de la pensée, et par là perd sa puissance magique, car les droits du sujet pensant se trouvent sauvegardés : l'acte de penser, qui est l'acte suprême, ne peut être que d'un sujet; le monde, malgré ses dimensions spatiales et substantielles, ne peut être qu'objet de la pensée. Entre le sujet et l'objet il y a un écart qualitatif et fonctionnel qui assure de toute manière la suprématie et l'autonomie du sujet. Cette valorisation de l'acte de conscience, entraînant la valorisation de la fonction « sujet pensant » au détriment de l'objet de la pensée dépouillé de ses qualités magiques, c'est là une des conquêtes par continuité du moi sur le non-moi :

> Il ne faut pas que l'univers entier s'arme pour l'écraser : une vapeur, une goutte d'eau, suffit pour le tuer. Mais, quand l'univers l'écraserait, l'homme serait encore plus noble que ce qui le tue, puisqu'il sait qu'il meurt, et l'avantage que l'univers a sur lui; l'univers n'en sait rien [40].

• **Le sujet et l'objet : vouloir.** Cette valorisation de la fonction sujet, on la retrouve dans le développement du néo-stoïcisme, à la fin du XVIe siècle et au début du XVIIe, qui peut passer comme une hyperbolisation du sujet dans sa fonction de volonté. Le néo-stoïcisme de cette époque, tel qu'il a été étudié par L. Zanta et J. Maurens par exemple, procède par intériorisation du monde extérieur. C'est la signification

---

40. Pascal, *Pensées,* Laf. 391.

même de l'idée selon laquelle les choses n'ont pas de valeur en soi, mais seulement celle que nous leur donnons :

> Les hommes (dit une sentence Grecque ancienne) sont tourmentez par les opinions qu'ils ont des choses, non par les choses mesmes. Il y auroit un grand poinct gaigné pour le soulagement de nostre misérable condition humaine, qui pourroit establir ceste proposition vraye tout par tout. Car si les maux n'ont entrée en nous que par nostre jugement, il semble qu'il soit en nostre pouvoir de les mespriser ou contourner à bien [41].

Le conflit se situe donc entre deux fonctions de l'esprit : l'une qui détermine l'opinion que nous avons des choses, et l'autre, une volonté qui a mainmise sur cette opinion. A partir du moment où la volonté arrive à modeler l'opinion, la conquête de soi sur soi est réalisée et *a fortiori* la prédominance du moi sur un monde qui est fait essentiellement d'images intériorisées. Montaigne tente d'en extraire la possibilité d'une morale efficace : « nul n'est mal long temps qu'à sa faute ».

● **Le dedans et le dehors : une harmonie rétablie.** Les manifestations générales de cet effort de conscience et de volonté ne se situent pas seulement au niveau d'une nouvelle morale. La poésie va être la bénéficiaire de cette tendance à l'intériorisation, qui fait des choses images et idées, et fait prendre le chemin du dedans pour découvrir la nature. Sous-tendue par l'archaïque analogie du microcosme et du macrocosme, la fonction poétique va apparaître comme la fonction narcissique par excellence : l'homme du temps découvre dans l'esprit la fonction du miroir. Voici l'œil à nouveau se faisant le pivot de l'extérieur et de l'intérieur. L'image de Narcisse se mirant dans les eaux a pour corollaire l'image des choses reflétées dans le miroir de la conscience. De ce double échange d'attributs, la poésie du temps saura tirer ses plus beaux accents.

Il existe dans *Le Printemps* de d'Aubigné une image obsédante que l'on peut facilement lier à un souvenir de

―――――――――――

41. Montaigne, *Essais*, I, XIV.

guerre : il s'agit du soldat blessé au flanc sanglant. Le sonnet XIV de l'*Hécatombe* décrit ainsi extérieurement le tableau :

> Je vis un jour un soldat terrassé,
> Blessé à mort de la main ennemie,
> Avec le sang, l'âme rouge ravie
> Se débattait dans le sein transpercé.

Le poète associe ensuite le spectacle, par voie analogique, à celui de l'amant blessé à mort et ne pouvant mourir. Or, ce spectacle de rouge et de mort, nous allons le voir passer et repasser à travers l'œuvre en subissant les altérations les plus étonnantes : à la fin, il n'est plus question de spectacle; le spectacle s'est complètement intériorisé : le soldat blessé, le sang rouge et la mort lente, tout cela est ressenti à la première personne *(Hécatombe,* VIII, 5-8) :

> Je suis le champ sanglant où la fureur hostile
> Vomit le meurtre rouge, et la scytique horreur
> Qui saccage le sang, richesse de mon cœur
> Et en se débattant font leur terre stérile

Le motif obsédant du sang colore tous les sentiments *(Stances,* III, 6-10) :

> Plus les rouges destins arrachent loin du cœur
> Mon estomac pillé, j'épanche mes entrailles
> Par le chemin qui est marqué de ma douleur :
> La beauté de Diane, ainsi que des tenailles,
> Tirent l'un d'un côté, l'autre suit le malheur.

On sait combien dans *Les Tragiques* le motif réapparaît fréquemment jusqu'à cette culmination épique des fleuves de France faisant dégoutter le sang de leurs blessures dans l'Océan *(Tragiques,* V, 1443 sqq).

C'est chez Du Perron cette superposition de spectacle des eaux et du flux de la vie; l'eau s'intériorise et les spectacles d'intérieur s'emplissent de formes frissonnantes :

> Au bord tristement doux des eaux, je me retire,
> Et vois couler ensemble et les eaux et mes jours :

Je m'y vois sec et pâle, et si j'aime toujours
Leur rêveuse mollesse où ma peine se mire.

Au plus secret des bois je conte mon martyre
Je pleure mon martyre en chantant mes amours,
Et si j'aime les bois, et les bois les plus sours,
Quand j'ai jeté mes cris, me les viennent redire.

Dame dont les beautés me possèdent si fort,
Qu'étant absent de vous je n'aime que la mort,
Les eaux en votre absence, et les bois me consolent;

Je vois dedans les eaux, j'entends dedans les bois,
L'image de mon teint et celle de ma voix,
Toutes peintes de morts, qui nagent et qui volent.

Une image et son reflet, un chant et son écho : par le jeu des réflexions dû moi au décor, une correspondance se crée, où l'absence et l'amour échangent des attributs dont le degré de spritualité et de matérialité est savamment réglé par l'enlacement des mots, des symboles, des images et des sentiments. Le poète aime se fixer dans cet état d'«échange» entre le dedans et le dehors, pour en exalter le caractère harmonique et orchestrer une symphonie d'astres et d'idées, de vagues et d'émotions. Bien plus, en faisant de l'être humain le réceptacle ou le miroir de la nature, il le rend porteur du mystère ou du conflit impénétrable des choses. Cet homme-miroir, cet homme-écho retrouve en lui les profondeurs insondables de la nature. Car l'idée de nature évolue, en elle s'insinuent le multiple et l'innombrable, à défaut encore de l'infini, et tout cela se répercute dans les abîmes intérieurs.

L'inconnaissable se hérisse en tempêtes et en vagues qui agitent la mer intérieure des passions; cet essaim de morts qui nagent et qui volent, cette guerre civile des émotions extériorisées en champs hallucinés font du champ intérieur une arène pour combats de gladiateurs. Inversement l'image et le reflet deviennent pensées, «songes de l'eau qui sommeille». Il se crée ainsi un ensemble de rapports entre les passions de l'âme et les alliances élémentaires. Jean-Baptiste Chassignet fait du cycle chimique (et du voyage cosmique) de l'élément terrestre le symbole de toute vie qui passe et qui meurt *(Le Mespris de la vie..., LXXXIV)*.

Un poème de Marbeuf (né en 1596) est fondé sur l'association, que nous avons rencontrée, entre l'amour et la mer :

Et la mer et l'amour ont l'amer pour partage,
Et la mer est amère, et l'amour est amer,
L'on s'abîme en l'amour aussi bien qu'en la mer,
Car la mer et l'amour ne sont point sans orage.

Celui qui craint les eaux, qu'il demeure au rivage,
Celui qui craint les maux qu'on souffre pour aimer,
Qu'il ne se laisse pas à l'amour enflammer,
Et tous deux ils seront sans hasard de naufrage.

La mère de l'amour eut la mer pour berceau,
Le feu sort de l'amour, sa mère sort de l'eau,
Mais l'eau contre ce feu ne peut fournir des armes.

Si l'eau pouvait éteindre un brasier amoureux,
Ton amour qui me brûle est si fort douloureux
Que j'eusse éteint son feu de la mer de mes larmes.

Le poète joue sur les deux articulations du langage : la correspondance phonétique *l a m r*, qui est fréquemment utilisée pour l'association *« l'amour/la mort »* obéit ici à une variante vocalique *« l'amour/la mer »* enrichie par procédé germinatif de toutes sortes de variations *la mère, l'amer*, avec parfois des décorations métathétiques comme *mes larmes (larm* substitué au noyau initial *lamr*). Mais ces jeux précieux interfèrent avec l'articulation sémantique. Le verbe s'*abîmer* qui commande à deux compléments résonne à la fois de l'immensité marine et des profondeurs de la passion :

L'on s'abîme en l'amour aussi bien qu'en la mer

L'alliance métaphorique finale « j'eusse éteint son feu de la mer de mes larmes », et l'échange d'attributs, se double d'une équivalence microcosme/macrocosme qui hyperbolise les qualités de l'intérieur en en faisant le miroir de l'abîme marin. L'*abîme de l'amour*, ses *orages, la mer des larmes* expriment poétiquement cette manière de hausser le moi au niveau du monde. La métaphore joue ici à son insu un rôle hyperbolisant et rassurant : cette façon de trouver à chaque instant des relations d'équivalence s'oppose terme pour terme à l'esthétique (et à l'éthique) de la disproportion fondée sur la relation antithétique. La relation métaphorique réintroduit entre le moi et le monde un lien d'échange et d'harmonie.

• **Le dessus et le dessous : vers de nouvelles conquêtes.** Le rationalisme et le néo-stoïcisme refusent évidemment ce lien magico-poétique établi entre le sujet et l'objet. Le but est dans un cas comme dans l'autre de préserver l'autonomie du sujet, et par conséquent de souligner la distance qui le sépare de l'objet de sa pensée. Le système relationnel établi par le jeu des métaphores poétiques crée un complexe sujet-et-objet, homme-et-nature, intérieur-et-extérieur, qui va exactement en sens inverse, dans celui d'une identification ou d'une analogie. Le rationalisme cartésien va au contraire s'efforcer de distinguer en catégories exclusives les fonctions du sujet et de l'objet : d'un côté nous aurons la pensée, et de l'autre l'étendue; d'un côté l'acte de conscience, et de l'autre les machines, qui, si complexes soient-elles, demeurent du domaine de l'étendue et du déterminisme matériel. La mécanisation de la nature est le garant de l'autonomie de la pensée. Le néo-stoïcisme refuse dans un autre ordre d'idées le système d'analogies harmoniques créées par le langage poétique à base métaphorique. L'ascension du *moi* s'effectue ici en sens vertical, et réintroduit une relation d'inégalité à l'intérieur même des fonctions de l'esprit : face à une *volonté,* de plus en plus maîtresse et sujet (au sens syntaxique du terme), des *passions,* dominées, maîtrisées et reléguées de plus en plus au rang d'objet. Cette objectivation de la sentimentalité, assimilée à quelques résidus archaïques (troubles des sens, esprits animaux), est tout à fait caractéristique de ce mouvement de distance qui détermine l'ascension stoïcienne (on a dit quelquefois élémentairement nietzschéenne) du *moi.* La volonté d'autonomie du *moi* est aspiration à un *plus-être* (suivant en somme la terminologie spinoziste) dont on peut suivre toutes les étapes dans une ascension parfaitement continue. Tout d'abord il y a l'*avoir* par lequel le maître d'un bien détermine sa maîtrise sur lui, ainsi dans *Cinna* :

> Rome est à vous, Seigneur, l'empire est votre bien,
> ....
> Esclave des grandeurs où vous êtes monté,
> Possédez-les, Seigneur, sans qu'elles vous possèdent.

Cette maîtrise de l'avoir se métamorphose en supplément d'être dans la mesure où l'esprit reste bien détaché de cet avoir :

> Et comme notre esprit, jusqu'au dernier soupir
> Toujours vers quelque objet pousse quelque désir,
> Il se ramène en soi, n'ayant plus où se prendre.

Le point d'aboutissement de cette marche héroïque sera donc naturellement :

> Je suis maître de moi comme de l'univers.

Telle est en définitive l'issue proposée par la technique néo-stoïcienne de maîtrise de soi : le *non-moi*, sous sa double forme de « monde extérieur » et de « passions de l'âme » se trouve plus qu'apprivoisé, mais objectivé, devenu chose parmi des choses sous le regard tout-puissant d'un sujet pensant et volontaire. Ce « je »-là est le seul sujet possible des verbes d'action et de jugement.

Pour arriver à cette apothéose, qui est en somme l'instauration d'un système de monarchie absolue du moi sur toutes les parties de son royaume personnel, un long effort s'impose, symbolisé par toutes sortes de tournées d'inspection et de bilans en chambre close. Deux verbes expriment cet effort de maîtrise et de domination : *rentrer* et *descendre*.

> Rentre en toi-même, Octave, et cesse de te plaindre
> Apprends à te connaître et descends en toi-même.

La relation d'égalité et d'analogie disparaît complètement au profit d'un agencement où tout se détermine par inégalité et, symboliquement, par une localisation verticale : plus

225

basse ou plus élevée. Les prépositions *sur* et *sous,* dans la richesse de leur symbolisme spatial, déterminent les relations des êtres aux choses, des êtres entre eux et d'un être par rapport à lui-même :

> Cet empire absolu *sur* la terre et *sur* l'onde
> Ce pouvoir souverain que j'ai *sur* tout le monde

> Chacun tremble *sous* toi

> *Sous* les lois d'un monarque ou d'une république

> Rome est *dessous* vos lois par le droit de la guerre
> Qui *sous* les rois de Rome a mis toute la terre

> Quand ils ont *sous* leurs lois asservis des provinces

● **Le plus et le mieux : comparatifs, superlatifs, primauté.** A tout instant est introduit dans le langage l'usage du *comparatif.* On le trouve à tous les niveaux et dans tous les domaines. Une hiérarchie qualificative s'institue auprès des substantifs, qui se calque sur la hiérarchie macrosociale; la psychologie s'efforce d'organiser le petit monde de l'homme selon l'image que l'Histoire donne au grand monde social. Mais ce n'est pas l'équivalence entre l'un et l'autre qui est mise en valeur; c'est, dans deux ordres parallèles, la hiérarchisation des valeurs et l'intégration des mots dans un ensemble de relations subordinatives et comparatives. Il n'y a plus désormais de mots et de phrases libres, « indépendantes » comme disent les grammairiens. Chaque énoncé est pris en charge et intégré dans un complexe verbal où tout a sa place étiquetée et son rôle défini par rapport à des maîtres et à des subordonnés. Le langage français est comme la cour de Versailles : l'étiquette va désormais y être la règle.

Un sonnet [42] de Saint-Pavin (1595-1670) évoque un ancien amour d'équivalence :

> Je vous aimais, vous m'aimiez fort

Cette relation est supprimée au profit d'un autre type d'équi-

---

42. Cité par A. Blanchard, *Trésor de la poésie baroque,* Paris, Seghers, 1969, p. 126.

valence : que chacun reprenne sa liberté. Mais le passage de l'un à l'autre se fait par une succession de *comparatifs* :

> L'inconstance est *plus* en usage

et en définitive, ce sonnet d'amour va devenir un discours sur la préséance, chacun se plaçant par rapport à l'autre, place de premier, place de dernier, dans un type de relation temporelle comparative :

> Si je vous quitte *le dernier*
> N'en tirez pas grand *avantage*
> Je fus dégoûté *le premier.*

Le comparatif apparaît également dans les jeux de la métaphore et de l'hyperbole. On constate une montée de l'hyperbole comparative, de ce type :

> Ils blasphèment, *plus gros,* dans une hostellerie
> *Que* le tonnerre affreux de quelque artillerie.

La manie comparative apparaît également dans l'exploitation des thèmes amoureux : ainsi pour la relation entre la femme et l'aurore qui constitue le thème de la belle matineuse; la comparaison avec l'aurore se fait non par relation analogique, mais par relation comparative verticale (la femme est *plus* belle que l'aurore et Philis *fait pâlir* le soleil); la belle n'est pas froide comme glace, mais plus froide que glace. Les mots entrent ainsi en concurrence les uns par rapport aux autres : tout se classe et se détermine par concours. Ce qui est en jeu derrière ces procédés discursifs, c'est, on le sent bien, l'instauration d'un nouveau type de relation entre les hommes : les mots jouent dans leur univers à eux le rôle que les titres et les fonctions font jouer aux hommes dans l'univers social.

Cette voie verticale qui suit la chaîne des comparatifs culmine évidemment dans la découverte du *superlatif :* tant de comparaisons, tant de filtres par voie de concours entre les mots, conduisent à sélectionner en définitive un premier, un chef, un roi, celui qui l'emportera sur tous ou celle dont la beauté est « à nulle autre seconde ». La voie sélective découvre avec clarté les bases monarchiques du système linguistique :

> Comme cette beauté toute beauté surpasse,
> Nulle louange aussi ne saurait l'égaler [...]
> L'éclat de ses beaux yeux n'a rien de comparable [43].

Comme rien ne surpasse la beauté, rien ne surpasse non plus la douleur, comme dans cette comparaison célèbre, due à Benserade, de l'amant et de Job :

> Il souffrit des maux incroyables
> Il s'en plaignit, il en parla :
> J'en connais de plus misérables.

Tout est prêt pour les éloges de Louis

> Qui, seul, sans ministre, à l'exemple des Dieux,
> Soutiens tout par toi-même et vois tout par tes yeux [44].

Il était normal en effet que le concours pour la grandeur, que l'on voit s'instituer à tous les niveaux, débouchât sur le culte de l'Unité, incarnée dans la personne royale, et métaphorisée dans l'image du Soleil. Nous voudrions revenir quelque peu en arrière.

● Chacun établit son propre superlatif : cela s'appelle la « gloire ». A l'époque du théâtre héroïque, la première place n'est pas encore clairement réservée, et si un ordre est en gestation, il n'est pas encore triomphant. Chacun en définitive s'institue le propre bénéficiaire de cet esprit de conquête sur les choses et sur les âmes. La lutte des influences bat alors son plein, et n'a pas encore amené, par sa stérilité, la démission des pouvoirs de chacun et leur concentration entre les mains d'un seul. Chacun donc établit son propre superlatif, et l'échelle des comparatifs qui doit l'y conduire : c'est cela qu'on appelle *la gloire.* En d'autres termes, la gloire apparaît comme le cheminement qui, de dépassement en dépassement, conduit

---

43. J.-F. Sarasin (1604-1654), cité par A. Blanchard, *op. cit.,* p. 156.
44. Boileau, *Discours au Roi* (1665).

le héros à coïncider avec une image idéale qu'il se fait de lui-même, un *surmoi*. Dans la gloire comme dans la misère chacun revendiquera donc la gloire d'être le premier et le seul : comme Don Diègue, dans la chute :

> Sur moi *seul* doit tomber l'éclat de la tempête

ou comme Auguste, vers les hauteurs :

> L'empire où sa vertu l'a fait *seule* arriver.

Cette idée du *self-made man*, maître de son présent parce que créateur de son passé, nous remet au centre de la pensée stoïcienne. La base est nettement individualiste :

> Quand le poète met en scène des témois de la foi, ceux-là mêmes ignorent l'humilité de la prière qui commence par ces mots : « Que votre volonté soit faite ». S'ils pouvaient prier de la sorte, leur place ne serait pas dans une tragédie qui repose sur le pouvoir qu'a la volonté humaine de se dépasser elle-même. A celui qui prie pour demander que soit faite la Volonté divine, aucune expérience tragique n'est plus possible, il acceptera la croix du Seigneur, et le conflit des devoirs est également une croix qu'il faut supporter. Dans la réussite comme dans l'échec, le héros tragique ne connaît qu'une loi : « Que *ma* volonté soit faite » [45].

Politiquement, une telle attitude morale pose le problème même du droit concret à l'individualisme : qui a le droit (ou en termes concrets les moyens) de réaliser ses propres aspirations? La gloire est-elle l'apanage de tous? Les rapports de cette morale individualiste et des intérêts de la classe aristocratique sont assez visibles : la revendication individualiste serait essentiellement une protestation contre la mise en place d'un système administratif centralisé dont l'aristocratie dans les provinces va faire les frais. Mais le théâtre de Corneille ne constitue en aucune manière une apologie de la classe aristocratique : la leçon du *Cid* ou de *Cinna* va même en sens inverse et montre la nécessité d'un dépassement de

---

45. Reinhold Schneider, *Grandeur de Corneille*, Paris, Alsatia, 1943, p. 69.

la politique et de la morale aristocratiques, qui ne conduisent qu'aux conspirations sans lendemain ou aux vengeances sans fin. La démolition du héros glorieux commence donc dès le théâtre de Corneille. Mais ce qui est retenu, c'est cette force individualiste, qui exige la réalisation totale de ses pulsions qui pourraient conduire à l'identification d'un moi et d'un surmoi dont le héros reste le maître modeleur.

● **Le renoncement, couronnement de la gloire.** L'évolution du néo-stoïcisme vers cette apologie de la gloire n'est qu'une forme parmi d'autres. Si l'on veut pousser jusqu'au bout la morale de la gloire, le plus grand acte de gloire consisterait en définitive en une démission de la gloire elle-même. Déjà à la fin du XVIe siècle s'était développée une apologie de la « constance » (c'est le titre d'un ouvrage de Juste Lipse, et du chancelier Du Vair). Ce qui était recherché en définitive, c'était bien le contraire du « panache », mais une « assiette tranquille », où, sous le règne de la volonté, s'établit un état d'âme souvent comparé à un ciel serein. A cet effort de volonté, qui se confond non avec les hauteurs ascétiques de l'orgueil, mais avec les douceurs enveloppantes et discrètes de la « preudhomie » charronienne, le monde oppose son inconstance, son flux, ses caprices. L'ombre mouvante de Don Juan se dresse face à la statue de pierre du stoïcien pour l'inciter à se conformer à la loi des eaux qui coulent, des jours qui passent, des flammes qui vacillent. L'homme de flamme face à l'homme de pierre, l'homme de désir face à l'homme de volonté, c'est toujours l'opposition de la tempête et du rocher, de l'inconstance et de la fermeté, qui dans un crescendo opposent, terme pour terme, leur propre démesure. La « preudhomie » qui fleurit à l'époque d'Henri IV correspond en fait à un moment précaire d'équilibre entre passions et volonté : mais cette joie d'un plein-être chèrement acquis en s'épanouissant dans le calme d'une conscience équilibrée, ne saurait éteindre l'aspiration à un plus-être de ces éclaircies. Sur les sommets, l'appel au dépassement s'appelle un vertige de chute, et le renoncement est le couronnement de la conquête :

>   L'ambition déplaît quand elle est assouvie
>   D'une contraire ardeur son ardeur est suivie;

Et comme notre esprit jusqu'au dernier soupir,
Toujours vers quelque objet pousse quelque désir,
Il se ramène à soi, n'ayant plus où se prendre
Et, monté sur le faîte, il aspire à descendre [46].

C'est qu'il ne peut y avoir d'arrêt dans une perspective de conquête : et tout étant conquis, reste à conquérir encore le détachement de ces biens. Ce dynamisme qui fait que l'âme ne peut être en repos métamorphose en dépassement ce qui ne pourrait être que démission : détachement des sommets, suicide en Dieu et quête aux portes du ciel comme c'est le cas pour Polyeucte, autre suicide et interrogation aux portes de l'Enfer, comme c'est le cas pour Don Juan, tout cela est dans la logique du Héros qui quitte la vie par la grande porte, et dont la disparition ressemble étonnamment à une entrée triomphale en un autre lieu. Le même instinct de mort, qui est instinct de plus-être, se relève chez Camille dans son défi forcené à son frère.

Le défi à la mort se confond avec la quête de l'absolu, et c'est pourquoi, parvenu à ce suprême degré d'exaltation, il n'y a plus de mort, il n'y a qu'une assomption ultime. Cette alliance de l'être maximal et de la mort est particulièrement sensible dans le personnage de Polyeucte, en lequel se réunissent indiscernablement frénésie de mort et frénésie d'immortalité :

Abandonnons nos jours à cette ardeur céleste;
Faisons triompher Dieu : qu'il dispose du reste.

Nous sommes là à l'opposé d'une conception tragique de l'existence : c'est de l'héroïsme à l'état pur, puisque le sacrifice sanglant dans lequel le héros perd sa vie est une fête, une entrée, un triomphe pour lequel sont réquisitionnées les trompettes des anges.

Le *moi* atteint ici sa pleine réalisation fantasmatique. L'itinéraire du héros cornélien, son chemin de gloire résulte de cet élan par lequel le *moi*, inclus dans l'histoire et soumis à ses contradictions, coïncide par un geste sublime — sa

---

46. Corneille, *Cinna*, II, 1.

mort, sa clémence, l'offrande de lui-même — avec l'image idéale qu'il se fait de lui-même. Superposition du *moi* et du *surmoi*. Le tragique, nous y reviendrons, suppose au contraire un drame de rupture, un conflit, un partage : il n'y a pas de tragédie sans schizophrénie. Ici c'est le règne de l'unité : le *moi*, le *surmoi* coïncident dans un *soi* (suivant la terminologie jungienne) qui réunit toutes les tendances de la psyché. Mais cette unification s'opère par le haut : ce sont les aspirations les plus hautaines (à défaut des plus hautes, car il ne s'agit pas de donner une valeur morale à une aspiration unitaire qui est essentiellement psychologique, et les personnages de Médée ou de Cléopâtre n'ont rien de « moral ») qui imposent leur autorité à toute la substance psychique.

Cette attitude extrême s'oppose évidemment à l'équilibre défini par Montaigne, à la sagesse charronienne, et à toutes les règles des disciples néo-stoïciens de la « constance » (harmonie des pulsions sous l'autorité d'une conscience et d'une volonté souveraines). Elle sera démontée par la génération suivante qui y découvrira un des sommets de la *paranoïa*, définie en termes théologico-moraux d'« amour de soi ». Cet itinéraire spirituel reste caractéristique de la réaction extrême du *moi* en face de mutations objectales considérables; caractéristique aussi d'une étape dans l'évolution de la société.

L'hypertrophie du « surmoi » : ordre, soumission, tragédie

> « Moi aussi j'ai peur », pensa-t-elle. [...] elle entrerait dans ce monde tragique. « J'ai peur des statues », pensa-t-elle. C'était une affirmation violente et aveugle, une incantation.
>
> J.-P. Sartre, *Le Mur*

● **La restauration des « statues ».** Il faut cinq actes au héros pour ériger sa statue et fixer le geste sublime qui éternise son personnage dans des lendemains de marbre. La génération classique, comme l'a montré P. Bénichou, s'est ingéniée à démolir le héros, mais c'est pour dresser sur ses débris d'autres statues. La tragédie ne se joue pas avec des personnages, elle se joue contre eux : cibles vivantes, mais cibles de qui? Comme le couple du *Mur* enfermé dans sa chambre et attendant avec terreur la visite des « statues », le héros tragique attend lui aussi des visites venues d'« ailleurs », idoles et revenants du plus lointain passé, dieux et lois imperturbables armés de foudre et siégeant sur leur socle de marbre et d'acier. La tragédie, c'est la restauration des statues, et parmi elles celle qui incarne la Loi ou l'Ordre et que l'on assimile à l'archétype du Père. Le Père n'est pas personnalisé bien sûr : mais il est cette image en laquelle d'autres se logent, le Roi, Dieu, le Soleil, la Loi. Les Frondes diverses du xviie siècle avaient essayé d'établir des Thébaïdes, des sociétés de frères (mais ce ne furent que sociétés de frères ennemis), l'aristocratie étant incapable d'imposer une quelconque unité, perdue qu'elle était dans ses futilités et ses calculs égoïstes. Échec des sociétés fraternelles. Dévalorisation du *moi* qui a montré son impuissance politique. Retour et apothéose de la société des Pères que nous définirons par une hyperbolisation du Surmoi. Dans cette société les statues règnent maîtresses. Comme dans la tragédie, l'œil du Père est partout présent *(Phèdre,* IV, 6*)* :

> Que diras-tu, mon père, à ce spectacle horrible?
> Je crois voir de ta main tomber l'urne terrible;
> Je crois te voir, cherchant un supplice nouveau
> Toi-même de ton sang devenir le bourreau.

● **Tragédie et schizophrénie.** Nietzschéen et/ou dévot, le héros cornélien poursuit « librement » son chemin, déterminé par sa raison et sa volonté au service de sa gloire, jusqu'au point culminant de son triomphe, un triomphe qui peut être la mort. Il n'est pas de drame héroïque qui ne se termine par cette apothéose que nous avons définie comme une « réintégration de personnalité », au sens jungien du terme. Marche à la gloire, ponctuée par des péripéties dramatiques, qui permettent au héros de faire l'exercice de ses pouvoirs de domination, jusqu'à la réintégration finale dans l'unité triomphale d'une personnalité.

La trajectoire du héros racinien est au contraire un processus de désintégration. La mort ici est séparation et assume la division de la psyché en deux éléments qui en

233

fait n'étaient qu'artificiellement unis dans une personnalité psychologiquement inviable et condamnée dès le départ : au commencement de la tragédie, il y a la schizophrénie. La mort de Phèdre apparaît symboliquement comme la restitution au jour de sa clarté et à l'âme de Phèdre de ses ténèbres :

> Déjà je ne vois plus qu'à travers un nuage
> Et le ciel et l'époux que ma présence outrage,
> Et la mort à mes yeux dérobant la clarté
> Rend au jour, qu'ils souillaient, toute sa pureté.

Cette souillure, c'est précisément ce clair-obscur insupportable dans lequel baigne toute la pièce, ces rayons et ces ombres qui jouent constamment au jeu cruel de la lucidité et de l'occultation : le dénouement effectue une séparation radicale de l'ombre et de la lumière. Tandis que la victime plonge progressivement dans les ténèbres (cette plongée symbolisée par la fermeture de l'œil à la lumière, le nuage, et la clarté dérobée), le « jour » s'illumine d'une clarté sans mélange. Le combat du jour et de la nuit se résout dans ce partage de domaine, et l'ensevelissement de Phèdre dans la nuit devient le garant du règne de la pureté. Les voix du sang et du chaos se sont tues. La société est sauvée.

C'est aussi ce qui se passe, à travers d'autres symboles, dans cette tragédie de la nuit et de l'oracle qu'est *Macbeth*. La tache de sang qui, par les mains, guide Lady Macbeth à travers les labyrinthes du sommeil pour la conduire aux ténèbres, réapparaît à la fin de la tragédie. Le sang dégoutte en perles de la tête coupée de l'usurpateur : tandis qu'il s'abîme dans la mort, se répand sur le théâtre la lumière d'un « monde libre », symbolisée par une autre tête, légitimement royale, couronnée des « perles du royaume » :

> Regarde où se dresse la tête maudite de l'usurpateur! Le monde est libre! Je te vois entouré des perles du royaume qui répètent mon hommage dans leur cœur [47].

---

47. Shakespeare, *Théâtre Complet, op. cit.,* tome II, p. 775.

Le sang et les perles jouent dans la tragédie shakespearienne le même rôle que le jour et la nuit dans la tragédie racinienne. Le monde est double, l'esprit est double. Le moi, extrêmement lucide, se trouve sollicité à la fois par les dieux de l'enfer et la voix pressante des dieux de la lumière, pour l'exhibition d'un supplice d'écartèlement. Les véritables interlocuteurs de Phèdre, ce ne sont ni Thésée ni Hippolyte ni Œnone, exécutants passifs d'un drame qu'ils ne comprennent pas. Ce sont les dieux; dieux infernaux, chthoniens, voix de l'ombre, esprits anciens que l'on évoque avec horreur, et qui, sous le sistre magique de la Grande Déesse, celle de toutes les ivresses et de tous les crimes, Vénus, conduisent leur victime dans la mer des ténèbres; pulsions jaillies de l'inconscient, orchestrées par Eros et Thanatos, la mort et le désir, et qui tendent à ramener l'esprit à sa situation primordiale d'inconscience et de dépendance oubliée, une sorte de paradis morbide de la Nuit et de la Mort :

> Et moi, triste rebut de la nature entière
> Je me cachais au jour, je fuyais la lumière
> La mort est le seul dieu que j'osais implorer.

En face des regards invisibles et magnétiques de Vénus qui l'attirent vers les profondeurs nocturnes avec une sorte de délectation, les yeux ouverts des dieux de la lumière, répulsifs et inhibants :

> Misérable, et je vis, et je soutiens la vue
> De ce sacré soleil dont je suis descendue.

Il n'y a plus de *moi*. D'un côté c'est la bouche d'ombre, le puits de ténèbres vertigineux et envoûtant, de l'autre, c'est le mur des regards toujours ouverts. Il n'y a plus de place pour le *moi* écrasé par cette double galerie d'ancêtres :

> Le ciel, tout l'univers est plein de mes aïeux
> Où me cacher?

Il n'y a plus de moi. Les statues ont pris le train du monde. Les aïeux qui peuplent le ciel, cette gloire projetée dans le passé et sensible uniquement par les regrets qu'elle fait naî-

235

tre, n'existent que pour faire ressentir au moi présent qu'il est un *objet,* un objet entre les mains de forces qui le dépassent, un objet déterminé par un passé archaïque dont l'héritage est un poids. Sartre, dans *Le Mur,* fait dire à un de ses personnages : « je ne veux pas que [les statues] me touchent. J'ai peur qu'elles ne me donnent des boutons ». Phèdre est constamment frôlée par les statues, et cela éveille des remords, des terreurs, des fièvres. Les intouchables sont ici les dieux. Il n'y a plus de dialogue entre le Ciel et la Terre, plus d'anges qui descendent pour apporter aux élus la Consolation, et qui remontent pour raconter au Ciel les exploits des martyrs. Il y a les dieux et leurs sujets, et entre eux deux cette volonté impénétrable qui s'appelle le Destin. La tragédie suppose cette fermeture, cette imperméabilité. Il n'y a plus d'histoire à modeler, de personnalité à conquérir, de gloire où s'assumer. Il n'y a que les pas lents des lourdes destinées et les appels obscurs de dieux qui sont les agents du destin. Qu'est-ce que le moi? Il n'est plus qu'un objet à travers lequel les dieux règlent leurs problèmes à eux, font avancer le destin dont ils sont les gardiens. Le moi n'est que le point d'application de forces qui lui sont toutes extérieures : dans son destin, se débat un autre drame, où il n'est pas concerné, celui de la grâce et de la pesanteur, de la volupté et de la mort, de l'espérance et du péché. En définitive, cette scène classique que l'on a comparée à une boîte fermée, ce discours intérieur n'a jamais été aussi cosmique. Le moi est cette victime livrée dans l'arène pour les prouesses des dieux et pour réjouir le regard du destin. Il n'est pas, il se fait voir, et se faisant voir se découvre comme un néant habité par d'autres.

● Le moi et son Roi : « Que diras-tu, mon père? ». La formulation théâtrale est une forme d'expression de cette néantisation du *moi.* Nous voudrions revenir sur un poème de Gombauld, sur lequel nous nous sommes déjà arrêtés précédemment :

> L'Auteur de l'univers, le Monarque céleste
> S'était rendu visible en ma seule beauté;
> Ce vieux titre d'honneur qu'autrefois j'ai porté,
> Et que je porte encore est tout ce qui me reste.

Ce qui ressort de cette difficulté d'être, c'est une impossibilité d'identification avec l'image du roi qu'il porte en lui. Le stoïcisme disait que chacun est son dieu, que chacun est son roi. Ici l'image du roi se trouve projetée hors d'atteinte de la volonté. Le roi n'a laissé qu'une image — une image, et non une essence — portée par l'âme : le problème sera celui des rapports que le moi entretient avec cette image. On pourrait comparer avec un texte d'Henri Michaux qui, dans « la nuit qui remue », découvre l'image de son roi :

> Dans ma nuit, j'assiège mon Roi, je me lève progressivement et je lui tords le cou.
> Il reprend des forces, je reviens sur lui, et lui tords le cou une fois de plus.
> Je le secoue, et le secoue comme un vieux prunier, et sa couronne tremble sur sa tête.
> Et pourtant, c'est mon Roi, je le sais et il le sait, et c'est bien sûr que je suis à son service [...]
> Je le gifle, je le gifle, je le mouche ensuite par dérision comme un enfant.
> Cependant il est bien évident que c'est lui le Roi, et moi son sujet, son unique sujet [48].

Le texte de Michaux est roboratif, car la lutte suppose une présence, et même une présence encombrante. Le dieu caché de Gombauld fuit :

> et je ne suis plus rien
> Qu'un fantôme qui court après l'ombre d'un bien.

Il ne peut y avoir de corps-à-corps avec une ombre, et le dynamisme tragique du sonnet réside dans la quête d'une impossible prise, ou d'une impossible identification. Le désir se combine avec l'impossibilité de l'atteindre pour constituer un complexe conflictuel, et tragique par essence. Là encore on retrouve la dualité inviable.

Nous ne voulons pas commettre, sur un texte qui ne s'y prête pas, car trop chargé d'archétypes culturels à base

---

48. Henri Michaux, *La Nuit remue*, Paris, Gallimard, 1967, p. 14-15.

impersonnelle, une interprétation réductive et individualiste : voir dans l'auteur de l'univers l'auteur de ses jours, et faire du poème une variation sur le thème œdipien; voir dans la quête ontologique la recherche d'identification paternelle, et dans la nostalgie des vieux titres de gloire une rêverie régressive pour retrouver l'enfance et son paradis, lorsque le désir de la mère n'était pas encore un péché. En fait le poème vaut par sa polyvalence : il joue sur plusieurs registres à la fois; le Monarque céleste se transfère aussi bien dans l'archétype du Père que celui du Roi, de Dieu ou du Surmoi, ou de toutes les incarnations de la Loi. Ce que nous constatons, c'est l'hyperbolisation du Roi-Dieu-Père, que nous qualifierons du vocable plus général d'hyperbolisation du Surmoi.

● **Médiation et transfert : « Reçois ton fils, ô Père »**. Cependant, un autre poème de Gombauld indique une médiation possible pour cette recherche d'identification impossible par voie directe. Il s'agit de la médiation de la Croix, et du sacrifice du Fils :

Le péché me surmonte, et ma peine est si grande,
Lorsque, malgré moi-même, il s'empare de moi,
Que, pour me retirer du gouffre où je me voi,
Je ne sais quel hommage il faut que je te rende.

Je voudrais bien t'offrir ce que la loi commande,
Des prières, des vœux, et des fruits de ma foi,
Mais voyant que mon cœur n'est pas digne de toi,
Je fais de mon Sauveur mon éternelle offrande.

Reçois ton fils, o Père, et regarde la croix
Où, prêt à satisfaire à tout ce que je dois,
Il te fait de lui-même un sanglant sacrifice;

Et, puisqu'il a pour moi cet excès d'amitié,
Que d'être incessamment l'objet de ta justice,
Je serai, s'il te plaît, l'objet de ta pitié.

La médiation s'opère en somme par transfert d'une image dévalorisée du *moi* — image du fils indigne — à celle d'un double lumineux et doté de toutes les qualités qui manquent au moi, mais restent des qualités filiales. On pourrait opérer un rapprochement assez frappant avec le délire nervalien qui doit lui aussi passer par l'intermédiaire d'un double fraternel pour sortir de la construction œdipienne qui l'enferme entre le « ciel » et la « terre » :

> Cette nuit-là, j'eux un rêve délicieux, le premier depuis bien longtemps. J'étais dans une tour, si profonde du côté de la terre et si haute du côté du ciel, que toute mon existence semblait devoir se consumer à monter et à descendre. Déjà mes forces s'étaient épuisées, et j'allais manquer de courage, quand une porte latérale vint à s'ouvrir; un esprit se présente et me dit : « Viens, frère!... » Je ne sais pourquoi il me vint à l'idée qu'il s'appelait Saturnin. Il avait les traits du pauvre malade, mais transfigurés et intelligents.

Nous avons dans ces deux textes deux structures identiques. Deux esprits prisonniers d'un système imaginé spatialement — d'un côté un gouffre, de l'autre une tour — et qui évoque la claustration dans une prison. Dans les deux cas, une issue latérale qui se présente comme un transfert d'identité aux yeux du père sur une image fraternelle. Dans le cas de Nerval on parlera de folie, et dans celui de Gombauld, on parlera de piété. Pourquoi? Les structures de pensée sont absolument identiques. Mais Nerval recourt à une mythologie personnelle, alors que Gombauld utilise les cadres que lui fournit une culture chrétienne acceptée par tous. La société n'aime pas que l'individu utilise ses propres outils thérapeutiques, quand il existe une médecine officielle. C'est là la différence. Et c'est là sans doute aussi une des différences entre baroque et romantisme.

• **La charogne de Narcisse** : l'amour-propre, un moi inhabitable. La valorisation du surmoi suppose préalablement une dévalorisation du moi, et surtout ce postulat selon lequel il n'est pas possible au moi de se sauver lui-même de sa « misère ». On connaît l'offensive menée par La Rochefoucauld, Pascal, et le groupe dévot, contre « l'amour de soi » ou « l'amour-propre ». Reproduisons le texte célèbre des *Pensées* (Laf. 99) :

> La nature de l'amour-propre et de ce *moi* humain est de n'aimer que soi et de ne considérer que soi. Mais que

fera-t-il? Il ne saurait empêcher que cet objet qu'il aime ne soit plein de défauts et de misère; il veut être grand, il se voit petit; il veut être heureux, et il se voit misérable; il veut être parfait, et il se voit plein d'imperfections; il veut être l'objet de l'amour et de l'estime des hommes, et il voit que ses défauts ne méritent que leur aversion et leur mépris. Cet embarras où il se trouve produit en lui la plus injuste et la plus criminelle passion qu'il soit possible de s'imaginer; car il conçoit une haine mortelle contre cette vérité qui le reprend, et qui le convainc de ses défauts. Il désirerait de l'anéantir, et, ne pouvant la détruire en elle-même il la détruit, autant qu'il peut, dans sa connaissance et dans celle des autres; c'est-à-dire qu'il met tout son soin à couvrir ses défauts et aux autres et à soi-même, et qu'il ne peut souffrir qu'on les lui fasse voir ni qu'on les voie.

« Il veut être grand, il se voit petit » : pour se voir petit, encore est-il nécessaire d'avoir accès à une certaine grandeur. La distance qui permet au *moi* de porter un jugement de valeur sur lui-même postule donc l'existence d'un *surmoi* à partir duquel un jugement de valeur sur le *moi* est rendu possible. L'homme passe infiniment l'homme, dit Pascal : c'est donc reconnaître l'existence d'une double dimension dans la psyché, et placer l'existence simultanée du *moi* et du *surmoi* au centre de l'interprétation psychologique de l'homme. Il est entendu que l'un et l'autre ne peuvent ni se confondre ni se séparer. L'homme est double, et nous retrouvons là le fondement du sens tragique de l'existence qui donne aux *Pensées* son ampleur. L'homme est placé une fois de plus sous le regard des statues, sous l'influence du « ver inexorable », de la conscience qui vit de vie et ne nous quitte pas. Par ailleurs Pascal refuse le dénouement arbitraire de la tragédie qui consiste dans une séparation violente — par la folie, le meurtre ou le suicide — des éléments antagoniques de la psyché. Que reste-t-il alors? La démission de la raison, qui est l'acte suprême d'un raisonnement bien mené (Laf. 373) :

> La dernière démarche de la raison est de reconnaître qu'il y a une infinité de choses qui la surpassent; elle n'est que faible, si elle ne va pas jusqu'à connaître cela.

Ployez-vous donc, raison imbécile! Mais il s'agit d'une démission devant quoi? Essentiellement devant les impératifs d'un surmoi. Resterait alors à déterminer la nature de ce surmoi. Il n'est pas le produit de la volonté individuelle; il est structuré par des faits d'histoire et de civilisation. Le surmoi humain est un surmoi social intégré dans l'essence du christianisme. En définitive, l'acte suprême de la raison consiste à adhérer aux principes d'une civilisation définie culturellement par le christianisme.

● **Conséquence : nécessité de l'arbitraire.** La pensée pascalienne valorise les principes religieux et prône l'adhésion de l'homme à un type de civilisation définie idéologiquement. L'ordre politique n'entre pas dans les composantes du surmoi. Ce que propose Pascal à l'égard de l'ordre politique, c'est en définitive une indifférence éclairée par une « pensée de derrière » destinée à replacer le politique dans son ordre véritable, qui est celui de la force et des grandeurs mondaines. Sur le plan pratique, un ordre, dans son nécessaire arbitraire, est préférable aux désordres qui limitent les possibilités des individus de songer au seul problème véritable, qui est d'ordre religieux, en l'obligeant à descendre dans l'arène et en ravalant toute l'énergie spirituelle au niveau de luttes de force. Pascal ne donne pas de base théologique à l'ordre politique, car la distinction des « ordres » ne le permet point. Il affirme simplement la supériorité d'un ordre politique, quel qu'il soit, sur la contestation, qui ne peut recouvrir que des principes aussi arbitraires que ceux du pouvoir. Si l'on a pu parler d'anarchisme, ou de matérialisme politique, à son sujet, c'est seulement dans le mécanisme de démontage de l'ordre de la force, mais les réserves et les « pensées de derrière » ne peuvent avoir aucune incidence concrète sur le pouvoir politique, sauf en cas de mainmise du politique sur le religieux. Le dernier acte de la lucidité n'est pas de détourner les yeux de la réalité politique et de son arbitraire, c'est de s'en contenter (Laf. 208) :

> Les choses du monde les plus déraisonnables deviennent les plus raisonnables à cause du dérèglement des hommes. Qu'y a-t-il de moins raisonnable que de choisir, pour gouverner un état, le premier fils d'une reine? L'on

ne choisit pas, pour gouverner un bateau, celui des voyageurs qui est de meilleure maison. Cette loi serait ridicule et injuste; mais parce qu'ils le sont et le seront toujours, elle devient raisonnable et juste, car qui choisira-t-on? Le plus vertueux et le plus habile? Nous voilà incontinent aux mains, car chacun prétend être ce plus vertueux et ce plus habile? Attachons donc cette qualité à quelque chose d'incontestable. C'est le fils aîné du roi; cela est net, il n'y a point de dispute. La raison ne peut mieux faire, car la guerre civile est le plus grand des maux.

● **Conclusion : une société d'obéissance.** Ce conservatisme réservé, cette indifférence obéissante satisfait fort bien le pouvoir, qui de son côté admet cette autonomie spirituelle, à condition bien entendu que ses principes conduisent à l'obéissance, car, dit le Roi lui-même, « la tranquillité des sujets ne se trouve qu'en l'obéissance [...] Il y a toujours plus de mal pour le public à supporter qu'à contrôler même le mauvais gouvernement des rois dont Dieu seul est juge [49] ». Voilà qui est clair. Le Roi n'admettra pas de remontrance, même de la part des groupes ecclésiastiques. Comme d'autre part un courant de pensée ecclésiastique tend à dégager la pensée religieuse de préoccupations politiques, il y aura collusion objective de l'un et de l'autre. Le Roi rappelle les libertés et les devoirs de l'Église à son égard :

> Je n'ai jamais manqué de vous faire observer [...] combien nous devions avoir de respect pour la religion et de déférence pour ses ministres dans les choses principalement qui regardent leur mission, c'est-à-dire la célébration des mystères sacrés et la publication de la doctrine évangélique. Mais parce que les gens d'église sont sujets à se flatter un peu trop des avantages de leur profession et s'en veulent quelquefois servir pour affaiblir leurs devoirs les plus légitimes, je crois être obligé de vous expliquer sur cette matière certains points qui peuvent être importants.
>
> Le premier est que les rois sont seigneurs absolus et ont naturellement la disposition pleine et libre de tous les

---

49. Louis XIV, *Mémoires* (1661), cité par P. Goubert, *L'Avènement du Roi-Soleil*, Paris, Julliard, « Archives » 29, 1967, p. 153.

biens, tant des séculiers que des ecclésiastiques, pour en user comme sages économes, c'est-à-dire selon les besoins de leur Etat.

Le second, que ces noms mystérieux de franchises et de libertés de l'Eglise, dont on prétendra peut-être vous éblouir, regardent également tous les fidèles, soit laïques soit tonsurés [...], mais qu'ils n'exemptent ni les uns ni les autres de [leur] sujétion [aux] souverains, auxquels l'Eglise même leur enjoint précisément d'être soumis [50].

Il est un mot qui revient sans cesse, c'est celui d'obéissance et de soumission. La spiritualité d'indifférence politique assure le triomphe de la temporalité. Tout cela doit être replacé évidemment dans la perspective des luttes vaines de la Fronde. Le pire des maux semble être l'anarchie beaucoup plus que l'arbitraire : un certain nombre de conditions concrètes sont réunies pour l'institution d'une société d'obéissance absolue dans le respect des prérogatives de chacun. On verra donc Pascal dans les *Pensées* s'allier politiquement avec le peuple pur de toute ambition politique, et montrer que la plus grande ignorance en matière politique rejoint la plus grande sagesse *(Opinions du peuple saines,* 184, 185). On le voit surtout critiquer la brigue et l'intrigue et se définir par là politiquement par rapport à l'aristocratie nobiliaire et parlementaire. En définitive, pour éviter la concurrence des mérites qui débouche sur les guerres civiles, il préfère l'arbitraire des privilèges (Laf. 193) :

> Que la noblesse est un grand avantage qui, dès dix-huit ans, met un homme en passe, connu et respecté, comme un autre pourrait avoir mérité à cinquante ans. C'est trente ans gagnés sans peine.

Cette séparation de la spiritualité et de la temporalité n'est pas toujours partagée par les autorités officielles. Dans la mesure où la monarchie assure au clergé un certain nombre de privilèges, que le Roi ne se fait pas faute de rappeler, les pouvoirs ecclésiastiques n'hésitent pas à fournir en échange

---

50. Louis XIV, *Mémoires, ibid.,* p. 157.

au pouvoir un certain nombre de prérogatives spirituelles. Les jansénistes et autres purs pourront toujours refuser ce type de marché. Mais à partir du moment où l'on est sûr de la Royauté (le Roi n'étant ni le capricieux Henri III ni l'hérétique Béarnais), le clergé accepte sans problème de fortifier spirituellement un pouvoir qui est son allié. Dès 1625, l'Assemblée du Clergé de France accepte cette déclaration : « Eux-mêmes [il s'agit des rois] sont dieux [...]. Personne ne peut le nier sans blasphème ni en douter sans sacrilège ». Bossuet renchérit dans son *Sermon sur les devoirs des rois* :

> Pour établir cette puissance qui représente la sienne, Dieu met sur le front des souverains et sur leur visage une marque de divinité... Vous êtes des dieux, dit David, et vous êtes tous enfants du Très-Haut [...]. Vous êtes des dieux, encore que vous mouriez, et votre autorité ne meurt pas; cet esprit de royauté passe tout entier à vos successeurs, et imprime partout la même crainte, le même respect, la même vénération. L'homme meurt, il est vrai; mais le Roi, disons-nous, ne meurt jamais : l'image de Dieu est immortelle.

● *Récupération de la paranoïa* : comment l'on entre dans la société des pères. Valorisation de Dieu, valorisation du Roi. Il ne s'agit plus ici de la confusion héroïque où l'amour de Dieu ressemblait étrangement à l'amour de soi, où l'amour de la Patrie assurait l'apothéose de soi-même et permettait en toute liberté l'expression des pires instincts. Cette manière de parler de l'objet de son culte se transformait avec facilité en culte de soi. Ce n'est plus le cas. Aucune confusion n'est permise. Il y a véritablement objectivation de la paranoïa, et transfert sur un objet réellement extérieur. Le Roi n'est pas une image mythologique portée en chaque individu; il s'exprime concrètement dans l'appareil de la monarchie absolue. Dieu n'est pas seulement un dieu sensible au cœur et muable avec les sentiments, il s'exprime à travers une Église et un Ordre incarné; aimer Dieu, c'est d'abord adhérer à cet ordre administratif et à ses règlements. Le transfert de la paranoïa sur un objet concret à haute signification sociale accomplit cette action politique que l'on appelle la récupération. Le miracle de la monarchie absolue, c'est d'avoir récupéré toutes les énergies paranoïaques dispersées sur des objets divers, et souvent fantasmatiques, au profit d'un seul Ordre incarné dans un seul Homme. Cela s'est fait en trois temps : une dévalorisation des tendances héroïques (par la critique de l'amour-propre et la démythification des idéaux héroïques), une mise en valeur des qualités du surmoi (idée que l'homme dépasse l'homme), enfin une identification du surmoi à des réalités tangibles (principes religieux : adhésion à un ordre ecclésiastique institué; principes politiques : théologie du droit monarchique divin).

L'ordre règne. Le Père éternel règne aux cieux, et nomme ses rois sur la terre. Le Roi règne sur la terre, et il gouverne ses sujets. Les sujets obéissent aux consignes d'obéissance et se soumettent aux principes si évidents de la soumission. C'est l'apogée d'une civilisation : l'instant classique, si fragile et si exquis. C'est aussi la dictature des statues. C'est la civilisation du sens unique : l'initiative va de haut en bas, jamais en sens inverse, cela s'appelle rébellion. Il ne reste plus qu'à s'abîmer dans les bras du soleil, comme l'Oswald des *Revenants*. Pour les autres, il reste la mer des ténèbres :

> Soleil, je te viens voir pour la dernière fois

Il reste le gouffre de l'enfer qui engloutira les Don Juan qui veulent aller jusqu'au bout de leurs idées, ou la nuit infernale où s'abîmeront d'eux-mêmes ceux qui, comme Phèdre, cherchent à faire vivre leurs fantasmes. La tragédie sera là pour raconter l'histoire de leur folie, et baisser le rideau. Enfermement pour tous ceux qui n'acceptent pas la Civilisation des Pères, la Sainte Trinité des Pères, Celui du Ciel, Celui de Versailles, et Celui qui est en chaque homme sous forme de censure.

On accède au royaume des Pères par l'hyperbolisation du Surmoi.

... et ce jour, et ce Temps
Où le monde s'aveugle et prend son passe-temps
Ne me seront jamais qu'un moment, et qu'une ombre.

Jean de Sponde, *Sonnets
sur la mort*, VI

Bibliographie

Études de théorisation

La théorie du baroque a été mise sur pied au cours des années 1930. Nous indiquons d'abord, dans l'ordre chronologique, les principales étapes de sa formation :

Burckhardt, J. : *Der Cicerone,* Basel, 1865; t.f. *Le Cicerone,* 1885.

Wölfflin, H. : *Renaissance und Barock,* München, 1888; t.f. *Renaissance et baroque,* Paris, « Le Livre de Poche, n° 2099 », 1967.

Wölfflin, H. : *Kunstgeschichtliche Grundbegriffe,* München, 1915; t.f. *Principes fondamentaux de l'histoire de l'art,* Paris, Gallimard (« Idées/Arts »), 1952.

Croce, B. : *Storia della età barocca in italia. Pensiero, poesia, letteratura, vita morale,* Bari, 1925.

Focillon, H. : *La Vie des formes,* Paris, 1934; nlle éd., Paris, Alcan, 1939.

D'Ors, E. : *Lo Barroco;* t.f. *Du Baroque,* Paris, Gallimard, 1935; nlle éd., Paris, Gallimard, (« Idées/Arts »), 1968.

A partir de ce moment, des ouvrages de synthèse se sont efforcés de présenter l'état de la question, ou de faire le point sur elle, en apportant, le cas échéant, des changements dans la perspective et la problématique :

Desonay, F. : « Baroques et baroquismes », *Bibl. Hum. Ren.,* XI, 1949.

Numéro Spécial sur *le Baroque, C.A.I.E.F.,* 1951, n° 1.

Friedrich, C.J. : *The Age of the Baroque (1610-1660),* New York, 1952.

Numéro Spécial *Du Baroque au Classicisme, XVIIᵉ siècle,* n° 20, 1953.

Francastel, P. : « Baroque et classicisme. Une civilisation », *Annales,* XII, 1957.

Tapié, V.-L. : *Baroque et Classicisme,* Paris, Plon, 1957; nlle édition, Paris, P.U.F., 1967.

Numéro Spécial sur *Le Baroque, l'Arc,* avril 1959, n° 6.

Tapié, V.-L. : *Le Baroque,* Paris, P.U.F., « Que Sais-je? », n° 923, 1961.

Charpentrat, P. : *Baroque,* Fribourg, 1964.

Actes des Journées Internationales d'étude du baroque de Montauban (1963), Toulouse, Centre National de Recherches du Baroque, 1965.

Bazin, G. : *Classique, baroque et rococo,* Paris, Larousse, 1965.

Kitson, M. : *The Age of Baroque,* London, Hamlyn, 1967.

Charpentrat, P. : *Le Mirage baroque,* Paris, éd. de Minuit, 1967.

Charpentrat, P. : article *Baroque, Encyclopaedia Universalis,* t. I, 1968.

Bazin, G. : *Destins du baroque,* Paris, Hachette, 1970.

Dubois, C.-G. : article *« Baroque »*, *La Grande Encyclopédie,* Paris, Larousse, 1972.

Conceptualisation et définitions

Le Baroque: définitions générales

Mark, J. : « The Uses of the term *baroque* », *Modern Language Review,* XXXIII, 1938, pp. 547-563.

Wellek, R. : « The Concept of baroque in literary scholarship », *The Journal of Aesthetics,* 1946.

Simon, E. : « L'Esprit du baroque », *Mercure de France,* CCCIV, 1948, pp. 478-484.

Dedeyan, C. : « Position littéraire du baroque », *L'Information Littéraire,* 1950, n° 2.

Lanza, F. : « Appunti sul termine e sul concetto di barocco », *Studi Urbinati,* XXV, 1951, pp. 47-69.

Rossat-Mignod, S. : « L'Imposture du baroque », *Pensée,* juillet-août 1955, pp. 83-88.

Kurz, O. : « Barocco, storia di una parola », *Letter. Ital.* XII, 1960, pp. 414-444.

Bialotocki, J.-B. : « Le Baroque : style, époque, attitude », *Inf. Hist. de l'Art,* janvier-février 1962, pp. 19-33.

Montano, R. : « Renaissance and Baroque : reply to a critic », *Comp. Lit. Studies,* III, 1966, pp. 55-65.

Trueblood, A.S. : « The baroque : premises and problems », *Hisp. Rev.,* XXXV, 1967, pp. 355-363.

La famille du baroque : relations avec des esthétiques apparentées

Isaacs, J. : « Baroque and Rococo : A History of two Concepts », *Bulletin of national Commitee of Historical Sciences,* IX, 1937.

Manierismo, Barocco, Rococo : concetti e termini. Convegno Internazionale, Roma, 1960. Roma, Academia Nazionale dei Lincei, 1962.

Boase, A.M. : « The Definition of Mannerism », *IIIrd Congress of the Intern. Lit. Association,* La Haye, 1962.

Minguet, J. : *Esthétique du rococo,* Paris, Vrin, 1966.

Dumont, C. : « Le maniérisme : état de la question », *Bibl. Hum. Ren.* XXVIII, 1966, pp. 439-457.

Revel, J.-F. : « Une invention du xxᵉ siècle : le maniérisme », *l'Œil,* n° 131, pp. 2-15, 63-64.

Raymond, M. : « Aux frontières du maniérisme et du baroque », *Être et Dire,* Neuchâtel, éd. de La Baconnière, 1970; cf. aussi Cahier n° 3 du Centre International de Synthèse du Baroque, Montauban, 1969.

Études particulières portant sur la production artistique et littéraire du maniérisme

Scrivano, R. : *Il Manierismo nella letteratura del Cinquecento,* Padova, Liviana, 1959.

Weise, G. : « Manierismo e Letteratura », *Revista di Lett. Mod. e Comp.,* 1960.

Wurtenberger, F. : *Der Manierismus, der europaische Stil des sechzehnten Jahrhunderts,* Wien, München, A. Schroll und Cº, 1962.

Hocke, G.-R. : *Die Welt als Labyrinth. Manier und Manie in der europaischer Kunst,* Hamburg, Rowohlt, 1963; t.f.

Labyrinthe de l'art fantastique, le maniérisme dans l'art européen, Paris, Gonthier, 1967.

Frey, D. : *Manierismus als europaische Stilerschreinung,* Stuttgart, 1964.

Bousquet, J. : *La Peinture maniériste,* Neuchâtel, Ides et Calendes, Paris, Bibliothèque des Arts, 1964.

Hauser, A. : *Manierismus, die Krise der Renaissance und der Ursprung der modernen Kunst,* München, C. H. Beck, 1964.

Buck, A. : *Barock und Manierismus : die Anti-Renaissance, Forschungen und Fortschritte,* XXXIX, 1965, pp. 246-249.

Shearman, J. : *Mannerism,* Hardmondsworth, Penguin, 1967.

Murray, L. : *The Late Renaissance and Mannerism,* London.

Raymond, M. : *La Poésie Française et le maniérisme (1546-1610);* Genève, Droz, Paris, Minard, 1971.

Études particulières portant sur la définition d'un baroque français

Raymond, M. : « Du baroque et de la littérature en France », *La Profondeur et le rythme,* Paris, Arthaud, 1948.

Raymond, M. : « Propositions sur le baroque et la littérature française », *Rev. Sc. Hum., 1949,* n° 55-56, pp. 133-144.

Simone, F. : « Attualità della disputa sulla poesia francese dell'età barocca », *Messana,* Univ. Messine, 1953.

Simone, F. : « I Contributi europei all'identificazione del barocco francese », *Comparative Literature,* 1954.

Simone, F. : « Per la definizione di un barocco francese », *Rev. lett. mod.* V, 1954, pp. 165-192.

Raymond, M. : *Baroque et Renaissance poétique. Préalable à l'examen du baroque littéraire français,* Paris, Corti, 1955.

Saya, R.-A. : « The use of the term baroque in French literary history », *Comp. Lit.* X, 1958, pp. 246-253.

Raymond, M. : « Le baroque littéraire français » dans *Maniérisme, Baroque, Rococo,* Rome, 1962.

Tapié, V.-L., Mourgues, O. de, Rousset J. : *Trois Conférences* sur le baroque français (supplément au n° 21 de *Studi Francesi*), Turin, 1964.

Simone, F. : *Umanesimo, Rinascimento, Barocco in Francia,* Milano, U. Mursia e C°, 1968.

Études sur la production

On distinguera grossièrement deux directions : la production d'études portant sur les arts plastiques, d'un côté, et de l'autre, celles qui ont trait aux œuvres littéraires baroques. En fait il y a souvent interférence et va-et-vient de l'un à l'autre de ces types de production.

Les arts plastiques

Dohme, R. : *Barock und Rococo Arkitektur,* Berlin, W. Wasmuth, 1892.

Weisbach, W. : *Der Barock als der Gegenreformation,* Berlin, 1921.

Weisbach, W. : *Die Kunst des Barock in Italien, Frankreich, Deutschland und Spanien,* Berlin, 1924.

Mâle, E. : *L'Art religieux après le Concile de Trente,* Paris, Colin, 1932.

Hautecœur, L. : *Formes de l'art : l'art baroque,* Paris, Formes et reflets, Club Français de l'Art, 1954.

Vanuxem, J. : « L'art baroque », *Histoire de l'art,* Paris, Gallimard, « Encyclopédie de la Pléiade », 1965, t. III.

Roy, C. : *Arts baroques,* Paris, Delpire, « Encyclopédie essentielle », 1963.

Charpentrat, P. : *L'Art baroque,* Paris, P.U.F., 1967.

Chastel, A. : *La Crise de la Renaissance,* Genève, Skira, 1968.

Hager, W. : *Architecture baroque,* Paris, A. Michel, 1971.

La littérature

Moret, A. : *Le lyrisme baroque en Allemagne,* Lille, Bibl. Univ., 1936.

Calcaterra, C. : *Il Parnaso in revolta. Barocco e Antibarocco nella poesia italiana,* Milano, 1940.

Adam, A. : *Histoire de la littérature française au XVIIᵉ siècle,* Paris, Domat, 1948-1951, T. I et II.

Numéro spécial sur *le Préclassicisme français, Cahiers du Sud,* 1952.

Rousset, J. : *La littérature de l'âge baroque en France. Circé et le paon,* Paris, Corti, 1954.

Rousset, J. : « Le Baroque », *Histoire des littératures,* Paris, Gallimard, « Encyclopédie de la Pléiade », 1956, t. II.

Buffum, I. : *Studies in the baroque from Montaigne to Rotrou,* New Haven, 1957.

Raimondi, E. : *Letteratura barocca : studi sul seicento italiano,* Firenze, L. S. Olschki, 1961.

Croce, F. : *Tre momenti del barocco letterario italiano,* Firenze, G.C. Sansoni, 1966.

Genette, G. : *Figures,* Paris, Seuil, 1966 et sqq., 3 vol. (on pourra plus spécialement consulter les études suivantes : « L'univers réversible », « Complexe de Narcisse », « L'or tombe sous le fer », « Le Serpent dans la bergerie », « Montaigne bergsonien », « Mots et merveilles », « Figures », « Hyperboles », « Vraisemblance et motivation », « Le jour, la nuit », « D'un récit baroque »).

Hatzfeld, H.-A. : *Estudios sobre el barroco,* Madrid, Editorial Gredos, 1966.

Rousset, J. : *L'Intérieur et l'extérieur. Essais sur la poésie et le théâtre au XVIIᵉ siècle,* Paris, Corti, 1968.

Spécifications

La poésie

Anthologies

Aury, D. : *Poètes précieux et baroques du XVIIᵉ siècle. Introduction de* T. Maulnier, *choix de poèmes de* D. Aury, Paris, 1942.

Cart, A. : *La Poésie française au XVIIᵉ siècle (1594-1630),* Paris, Boivin, s.d.

Rousset, J. : *Anthologie de la poésie baroque française,* Paris, A. Colin, 1961; rééd. A. Colin, collection « U », 1968.

Allem, M. : *Anthologie poétique française,* Paris, Garnier-Flammarion, 1965.

Blanchard, A. : *Trésor de la poésie baroque et précieuse,* Paris, Seghers, 1969.

Dubois, C.-G. : *La Poésie baroque,* Paris, Nouveaux Classiques, Larousse, 1969, 2 vol.

Raymond, M. : *La poésie française et le maniérisme (1546-1610),* Genève, Droz, Paris, Minard, 1971.

Études critiques concernant la poésie française

Raymond, M. : *L'Influence de Ronsard sur la poésie française (1550-1585),* Paris, Champion, 1927, nelle édition, Genève, Droz, 1965.

Lebègue, R. : *La poésie française de 1560 à 1630,* Paris, C.D.U., 1951, 2 vol.

Simone, F. : *Attualità della disputa sulla poesia francese dell'età barocca, Messana,* Univ. Messina, 1953.

Mourgues, O. de : *Metaphysical, baroque and précieux poetry,* Oxford, 1953.

Raymond, M. : *Baroque et Renaissance poétique,* Paris, Corti, 1955.

Weber, H. : *La Création poétique en France au XVIe siècle,* Paris, Nizet, 1956, 2 vol.; rééd. *ibid.,* 1967.

Poetry of the Baroque Age, numéro spécial de *L'Esprit Créateur,* Minneapolis, 1961.

Analyse spectrale et fonction du poème baroque, Cahiers du Centre International de Synthèse du Baroque, n° 3, Montauban, Centre International de Synthèse du Baroque, 1969.

La musique

Clercx, S. : *Le Baroque et la musique,* Bruxelles, Librairie Encyclopédique, 1948.

Le Baroque musical, recueil d'études sur la musique du XVIIe siècle, Paris, Les Belles Lettres, 1963.

Robertson, A. et Stevens, D. : *A History of Music,* t. II « Renaissance and Baroque », New York, Barnes and Noble, 1965.

Stricker, R. : *Musique du baroque,* Paris, Gallimard, 1968.

Le spectacle

Fêtes et divertissements

Lacroix, P. : *Ballets et mascarades de cour (1581-1652),* Genève, 1868-1870, 6 vol.

Magne, E. : *Les Fêtes en Europe au XVIIe siècle,* Paris, 1930.

Les Fêtes de la Renaissance, Paris, éd. C.N.R.S., 1956-60, 2 vol.

Les Divertissements de la Cour au XVIIe siècle, C.A.I.E.F., 1959, n° 9.

Alewyn, R. : *Das Grosse Welttheater, die Epoche der höfischen Feste in Dokument und Deutung,* Hamburg, Rowohlt, 1959, t.f. Alewyn, R. et Sälzle, K.; *L'Univers du baroque,* suivi de *Les Fêtes baroques,* Paris, Gonthier, 1964.

Cox, H. : *The Feast of fools,* Cambridge (Mass.), Harvard University Press, 1959; t.f. *La Fête des fous, essai théologique sur les notions de fête et de fantaisie,* Paris, Seuil, 1971.

La scène et le théâtre

Lebègue, R. : « De la Renaissance au classicisme, le théâtre baroque en France », *Bibl. d'Hum et Ren.,* 1942, pp. 161-184.

Lebègue, R. : « Rotrou, dramaturge baroque », *R.H.L.F.,* 1950.

Cioranescu, A. : *El Barroco o el descubrimiento del drama,* La Laguna, 1957.

Lebègue, R. : « Le Merveilleux magique en France dans le théâtre baroque », *Rev. d'hist. du théâtre,* XV, 1963.

Mc Gowan, M. : *L'Art du ballet de cour en France* (1581-1643), Paris, C.N.R.S., 1963.

Leclerc, H. : « La Scène d'illusion et l'hégémonie du théâtre à l'italienne », *Histoire des Spectacles,* Paris, Gallimard (« Encyclopédie de la Pléiade »), 1965, pp. 582-624; voir aussi, *ibid.,* l'ensemble des études groupées sous la rubrique, « Le Baroque et le Classique ».

Christout, E. : *Le Merveilleux et le théâtre du silence en France à partir du XVIIe siècle,* Paris, Mouton, 1965.

Morel, J. : *La Tragédie,* Paris, A. Colin, coll. « U », 1964.

Maurens, J. : *La Tragédie sans tragique. Le néo-stoïcisme*

dans l'œuvre de Pierre Corneille (thèse, Toulouse), Paris, A. Colin, 1966.

Le Baroque au théâtre — théâtralité du Baroque, Actes de la 2ᵉ Session des Journées Internationales d'étude du baroque de Montauban (1966), Centre de recherche du baroque, Montauban, 1967.

Rava, C.-E. : « Scenografia tra manierismo e barocco »; in *Antichità viva,* VI 1967, fasc. 6, pp. 15-29.

Morel, J. : *Jean Rotrou, dramaturge de l'ambiguïté,* Paris, A. Colin, 1968.

Stegmann, A. : *L'Héroïsme cornélien. Genèse et significa-tion. L'Europe intellectuelle (1580-1650). Signification de l'héroïsme cornélien,* Paris, A. Colin, 1968.

Interférences

Baroque et société

Tapié, V.-L. : *The Age of Grandeur,* London, 1960, reprise augmentée du contenu de *Baroque et classicisme, op. cit.*

Tapié, V.-L. : « Le Baroque, expression d'une société », *XVIIᵉ siècle,* 1953, pp. 293-305.

Goldmann, L. : *Le Dieu caché. Étude sur la vision tragique dans les « Pensées » de Pascal et le théâtre de Racine,* Paris, Gallimard, coll. « Idées », 1955.

Tapié, V.-L. : « Le Baroque et la société de l'Europe moderne », Rome, 1955.

Chaunu, P. : *La Civilisation de l'Europe classique,* Paris, Arthaud, 1966.

Tapié, V.-L. : *La France de Louis XIII et de Richelieu,* Paris, Flammarion, 1967.

Goubert, P. : *L'Avènement du Roi-Soleil, 1661,* Paris, Jul-liard, coll. « Archives », 1967.

Delumeau, J. : *La Civilisation de la Renaissance,* Paris, Arthaud, 1967.

Certeau, M. de : *La Possession de Loudun,* Paris, Julliard, coll. « Archives », 1970.

Philosophie et rhétorique baroques

Zanta, L. : *La Renaissance du stoïcisme au XVIᵉ siècle* (thèse), Paris, 1913-1914.

Bénichou, P. : *Morales du Grand Siècle,* Paris, Gallimard, 1948.

Windfuhr, M. : *Die Barocke Bildlichkeit und ihre Kritiker, Stilhaltungen in der deutschen Literatur des 17. und 18. Jahrhunderts,* Stuttgart, J. B. Metzlersche Verlagsbuch handlung, 1966.

Malkiel-Jirmounsky, M. : « Psycologia do artista do Barroco », *Occidente,* 1966, pp. 200-204.

Fischer, L. : *Gebundene Rede, Dichtung und Rhetorik in der literarischen Theorie des Barock in Deutschland,* Tübingen, M. Niemeyer, 1968.

Carreter, F.-L. : *Estilo barroco y personalidad creadora...,* Salamanca, Anaya, 1966.

Retorica e barocco, Atti del 3. Congresso internazionale di studi umanistici, Venezia, 1954, A Cura di Enrico Castelli, Roma, fr. Bocca, 1955.

Stefanini, L. : « Retorica, barocco e personalismo », *Humanitas,* IX, 1954, pp. 1080-1087.

Rousset, J. : *Forme et signification. Essai sur les structures littéraires de Corneille à Claudel,* Paris, Corti, 1962.

Imprimerie Berger-Levrault, Nancy. – Mars 1973
Dépôt légal 1973-1ᵉʳ – Nº 778422 – Nº de série Éditeur 12690
Imprimé en France *(Printed in France)* – 35016-C-Juillet 1985.